Annemarie Dührssen

Die biographische Anamnese
unter tiefenpsychologischem Aspekt

Annemarie Dührssen

Die biographische Anamnese
unter tiefenpsychologischem Aspekt

Mit einer Einführung von
Gerd Rudolf und Ulrich Rüger

Mit 3 Abbildungen und 4 Tabellen

Bibliografische Information der Deutschen Nationalbibliothek
Die Deutsche Nationalbibliothek verzeichnet diese Publikation in der Deutschen Nationalbibliografie; detaillierte bibliografische Daten sind im Internet über http://dnb.d-nb.de abrufbar.

Besonderer Hinweis
Die Medizin unterliegt einem fortwährenden Entwicklungsprozess, sodass alle Angaben, insbesondere zu diagnostischen und therapeutischen Verfahren, immer nur dem Wissensstand zum Zeitpunkt der Drucklegung des Buches entsprechen können. Hinsichtlich der angegebenen Empfehlungen zur Therapie und der Auswahl sowie Dosierung von Medikamenten wurde die größtmögliche Sorgfalt beachtet. Gleichwohl werden die Benutzer aufgefordert, die Beipackzettel und Fachinformationen der Hersteller zur Kontrolle heranzuziehen und im Zweifelsfall einen Spezialisten zu konsultieren. Fragliche Unstimmigkeiten sollten bitte im allgemeinen Interesse dem Verlag mitgeteilt werden. Der Benutzer selbst bleibt verantwortlich für jede diagnostische oder therapeutische Applikation, Medikation und Dosierung.
In diesem Buch sind eingetragene Warenzeichen (geschützte Warennamen) nicht besonders kenntlich gemacht. Es kann also aus dem Fehlen eines entsprechenden Hinweises nicht geschlossen werden, dass es sich um einen freien Warennamen handelt.

Die ersten vier Auflagen erschienen bei Vandenhoeck & Ruprecht.

Schattauer
www.schattauer.de
© 2011 by J. G. Cotta'sche Buchhandlung
Nachfolger GmbH, gegr. 1659, Stuttgart
Alle Rechte vorbehalten
Printed in Germany
Umschlagabbildung: Paul Klee, Citronen-Ernte, 1937, 219; Aquarell auf Grundierung auf Jute; 70 × 46 cm; Collection Fondation Pierre Gianadda, Martigny
Gesetzt von am-productions GmbH, Wiesloch
Gedruckt und gebunden von Esser printSolutions GmbH, Bretten
ISBN 978-3-608-42769-1

1. Nachdruck, 2018

Auch als E-Book erhältlich

Inhalt

Einführung 1

Gerd Rudolf, Ulrich Rüger

Das Interesse an Biographie 2

Zur Entwicklung psychodynamischer Diagnostik 4

Die biographische Anamnese in der heutigen psychodynamischen
Diagnostik 7

Die biographische Anamnese in der Richtlinien-Psychotherapie 9

Wesentliche Grundlinien der biographischen Anamnese nach
Annemarie Dührssen 11

Die Annäherung an die Lebensgeschichte als Grundlage
einer triangulären therapeutischen Beziehung 12

Literaturverzeichnis 14

Die biographische Anamnese unter tiefenpsychologischem Aspekt ... 17

- A. Zur Einführung: Psychiatrie, Psychoanalyse und Life-Event-Forschung ... 19

- B. Der erste Kontakt mit dem Patienten ... 29

- C. Der Gegenwartskonflikt und seine Vorgeschichte – die Merkmale einer neurotischen Charakterbildung ... 35

- D. Konfliktkonstellationen in verschiedenen Lebensbereichen ... 45
    - I. Persönliche Bindungen, Liebesbeziehungen und Familienleben ... 45
        1. Partnerwahl und Bindungsverhalten ... 46
        2. Die Aufnahme einer neuen Beziehung ... 56
        3. Besondere sexuelle Probleme in der Partnerschaft ... 60
        4. Die Rivalität in der Familie ... 66
        5. Besitzkonflikte in Partnerschaft und Familie („orale" Problematik) ... 70
        6. Die Beziehung zu den eigenen Kindern ... 77
        7. Verlust durch Trennung ... 83
        8. Verlust durch Tod ... 88
    - II. Die Herkunftsfamilie: Die ödipale Konstellation und das Drei-Generationen-Konzept ... 93
    - III. Berufsprobleme, Arbeitsstörungen und Lernschwierigkeiten ... 105
    - IV. Besitzerleben und -verhalten ... 118
    - V. Der umgebende sozio-kulturelle Raum ... 125

- E. Die Anordnung und Interpretation der Befunde ... 131

- F. Nachwort ... 141

- Literaturverzeichnis ... 143

- Sachverzeichnis ... 147

Einführung

Gerd Rudolf und Ulrich Rüger

Die Erhebung der biographischen Anamnese ist wesentlicher Teil einer jeden Diagnostik vor Beginn einer psychotherapeutischen Behandlung. Die 1981 von Annemarie Dührssen (1916–1998) vorgelegte Monographie *Die biographische Anamnese unter tiefenpsychologischem Aspekt* kann nach wie vor als Standardwerk für diese Thematik gelten. Annemarie Dührssens Verdienst liegt darin, dass sie hier erstmals ein umfassendes psychodynamisches Konzept des menschlichen Lebensschicksals mit seiner Persönlichkeitsentwicklung und Krankheitsgeschichte vorgelegt hat, in dem sie die innere Welt eines Patienten mit seiner äußeren verknüpft hat und damit die Dynamik einer Krankheitsentwicklung nachvollziehen lässt (zur Person Annemarie Dührssens siehe Rüger 1999).

Annemarie Dührssen hatte bereits 1958 bei ihrer Untersuchung an Heimkindern und Pflegekindern biographischen Aspekten eine große Bedeutung beigemessen. In der zwei Jahre später erschienenen Monographie *Psychotherapie bei Kindern und Jugendlichen* (1960) räumte sie dann den Lebensproblemen erwachsener Menschen sehr breiten Raum ein, da nach ihrer – damals noch nicht selbstverständlichen – Auffassung psychische Erkrankungen von Kindern und Jugendlichen ohne Einbezug der Eltern und deren Lebenswelt nicht hinreichend verstanden werden können. In ihrer dann 1972 erschienenen Monographie *Analytische Psychotherapie – Theorie, Praxis, Ergebnisse* steht die biographische Anamnese im Mittelpunkt des Diagnostik-Kapitels. Dieses wurde dann zur Grundlage der 1981 erstmals veröffentlichten Monographie *Die biographische Anamnese unter tiefenpsychologischem Aspekt*, erschienen seinerzeit in mehreren Auflagen im Verlag Vandenhoek & Ruprecht. Zunächst über mehrere Jahre vergriffen, steht das Werk jetzt – neu erschienen im Schattauer Verlag – Psychotherapeutinnen und Psychotherapeuten wieder zur Verfügung.

In der 1967 in die kassenärztliche Versorgung eingeführten Richtlinien-Psychotherapie ist die biographische Anamnese wesentlicher Bestandteil der Diagnostik vor Beginn einer psychotherapeutischen Behandlung. Allerdings ist der konzeptuelle Bezug den „Nutzern" häufig nicht mehr bekannt.

Dührssens Ansatz bezieht sich auf die Methodik psychoanalytischer Diagnostik, wie sie von Harald Schultz-Hencke 1951 in seiner *Anleitung für das Erheben und Fixieren der psychotherapeutischen Anamnese* (S. 181 ff.) dargelegt ist. Darüber hinausgehend betont der Dührssen'sche Ansatz den biographischen Aspekt der Diagnostik und gibt eine systematische Anleitung zu seinem psychodynamischen Verständnis. Wir werden daher im Folgenden sowohl den Aspekt des Biographischen, wie auch den der psychoanalytischen Diagnostik nochmals aufgreifen, ehe wir den heutigen Stand psychodynamischer Diagnostik und die Bedeutung des Dührssen'schen Vorgehens abschließend würdigen.

Wenn wir heute den Neudruck von Annemarie Dührssens Biographischer Anamnese begrüßen und mit einer Einführung versehen, so tun wir das nicht überwiegend aus historischem Interesse. Vielmehr ist inzwischen zwar die Notwendigkeit einer psychodynamischen Diagnostik unstrittig. Gleichzeitig scheint es aber erhebliche Unsicherheiten in der Erfassung und Bewertung biographischer Mitteilungen innerhalb des diagnostischen Prozesses zu geben. Wir sind deshalb froh, dass der schon klassisch zu nennende Text jetzt wieder zur Verfügung steht und hoffen, dass dadurch auch die Vermittlung therapeutischer Kompetenz verbessert wird.

Das Interesse an Biographie

Biographische Darstellungen in der Literatur haben zu allen Zeiten ihre Leser fasziniert. Insbesondere mit Beginn der Aufklärung im späten 18. Jahrhundert wuchs das Interesse an authentischen Berichten, die es erlaubten, die Entwicklung einer Persönlichkeit nicht nur an ihrem äußeren Lebensweg, sondern auch aus der Innenperspektive des Erlebens, der Gefühlswelt, nachvollziehen zu können. *Anton Reiser* (Moritz 1785) ist ein solcher „psychologischer Roman" mit unübersehbar autobiographischen Anteilen; Rousseaus *Bekenntnisse* (1765) oder Jung-Stillings *Lebensgeschichte* (1776) haben den Anspruch, *„einen Menschen in aller Wahrheit der Natur zu zeichnen"* (Rousseau), wobei er fälschlich annahm, ein solches Unternehmen werde niemals einen Nachahmer finden. Kaum etwas stieß auf soviel Interesse wie die Novellen und Romane des 18. und 19. Jahrhunderts, deren Kunst darin bestand, eine Persönlichkeit und ihr Leben so stimmig zu beschreiben, dass der Leser durch das dargestellte Schicksal zutiefst berührt wurde: Die *Leiden des jungen Werther* (Goethe 1774), endend mit dem Selbstmord des Titelhelden, lösten eine Welle von Suizidhandlungen bei jungen Menschen aus. Spätere Entwicklungsromane beschränkten sich nicht nur auf die innere Entwicklung eines Menschen, sondern veranschaulichten die Verflechtung mit den äußeren, im weitesten Sinne sozialen Lebensbedingungen. Schicksalseinbrüche, Krankheit und Tod wurden bezogen auf eigene Verantwortung und Schuld erörtert, aber auch im sozialkritischen Sinne als Folge von Not und gesellschaftlicher Ungerechtigkeit dargestellt. Besonderes Interesse fanden Lebensgeschichten von Menschen, die durch herausragende künstlerische Leistungen oder durch begangene Verbrechen hervorgetreten waren (Pathographien).

So verwundert es nicht, dass die Grenze zwischen literarischer Darstellung menschlichen Lebens und psychotherapeutischer Krankengeschichte lange Zeit fließend blieb. In seiner Epikrise zum Fall der Elisabeth v. R. äußert sich Sigmund Freud dazu 1895: *„Es berührt mich selbst noch eigentümlich, daß die Krankengeschichten, die ich schreibe, wie Novellen zu lesen sind, und daß sie sozusagen des ernsten Gepräges der Wissenschaftlichkeit entbehren"* (Freud 1895, S. 227).

Beide Gattungen, die literarische Novelle und die Fallgeschichte, sind gleichermaßen bemüht, persönlichkeitstypische Verflechtungen von innerem Erleben und äußerem Verhalten anhand von narrativen Episoden und typischen Beziehungsepisoden anschaulich zu machen. Darin liegt ihre Beweiskraft.

In der Medizin generell und in der Psychiatrie speziell war es geläufige Praxis, anamnestisch die Krankengeschichte und die Lebensgeschichte des Patienten nebeneinander zu erheben. Systematische Regeln der Verknüpfung beider fehlten zunächst. Mit zunehmendem Interesse für Fragen der Lebensphilosophie und Anthropologie intensivierte sich im 20. Jahrhundert die systematische Beschäftigung mit Biographie als wissenschaftlichem Thema (Bühler 1955, Clauser 1963, Thomae 1952). Viktor von Weizsäcker verfolgte den Anspruch, der naturwissenschaftlichen Organmedizin eine anthropologische Medizin zur Seite zu stellen, die sich auch mit dem „Sinn" der Krankheit beschäftigte; später griff Alexander Mitscherlich den Begriff der biographischen Medizin auf (vgl. Dehli 2007).

Biographie und speziell Autobiographie ist der Versuch von Menschen, ihrem Lebensgang Schlüssigkeit, Kontingenz und Sinn zuzuschreiben, das gilt auch für erlittene Krankheiten. Der Biographieforscher und speziell der Psychotherapeut schauen von außen auf diesen Vorgang, wie ein Leben sich ereignet und wie das erlebende Subjekt sich das Geschehen erklärt. Sie stehen vor der Aufgabe, diese beiden Perspektiven zu verknüpfen – die subjektive Sicht des Patienten und die objektivierbaren Ereignisse seines Lebens – die Bedeutungen, die der Patient ihnen zuschreibt, und die harten Fakten im geschichtlichen Ablauf der sozialen Realität. Aufgabe des Psychotherapeuten ist es, diese beiden Ebenen zusammenzuführen und ihnen ihrerseits auf der Grundlage seiner psychodynamischen Persönlichkeits- und Krankheitstheorie eine Bedeutung zuzuschreiben. Dieser Vorgang bildet den Kern der psychodynamischen Fallformulierung.

Im Übrigen beschäftigen sich auch Geschichts- und Sozialwissenschaften aus ihrem jeweiligen Blickwinkel mit Biographien. *„Die Arbeit von Historikern ist, so könnte man formulieren, nichts anderes als Wiederverknüpfen und Aufrollen von gerissenen Biographien, Lebenszusammenhängen und Ereignisketten"* – so der Historiker Karl Schlögel (1998, S. 11). Die Sozialwissenschaften wiederum erweitern unseren Blick für biographische Krisen im menschlichen Leben. Danach geht einer solchen Krise meist der Verlust von Kohärenzregeln voraus, mit denen wir bis dahin das Leben bewältigt haben und die bis dahin unserem Handlungs- und Erfahrungsraum Grenzen und Richtung gegeben haben (Bude 1999). Solche Krisen treten regelhaft beim Übergang von einer Lebensphase in die nächste auf – der Eintritt in die Pubertät ist hier nur eines von vielen Beispielen. Aber auch unabhängig von einzelnen Lebensphasen treten Krisen immer dann auf, wenn eine zuvor erreichte innere und äußere Lebensbalance nachhaltig gestört wird. Eine schwere körperliche Erkrankung kann dies auslösen, Verluste im persönlichen Umfeld aber auch gesellschaftliche und politische Umwälzungen, die bis dahin gültige Lebensregeln außer Kraft setzen. Der von vielen Deutschen für das Kriegsende 1945 benutzte Begriff „Zusammenbruch" dürfte in diesem Sinne weniger den damaligen militärischen Zusammenbruch sondern das persönliche innere Erleben vieler Betroffener kennzeichnen. Ähnliches dürfte auch für das Jahr 1989 gelten, das für viele Menschen aus der ehemaligen DDR eine ganz persönliche „Wende" mit sich gebracht hat.

In biographischen Krisen setzt eine oft aufwändige Dekonstruktion unseres Bildes von unserem bisherigen Leben ein, gefolgt von einer oft sehr mühseligen Rekonstruktion, an deren Ende ein verändertes Bild von der eigenen Biographie stehen kann – Grundlage für ein neues Lebenskonzept.

Biographische Krisen als solche haben demnach nicht regelhaft eine pathogene Wirkung; vielmehr fördern sie bei gelungener Bewältigung die Reifungsentwicklung und unser Kompetenz-Gefühl. Damit begründet eine Krise als solche auch nicht die Indikation von Psychotherapie. Erst das Scheitern entsprechender Bewältigungsversuche mit nachfolgender Entwicklung von Krankheitssymptomen kann eine psychotherapeutische Behandlung notwendig machen.

Zur Entwicklung psychodynamischer Diagnostik

Thomä und Kächele stellen 1985 mit einer gewissen Verwunderung fest, dass über lange Zeit keine elaborierte psychoanalytische Diagnostik entwickelt worden sei und dass sie auch nach ihrer Entwicklung wenig Interesse fand. In den klassischen Werken der Neurosenlehre und psychoanalytischen Behandlungskonzeption (Fenichel 1931, Nunberg 1931, Loch 1967) fand in der Tat Diagnostik keine Erwähnung.

Die Zurückhaltung gegenüber Diagnostik hat im Übrigen eine lange psychoanalytische Tradition. Sigmund Freud äußerte sich dazu 1932 in der *Neuen Folge der Vorlesung zur Einführung in die Psychoanalyse* fast sarkastisch, indem er die Diagnostik mit einer Hexenprobe verglich (bei der man erst nach einer tödlichen Prozedur weiß, ob es sich um eine Hexe gehandelt hat oder nicht). Er fährt fort:

> *„Wir können den Patienten, der zur Behandlung, oder ebenso den Kandidaten, der zur Ausbildung kommt, nicht beurteilen, ehe wir ihn durch einige Wochen oder Monate analytisch studiert haben. Der Patient brachte unbestimmte, allgemeine Beschwerden mit, die eine sichere Diagnose nicht gestatteten. Nach dieser Probezeit mag sich herausstellen, dass es ein ungeeigneter Fall ist. Wir schicken dann den Kandidaten weg, versuchen dann beim Patienten noch eine Weile, ob wir ihn nicht in günstigerem Licht sehen können."* (Freud 1932)

Dieses Thema der Probetherapie und der zwangsläufigen Belastung für jene Patienten, die sich dabei als nicht analysierbar erweisen, wird auch in dem 10-Jahres-Bericht des Berliner Psychoanalytischen Instituts kritisch diskutiert (Deutsche Psychoanalytische Gesellschaft 1930). Hier wird immerhin „das Erheben der Anamnese" erwähnt, wenngleich ohne inhaltliche Konkretisierung. Es wird eine Dokumentation vorgenommen, welche neben Sozialdaten eine klinische Diagnose, die Dauer der Behandlung und eine Ergebniseinschätzung enthält. Es verwundert nicht, dass spätere Aktivitäten zu Diagnostik, Dokumentation (und Forschung) von Analytikern ausgingen, die in diesem Institut tätig waren, sei es von solchen, die in die USA emigriert sind (z. B. Alexander) und von anderen, die in Berlin geblieben sind und 1946 das Zentralinstitut für Psychogene Erkrankungen gegründet haben. Erste Leiter des Instituts waren Werner Kemper und Harald Schultz-Hencke, später leitete Annemarie Dührssen das Institut.

Schultz-Henckes Darstellung der „gezielten Anamnese" erfolgte 1951, Dührssen arbeitete diesen diagnostischen Ansatz aus und präzisierte darin den biographischen Aspekt („biographische Anamnese") bereits 1958, ehe sie ihn später monographisch ausführte. Diese Entwicklungen wurden allerdings von den traditionellen Psychoanalytikern nicht als psychoanalytisch anerkannt.

Zeitlich parallel dazu lässt sich eine weitere Entwicklungslinie nachzeichnen. In der amerikanischen Psychiatrie wurden unter dem Einfluss psychoanalytisch-beziehungstheoretischer Konzepte (Sullivan 1954) diagnostische Verfahren beschrieben: Das dynamische Interview (Gill 1954), das klinische Interview (Deutsch und Murphy 1955). Diese Interviewverfahren betonen den Aspekt der Beziehungsgestaltung, das Verständnis der psychosozialen Situation des Patienten und die gemeinsame Planung von Behandlungsschritten.

Eine dritte Linie schließlich lässt sich in England beobachten, wo Balint und Balint 1962, bezugnehmend auf das geringe psychoanalytische Interesse für Diagnostik, ein „diagnostisches Interview" entwarfen. Auch in dieser Entwicklung geht es zunächst nicht um Diagnostik im Vorfeld von Psychoanalyse, sondern in der psychotherapeutischen Medizin. Das Verfahren und seine Anwendung wurden bezogen auf die Situation in der Allgemeinmedizin beschrieben (Balint u. Norell 1975). Ein auf psychoanalytisches Persönlichkeitsverständnis zugeschnittenes Instrument, eher ein psychoanalytischer Befund als eine Beschreibung der Diagnostik, legten Anna Freud und ihre Gruppe 1965 mit *The adult profile* vor.

Psychodynamisch-diagnostische Bemühungen waren also am ehesten dort erkennbar, wo in poliklinischen Institutionen Krankenbehandlungen durchgeführt wurden. Das gilt auch für die psychosomatische Medizin, die in Deutschland psychoanalytische und anthropologische Aspekte an die Medizin herantrug und dabei auch dem biographischen Aspekt besondere Bedeutung zuschrieb (v. Weizsäcker 1947).

In den siebziger Jahren des 20. Jahrhunderts kam ein starkes Interesse an psychotherapeutischer Diagnostik auf. Es galt dem diagnostischen Verfahren, dem Prozess der Begegnung zwischen Patient und Therapeut, dem Verständnis lebensgeschichtlicher Entwicklung und der Frage, auf welche Weise welche relevanten Informationen gewonnen werden können. Die akademische Psychologie hatte sich bis dahin diagnostisch auf Testdaten, Fragebogendaten und Life-Record-Daten beschränkt (Cattell 1965), daneben bestand ein eher geisteswissenschaftliches Interesse an Biographik (Clauser 1963, Thomae 1952). In der Medizin war die Anamneseerhebung gebräuchlich, speziell im psychiatrischen Bereich wurde nach dem Krieg aus der amerikanischen Literatur der Begriff des psychiatrischen Interviews übernommen. Großes wissenschaftliches Gewicht fanden Fragen der sprachlichen Kommunikation, sodass zahlreiche sprachinhaltliche und psycholinguistische Untersuchungen realisiert wurden.

Die Vertreter der traditionellen Psychoanalyse wandten sich vergleichsweise spät Fragen der Diagnostik zu und fanden in dem Erstinterview im Sinne Argelanders (1970) eine *„erste Möglichkeit für eine flexible Anwendung der psychoanalytischen Methode auf die Gegebenheiten des jeweiligen Kranken"* (Thomä u. Kächele 1985, S. 173). Gegenstand des Erstinterviews ist nicht eine systematische anamnestische Klärung der Krankheitssituation des Patienten, sondern die Erfassung seiner im Erstgespräch unbewusst inszenierten Beziehungserfahrungen. Der Untersucher soll daraus den hier und jetzt wirksamen unbewussten Konflikt des Patienten, d. h. seine Übertragungsbereitschaft erkennen und auf die prägenden Beziehungserfahrungen des Patienten zurückschließen können. Sven-Olaf Hoffmann (2008) nennt das *„zurückhaltend ausgedrückt, eine mutige Annahme"*. Zweifellos kann auf diesem Wege ein wichtiger diagnostischer Aspekt erfasst werden, der jedoch für sich alleine nicht ausreicht, um eine klinische Situation abzuklären und eine Behandlungsindikation zu begründen. Eine hilfreiche psychotherapeutische Behandlung wird aber nur dann möglich sein, wenn die jeweilige Therapeutin/der jeweilige Therapeut über hinreichende Kenntnisse über frühere Krisen im Leben ihrer Patienten verfügen und gleichzeitig auch bereit ist, sich deren Lebensgeschichte im therapeutischen Dialog anzunähern. Die Biographische Anamnese tabellarisch abfragen zu lassen oder diese gar durch Hilfspersonen erheben zu lassen, wie dies seinerzeit von Argelander (1970) vorgeschlagen worden ist, vergibt eine wesentliche Chance für die Annäherung an einen hilfesuchenden Menschen.

Für Psychoanalytiker, die in Ambulanzen oder Kliniken arbeiten ist es heute selbstverständlich, dass die aktuellen Beziehungsaspekte des szenischen Erstinterviews mit der biographischen Anamnese verknüpft werden müssen, um eine Klärung der Ätiologie, der Psychodynamik, der Struktur und der klassifikatorischen Zuordnung einer aktuellen Erkrankung zu ermöglichen (Ermann 2007). In diesem Vorgehen wird die Logik der OPD (1996) erkennbar, die eine systematische Klärung der Aspekte Krankheitserleben, Beziehungsgestaltung, Konflikt, Struktur und Klassifikation in einem multiaxialen System empfiehlt und daraus die Behandlungsplanung ableitet (OPD 2006). Dieser aktuelle Stand wird im folgenden Abschnitt beschrieben.

Die biographische Anamnese in der heutigen psychodynamischen Diagnostik

Eine zeitgemäße psychodynamische Diagnostik integriert die bewährten psychodynamischen Ansätze und gelangt damit abschließend zu einer psychodynamischen Fallformulierung, aus der sich auch eine diagnostische Klassifikation und eine individuelle Behandlungsplanung ableiten lassen. Dabei spielt die biographische Anamnese eine wichtige Rolle. Folgendes sind (in Anlehnung an Rudolf 2010) die wichtigen diagnostischen Teilschritte:

- **Erfassung der Eingangsszene:** Der Untersucher nimmt die spontane Begegnung mit dem Patienten zum Ausgangspunkt für die ersten Hypothesen über das unbewusste Beziehungsangebot und die Übertragungsbereitschaft des Patienten.
- Bei Verzicht auf diesen Teilschritt fehlt die atmosphärische subjektive Sicht auf den Patienten und das intersubjektive Geschehen. Beschränkt sich aber die Diagnostik auf diesen Schritt, besteht das Risiko einer stark subjektiven und darin irrtumsanfälligen diagnostischen Einschätzung.
- **Beschreibung des klinischen Bildes und der aktuellen Lebenssituation:** Der Untersucher klärt Art und Schwere des aktuellen Beschwerdebildes und „übersetzt" diese Klagen des Patienten in krankheitswertige Symptome und Syndrome. Insbesondere bedeutsam ist dabei die Auswirkung der Symptomatik auf die Alltagsgestaltung und Lebensbewältigung des Patienten. Speziell zu beachten sind der Krankheitsverlauf und eine eventuelle Symptomchronifizierung.
- Die aktuelle Symptomatik wird verstanden vor dem Hintergrund der aktuellen Lebenssituation des Patienten. Hier geht es um ein erstes Bild der eventuell krankmachenden Belastungen oder stabilisierenden Ressourcen. Ohne eine Beschreibung der aktuellen sozialen Realität des Patienten würde eine klinische Beschreibung und vor allem eine psychodynamische Interpretation in der Luft hängen.
- **Biographische Anamnese:** Der Untersucher erarbeitet sich zusammen mit dem Patienten ein Bild von dessen prägenden lebensgeschichtlichen Erfahrungen in der Primärfamilie, seiner Schul- und Ausbildungsentwicklung, seiner psychosexuellen Entwicklung unter den Bedingungen der soziokulturellen Einflüsse seiner Bezugsgruppe. Es entsteht dabei zum einen ein Bild vom subjektiven Selbstverständnis des Patienten, zum anderen ein objektivierbares Bild seiner Sozialgeschichte. Das Verständnis der biographischen Entwicklung bildet die Grundlage für die psychodynamischen Hypothesen über internalisierte Erfahrungen und pathogene Überzeugungen, die als „neurotische" Störungsdispositionen bis zu einer schließlich erfolgenden Symptombildung mitgetragen werden.

- **Erfassung der Psychodynamik:** Aus dem Verhalten und Erleben des Patienten (Beziehungsepisoden) werden im Sinne der OPD-2 die Aspekte der Beziehungsdynamik (das für den Patienten typische dysfunktionale Verhalten), der Konfliktdynamik (der aktualisierten vorherrschenden, lebensbestimmenden Konflikte) und der Strukturdynamik (die Einschränkungen des Strukturniveaus und der Ausfall struktureller Fähigkeiten) beschrieben. Der entscheidende Punkt dabei ist die Operationalisierung, d. h. die psychodynamischen Befunde können nicht nur benannt (d. h. gewissermaßen behauptet werden: „ein Individuations-Abhängigkeits-Konflikt liegt vor"), sondern sie müssen aus dem individuellen Erleben und Verhalten des Patienten belegt werden.
Ein entscheidendes Element der psychodynamischen Fallformulierung ist das Verständnis der symptomauslösenden Situation, die aus dem Zusammenwirken pathogener Dispositionen und Veränderungen der aktuellen Lebensumstände abgeleitet werden kann.
- **Formulierung der psychodynamischen Diagnose und der Klassifikation:** Im Sinne einer psychodynamischen Fallformulierung sollten die wichtigsten klinischen und psychodynamischen Fakten dargestellt und mit ICD-10-Diagnosen verknüpft werden. Somit enthält die Diagnose:
  - ein symptombezogenes klinisches Bild (Beschreibung der krankheitswertigen Symptome und ihrer Auswirkung auf die Lebensbewältigung),
  - eine psychodynamische Beschreibung der für den Patienten typischen dysfunktionalen Beziehungsgestaltung,
  - eine psychodynamische Hypothese über die aktualisierten lebensbestimmenden Konflikte des Patienten,
  - eine psychodynamische Beschreibung des generellen Strukturniveaus und der eingeschränkten einzelnen Funktionen,
  - eine Zuordnung zur ICD-10-Klassifikation, wobei die komorbiden Persönlichkeitsstörungen und die ebenfalls bestehenden somatischen Erkrankungen mit berücksichtigt werden sollen.
- **Therapeutische Zielsetzung und Behandlungsplanung:** Aus dem klinischen Bild und der psychodynamischen Fallformulierung wird ein Behandlungsplan abgeleitet. Er formuliert fokale therapeutische Zielsetzungen bezüglich der wichtigsten psychodynamischen Elemente (Beziehung, Konflikt, Struktur) und begründet die Wahl des notwendigen und geeigneten Therapieverfahrens bzw. der methodischen Varianten und Settingformen (Differenzialindikation).
- **Probetherapie:** Die verfügbaren probatorischen Sitzungen im Anschluss an die diagnostischen Sitzungen sind geeignet, zu prüfen, ob sich die diagnostische Akzentsetzung bestätigt und die therapeutische Zielsetzung bewährt. Im Anschluss daran kann der Antrag für Kurzzeittherapie oder Langzeittherapie gestellt werden.

Die beschriebene Sequenz der diagnostischen Teilschritte zeigt, dass die biographische Anamnese nicht alles ist, dass aber eine psychodynamische Diagnostik ohne diese nicht vorstellbar ist.

Die biographische Anamnese in der Richtlinien-Psychotherapie

Wie bereits erwähnt, hat Annemarie Dührssen in ihrer *Biographischen Anamnese* psychoanalytische und biographische Konzepte zusammengefügt. Dies wird auch in den Psychotherapie-Richtlinien berücksichtigt. Danach muss die einem Behandlungsverfahren zugrundeliegende Krankheitstheorie *„den gegenwärtigen, lebensgeschichtlichen und gesellschaftlichen Faktoren in ihrer Bedeutung für das Krankheitsgeschehen gerecht werden."* (§ 3, 2 der aktuellen Psychotherapie-Richtlinie). Demnach müssen die lebensgeschichtliche Vorentwicklung und die prämorbide Persönlichkeit, insbesondere aber auch die aktuelle Lebenssituation in ihrer Bedeutung für die Entstehung und den Verlauf einer Erkrankung geklärt werden. In den Berichten, die einen Antrag auf Übernahme der Behandlungskosten für eine Psychotherapie begründen sollen, muss dies hinreichend berücksichtigt sein.

Neben vielen guten Berichten fallen hier aber zwei Extremvarianten auf, die ein mangelhaftes biographisches Verständnis erkennen lassen:

Auf der einen Seite gibt es Darstellungen mit **einer ausschließlichen Aneinanderreihung von** Lebensdaten, ohne dass eine biographische Entwicklungslinie erkennbar wird. Hier fehlt die notwendige *„Differenzierung der pathogenen Faktoren nach ihrem ursächlichen Rang für das Krankheitsgeschehen"* (Rüger et al. 2009, Faber-Haarstrick-Kommentar, S. 18).

Biographisches Verständnis aber besagt, *„dass wir es in einem menschlichen Leben nicht mit einer Abfolge beliebiger Vorkommnisse, also auch nicht mit einer fortlaufenden Kette objektivierbarer life events"* zu tun haben (Lang 2000, S. 42), sondern mit einer Abfolge von Geschehnissen (Blankenburg 1989), die die Geschichte eines Lebens bestimmen.

Auf der anderen Seite fallen Berichte auf, in denen die Lebensgeschichte nur sehr selektiv und theoriegeleitet erfasst wird (Rüger et al. 1996). So ermöglicht eine häufig zu beobachtende überwiegende *„Zentrierung auf lebensgeschichtliche Daten der Kindheit ... kein hinreichendes Verständnis dafür, warum der Patient aktuell krank ist und um Behandlung nachsucht"* (Rüger et al. 2009, Faber-Haarstrick-Kommentar, S. 20).

Bei einem Vergleich typischer Weiterbildungsanamnesen aus den 1960er und aus den 1990er Jahren konstatiert Rudolf darüber hinaus eine *„Verringerung der Aufmerksamkeit für die biographische und aktuelle soziale Lebenswirklichkeit des Patienten ... eine Zunahme der Beschreibung interpersonellen Geschehens zwischen Patient und Therapeut, ferner ... eine deutlich vermehrte Bereitschaft, theoriegeleitete Interpretationen zu formulieren"* (1993, S. 29).

In diesen theoriegeleiteten biographischen Anamnesen wird vielfach die aktuelle Lebenssituation mit ihren familiären, sozialen und ökonomischen Rahmenbedingungen nicht hinreichend berücksichtigt. Damit ist in diesen Fällen ein ätiopathogenetisches Verständnis einer aktuellen Erkrankung erschwert, weil eine richtige Gewichtung im Zusammenspiel innerer Bedingungen (z. B. repetitive pathologische Beziehungskonstellationen) und äußerer Lebensbedingungen nicht möglich ist. Beide Seiten müssen im Rahmen einer biographischen Anamnese berücksichtigt werden.

An dieser Stelle stellt sich zwangsläufig die Frage nach der „biographischen Wahrheit". In einem Brief an Arnold Zweig vom 2. Mai 1936 stellt Sigmund Freud fest: „*Die* biographische *Wahrheit ist nicht zu haben*". Dieses Zitat wird häufig als Argument gegen eine eingehendere Beschäftigung mit der Biographie eines Patienten im diagnostischen Erstgespräch ins Feld geführt. Dabei geht es in der biographischen Anamnese nicht um die „biographische Wahrheit". Es geht um die Frage, an welchen Knotenpunkten eines Lebens ein Mensch krank geworden ist und welche Vorentwicklung mit dazu beigetragen hat. Dabei sind zwei unterschiedliche Perspektiven zu berücksichtigen: der äußere Rahmen der Lebensentwicklung einschließlich objektivierbarer Daten (Lebensraum) auf der einen Seite und auf der anderen Seite die innere Welt des Patienten. Zu dieser erhalten wir einen ersten und noch sehr vorläufigen Zugang durch beispielhafte Berichte aus dem Leben (Narrative) und deren retrospektive Bedeutungszumessung (vgl. Küchenhoff 1996). Ähnlich wie in der Geschichtswissenschaft gilt auch für die Biographik ein Strukturzusammenhang zwischen Erinnerung und Bedeutungssetzung. Diese Bedeutungssetzung ist immer retrospektiv und erfolgt aus der Sicht der Gegenwart. Das Leben wird vorwärts gelebt und rückwärts verstanden, wie bereits Søren Kierkegaard seinerzeit festgestellt hat und auf den sich der Historiker Arno Esch (1994) bei seiner biographischen Ausleuchtung historischer Persönlichkeiten bezieht.

In dem, was wir anderen Menschen aus unserem Leben erzählen (Narrative), werden persönliche Ereignisse unseres Lebens zu einer subjektiven historischen Einheit konfiguriert und so unsere Existenz zu einem einheitlichen Ganzen gemacht. Damit tragen Narrative ganz wesentlich zu einer konturierten Ich-Identität bei (Rüger 2009). Annemarie Dührssen hatte entsprechende Bedeutungszuschreibungen seinerzeit unter dem Begriff „Innere Formeln" (1972) zusammengefasst.

Die biographische Anamnese ist demnach nicht auf der Suche nach der „biographischen Wahrheit"; vielmehr soll anhand der geschilderten Lebensereignisse und deren subjektiver Bedeutungszumessung durch den Patienten ein erstes Bild vom Patienten, so wie dieser sich selbst sieht, ermöglicht werden. Dass dieses Bild sich im Verlauf einer Behandlung ändert und einzelne Lebensereignisse eine andere „Be-Deutung" erhalten, ist bei einer erfolgreichen psychotherapeutischen Behandlung zu erwarten.

Um das zu ermöglichen, ist aber auch die Klärung objektiver Rahmenbedingungen eines Lebensweges notwendig. Nur so wird das Ausmaß irrationaler Bedeutungszuschreibungen durch den Patienten und Unstimmigkeiten in der Abfolge von Lebensereignissen hinreichend erkennbar. Auch insistierendes Klären von Lebensdaten kann hier bereits in den ersten diagnostischen Gesprächen angezeigt sein. In ihren Fallbeispielen lässt uns Annemarie Dührssen an diesem Teil des diagnostischen Prozesses eindrücklich teilnehmen.

Wesentliche Grundlinien der biographischen Anamnese nach Annemarie Dührssen

Abschließend soll die Logik der biographischen Anamnese noch einmal kurz zusammengefasst dargestellt werden. Zunächst ordnet die Autorin mögliche zwischenmenschliche Konflikte im Rahmen einer Konflikttypologie. Dabei unterscheidet sie:
- „normale" Konflikte,
- „antinomische" Konflikte,
- „tragische" Konflikte und
- „neurotische" Konflikte.

Diese Einteilung wirkt dem heute vielfach zu beobachtenden inflationären Ausweiten des Konflikt-Begriffs entgegen. Nicht jeder zwischenmenschliche Konflikt ist auch Ausdruck bzw. Folge einer psychischen Störung. Das gilt auch für schwer auflösbare tragische oder antinomische Konflikte. Nur der „neurotische" Konflikt kann aber Anlass und Gegenstand einer psychotherapeutischen Behandlung sein. Dabei geht es hier nicht nur um eine innerpsychische Konfliktpathologie im engeren Sinne, sondern auch um biographisch entstandene, dysfunktionale Beziehungsmuster und strukturelle Einschränkungen, in deren Gefolge es regelhaft zu interpersonellen Konflikten kommt.

Im ersten Gespräch mit einem Patienten geht Annemarie Dührssen vom Gegenwartskonflikt und seiner Vorgeschichte aus. Dies entspricht in der Regel dem Anliegen eines Patienten. Denn dieser konsultiert einen Arzt/Psychotherapeuten aus einem aktuellen Anlass heraus – selbst wenn eine chronische Krankheitsgeschichte vorliegt. Dementsprechend empfiehlt die Autorin auch zunächst, die aktuelle Persönlichkeit in ihren neurotischen Charakterbildungen zu erfassen. Dies gelingt am ehesten in einer deskriptiv-phänomenologischen Beschreibung neurotischer Phänomene. Dazu zählt Dührssen insbesondere
- ein verzerrtes und verformtes Erleben der umgebenden Welt und ein
- neurotisches Reaktionsmuster im Verhalten.

Innerpsychische Konflikte und damit korrespondierende psychosoziale Konfliktkonstellationen können sich in unterschiedlichen Lebensbereichen abspielen. Diese müssen in den diagnostischen Gesprächen mit dem Patienten auch dann berücksichtigt werden, wenn der Patient diese nicht von sich aus anspricht. Dührssen führt hier folgende mögliche konfliktträchtige Lebensbereiche auf:
- persönliche Bindungen, Liebesbeziehungen und Familienleben,
- die Herkunftsfamilie,
- Berufsprobleme,
- Besitzerleben und -verhalten und
- den umgebenden soziokulturellen Raum mit besonderer Berücksichtigung der Gruppenzugehörigkeit eines Patienten.

Diese konflikträchtigen Lebensbereiche, auf die sich inzwischen auch die Operationalisierungen der OPD beziehen, werden im Hauptteil des Buches an eindrücklichen Fallbeispielen dargestellt, theoretisch erörtert und im Hinblick auf die therapeutischen Folgerungen diskutiert. Zwei Aspekte seien an dieser Stelle besonders hervorgehoben:

Aus der Sicht Annemarie Dührssens ist die Lebensgeschichte eines Patienten nur hinreichend zu verstehen, wenn auch die Geschichte der Eltern und deren Gewordensein in ihrer Ausgangsfamilie jeweils genügend berücksichtigt wird und dabei auch die Konflikte und Belastungen der Vorgenerationen und deren Tradierung auf die Generation des Patienten beachtet werden (Drei-Generationen-Modell).

Geradezu modern wirken die Ausführungen zur Bedeutung des umgebenden soziokulturellen Raums. Hier empfiehlt Dührssen besondere Sensibilität, sobald eine bestimmte Gruppenzugehörigkeit mit den damit verknüpften Normen und Werten für den Patienten eine hohe Bedeutung hat und wenn diese wesentlich zum narzisstischen Regulativ eines Patienten beiträgt. Allerdings ist die Variabilität solcher Konstellationen nach Dührssen sehr groß, und aus ihrer Sicht gehört es zu den größten Schwierigkeiten für einen Therapeuten, in diesem Bereich die Grenze zwischen „normal" und „neurotisch" zu ziehen. Darüber hinaus ist der umgebende kulturelle Rahmen in der Kindheit und Jugend des Patienten von großer Bedeutung. Dührssen weist hier auf die zeitgeschichtlichen Umbrüche der Kriegs- und Nachkriegszeit, Flüchtlings- und Verfolgtenschicksale und Minderheitensituation in der elterlichen Familie hin, die das heranwachsende Kind in seiner Entwicklung bis hin ins Erwachsenenalter nachhaltig prägen. Obwohl bereits vor einem halben Jahrhundert konzipiert, lassen sich die geschilderten Schicksale und ihre psychodynamische Erörterung ohne Weiteres auch auf gegenwärtige Lebenszusammenhänge übertragen.

Die Annäherung an die Lebensgeschichte als Grundlage einer triangulären therapeutischen Beziehung

Bereits im ersten Kontakt mit dem Patienten dürften biographische Themen eine wesentliche Rolle spielen. Denn nach der Erörterung von Anlass zur Konsultation und aktuellen Beschwerden ermöglicht bereits die Klärung der unmittelbaren Vorgeschichte einen ersten, wenn auch vorläufigen, Einstieg in die Lebensgeschichte. Dabei spüren Patienten rasch Interesse oder Desinteresse an ihrem Leben. Ein Abfragen biographischer Daten im Rahmen eines halbstandardisierten Interviews fördert nicht ein vertieftes Kennenlernen des Patienten. Und die

Anwendung von biographischen Fragebögen dürfte in der Regel die Chance einer Annäherung an die Lebensgeschichte des Patienten im therapeutischen Dialog vollends unmöglich machen. Vielmehr ist hier eine hinreichende Neugier auf Seiten des Therapeuten im Gespräch mit seinen Patienten notwendig. Nur so vermittelt sich das Gefühl einer verständnisvollen Anteilnahme. Selbstverständlich ist das Ergebnis eines solchen Gesprächs nicht die „biographische Wahrheit" (Freud 1936, s.o.), aber es ist Ausgangsbasis für Vertiefungen und Infragestellungen im weiteren Verlauf.

In der anschaulichen Darstellung Annemarie Dührssens wird auch ihre Gesprächsführung bei der Erhebung einer biographischen Anamnese deutlich. Insbesondere ist das lebhafte, oft insistierende, aber immer wohlwollende Interesse der Autorin an ihren Patienten zu spüren. Unklarheiten oder zunächst nicht Verständliches im Bericht des Patienten werden geklärt sowie thematisch vertieft. Damit kann bereits im ersten Gespräch das bisherige Konzept des Patienten von seinem Leben eine neue Akzentuierung erhalten. Die Zugänglichkeit des Patienten für eine neue Sicht der Dinge kann geprüft werden. Umgekehrt erfährt der Patient bereits in den ersten Gesprächen, dass eine psychotherapeutische Behandlung über unbedingte Akzeptanz und wohlmeinende Ratschläge hinausgehen wird und dass es durchaus auch um ein Infragestellen des bisherigen Lebens gehen könnte.

Die Fallbeispiele spiegeln die breite klinische Erfahrung der Ärztin und Psychoanalytikerin Annemarie Dührssen wider. Gewonnen wurde diese vornehmlich an Patienten des Zentralinstituts für Psychogene Erkrankungen der AOK Berlin. Die geschilderten Lebensschicksale spielen sich in der Nachkriegszeit mit all ihren Brüchen und Verwerfungen ab, aber auch in der beginnenden Wohlstandsgesellschaft der 1960er und 1970er Jahre. Die entsprechenden Konfliktkonstellationen finden sich aber durchaus auch in der heutigen Gesellschaft. Dabei wird eines recht rasch deutlich: Eine reine Übertragungs- oder Gegenübertragungsdiagnostik im Rahmen einer Erstinterview-Technik würde nicht geeignet sein, entsprechende Konfliktkonstellationen auch nur annähernd angemessen zu erfassen. Ausschließlich angewandt kann eine solche Technik – wenn überhaupt – allenfalls bei einer klassischen psychoanalytischen Klientel einen ersten Zugang ermöglichen – einer Klientel, bei der soziale Probleme eine höchstens nachrangige Rolle spielen und die in der Regel derselben Schicht entstammt wie ihre Psychoanalytiker.

Dagegen ermöglicht die biographische Anamnese auch einen Zugang zu Patienten, die einen ganz anderen Lebenshintergrund als ihre Therapeuten haben. Hier empfiehlt Dührssen bei zunächst dem Therapeuten befremdlich anmutenden Lebensvorstellungen oder gar vom Therapeuten abgelehnten Wertvorstellungen eine passagere Identifizierung mit den Patienten, um einen Zugang zu deren innerer Welt zu ermöglichen. Gleichzeitig wird damit eine Atmosphäre der Befremdlichkeit abgemildert und eine Ursache von Behandlungsabbrüchen noch in der diagnostischen Phase vermieden.

Passagere Identifizierung ist immer auch eine Annäherung an das Fremde, an das Befremdliche im Anderen. Das gilt für seelisch Befremdliches, aber auch im Verhältnis zu Angehörigen anderer sozialen Herkunft oder fremden Kulturen. Und nicht zuletzt trifft dies auch auf Beziehungen zu Menschen einer anderen Generation zu, ist doch „*ein Jeder, nur zehn Jahre früher oder spätere geboren ... ein ganz anderer geworden*", wie schon Goethe 1812 in seinen autobiographischen Betrachtungen *Dichtung und Wahrheit* anmerkt.

Passagere Identifizierung setzt die Fähigkeit voraus, sich in eine fremde Welt hineinzuversetzen. Neben der in jeder therapeutischen Beziehung notwendigen Empathie dürfte dies nur bei hinreichenden Kenntnissen über die Gesetze und Normen einer solchen anderen Welt möglich sein. In ihren Falldarstellungen gelingt Annemarie Dührssen eine solche Annäherung an ihre Patienten in sehr eindrücklicher Weise.

Die Beschäftigung mit der Lebensgeschichte eines Patienten hat damit einen Doppel-Aspekt: Auf der einen Seite erfährt der Patient einen vertieften Zugang zu sich selbst und seinem Gewordensein („*Das bin ich!*"). Auf der anderen Seite stellt er sich gemeinsam mit seinem Therapeuten neben sein Leben und betrachtet dieses – bereits ein früher erster Schritt von der dyadischen in eine reifere trianguläre therapeutische Beziehung.

Literaturverzeichnis

Arbeitskreis OPD (Hrsg). Operationalisierte psychodynamische Diagnostik. Grundlagen und Manual. Bern: Huber 1996.
Arbeitskreis OPD (Hrsg). Operationalisierte psychodynamische Diagnostik – OPD-2. Das Manual für Diagnostik und Therapieplanung. Bern: Huber 2006.
Argelander H. Das Erst-Interview in der Psychotherapie. Wissenschaftliche Buchgesellschaft Darmstadt 1970.
Balint E, Norell JS. Fünf Minuten pro Patient. Frankfurt: Suhrkamp 1975.
Balint M, Balint E. Psychotherapeutische Techniken in der Medizin. Stuttgart: Klett 1962.
Blankenburg W (Hrsg). Biographie und Krankheit. Stuttgart, New York: Thieme 1989.
Bude H. Lebenskonstruktionen als Gegenstand der Biographieforschung. In: Jüttemann G, Thomae H (Hrsg). Biographische Methoden in den Humanwissenschaften. Weinheim, Basel: Beltz 1999; 247–58.
Bühler C. Der menschliche Lebenslauf als psychologisches Problem. Göttingen: Hogrefe 1955.
Cattell RB. The scientific analysis of personality. Harmondsworth: Penguin 1965.
Clauser G. Die biographische Analyse. Stuttgart, New York: Thieme 1963.
Dehli M. Leben als Konflikt – zur Biographie Alexander Mitscherlichs. Göltingen: Wallstein 2007.
Deutsch F, Murphy WF. The clinical interview. New York: International Universities Press 1955.
Deutsche Psychoanalytische Gesellschaft (Hrsg). 10 Jahre Berliner Psychoanalytisches Institut. Wien: Internationaler psychoanalytischer Verlag 1930.

Dührssen A. Heimkinder und Pflegekinder in ihrer Entwicklung. Göttingen: Vandenhoeck & Ruprecht 1958.

Dührssen A. Psychotherapie bei Kindern und Jugendlichen. Göttingen: Vandenhoeck & Ruprecht 1960.

Dührssen A. Analytische Psychotherapie in Theorie, Praxis und Ergebnissen. Göttingen: Vandenhoeck & Ruprecht 1972.

Dührssen A. Die biographische Anamnese. Göttingen: Vandenhoeck & Ruprecht 1981.

Dührssen A. Wesentliche anthropologische Konzepte in der psychoanalytisch orientierten Psychotherapie. Zsch psychosom Med 1998; 44: 304–10.

Ermann M. Psychosomatische Medizin und Psychotherapie. Ein Lehrbuch auf psychoanalytischer Grundlage. 5. Aufl. Stuttgart: Kohlhammer 2007.

Esch A. Zeitalter und Menschenalter – der Historiker und die Erfahrung vergangener Gegenwart. München: C. H. Beck 1994.

Fenichel O. Hysterien und Zwangsneurosen. Psychoanalytische spezielle Neurosenlehre. Nachdruck 1967. Darmstadt: Wissenschaftliche Buchgesellschaft 1931.

Freud A, Nagera H, Freud WE. Metapsychological assessments of adult personality. The adult profile. Psychoanal Study Child 1965; 20: 9–41.

Freud S. Studien über Hysterie. GW I. 1895: 75–312.

Freud S. Neue Folge der Vorlesungen zur Einführung in die Psychoanalyse. GW XV. 1932.

Freud S. Brief an Arnold Zweig vom 31.05.1936.

Gill NM, Newman R, Redlich FC. The initial interview in psychiatric practice. New York: International Universities Press 1954.

Goethe JW (1774). Die Leiden des jungen Werther. Frankfurt/M.: Insel 1973.

Goethe JW (1812). Dichtung und Wahrheit 2. Teil (II, 6–10). Frankfurt/M.: Deutscher Klassiker Verlag 2007 Band 15.

Hoffmann SO. Psychodynamische Psychotherapie von Angststörungen. Einführung und ein Manual für die kurz- und mittelfristige Therapie. Stuttgart: Schattauer 2008.

Jung-Stilling JH (1776). Lebensgeschichte. Darmstadt: Wissenschaftliche Buchgesellschaft: Nachdruck 1976.

Küchenhoff J. Zum Stellenwert der Biographie in der Psychoanalyse. Zsch psychosom Med 1996; 42: 1–24.

Lang H. Das Gespräch als Therapie. Frankfurt/M.: Suhrkamp 2000.

Loch W (Hrsg). Die Krankheitslehre der Psychoanalyse. Stuttgart: Hirzel 1967.

Moritz KP (1785). Anton Reiser. Ein psychologischer Roman. Kehl: Swan Buchvertrieb: Nachdruck 1993.

Nunberg H (1931). Allgemeine Neurosenlehre auf psychoanalytischer Grundlage. 3. Aufl. Bern: Huber: 1971.

Rousseau JJ (1765). Bekenntnisse. Berlin: Wiegandt und Grieben 1907.

Rudolf G. Untersuchung und Befund bei Neurosen und psychosomatischen Erkrankungen. Weinheim und Basel: Beltz 1981.

Rudolf G. Aufbau und Funktion von Fallgeschichten im Wandel der Zeit. In: Stuhr U, Deneke FW (Hrsg). Die Fallgeschichte. Heidelberg: Asanger 1993; 17–31.

Rudolf G. Psychodynamische Psychotherapie. Stuttgart: Schattauer 2010.

Rüger U. In memoriam Annemarie Dührssen (1916–1998). Nervenarzt 1999; 70: 482–3.

Rüger U. Krankengeschichte und Lebensgeschichte. Göttingen: Universitätsverlag 2009.

Rüger U, Dahm A, Kallinke D (Hrsg). Faber-Haarstrick-Kommentar. Psychotherapie-Richtlinien. 8. Aufl. München: Urban & Fischer 2009.

Rüger U, Haase J, Fassl K. Was Psychotherapeuten vom Leben ihrer Patienten (nicht) wissen. Zsch psychosom Med 1996; 42: 329–42.

Schlögel K. Berlin – Ostbahnhof Europas. Berlin: Siedler 1998.

Schultz-Hencke H. Lehrbuch der analytischen Psychotherapie. Stuttgart: Thieme 1951.
Sullivan HS. The psychiatric interview. New York: Norton 1954.
Thomae H. Die biographische Methode in den anthropologischen Wissenschaften. Studium Generale 5; 1952: 163–77.
Thomä H, Kächele H. Lehrbuch der psychoanalytischen Therapie. 1. Grundlagen. Heidelberg: Springer 1985.
v. Weizsäcker V. Fälle und Probleme. Stuttgart: Enke 1947.

Die biographische Anamnese
unter tiefenpsychologischem Aspekt

A. Zur Einführung: Psychiatrie, Psychoanalyse und Life-Event-Forschung

Seit es eine Medizingeschichte gibt, haben sich viele hervorragende Ärzte immer erneut mit der Frage beschäftigt, ob äußere Schicksalsbelastungen, Lebenskrisen oder Lebenskonflikte die körperlich-seelischen Erkrankungen eines Menschen hervorrufen können. Eine bunte Fülle zeitgeschichtlicher Dokumente macht uns deutlich, wie sehr sich in diesem Bereich scharfsinnige Beobachtungen, verstehendes Mitempfinden und magisch-abergläubische Vorstellungen mischen. Die Medizin war nicht frei von jenem religiös getönten Schuld- und Vergeltungsdenken, das Krankheit und Seuchen dem Verschulden eines einzelnen Sünders oder gar einer ganzen Gruppe von Menschen zuschrieb, die durch den Zorn der Götter bestraft werden sollten.

Im vergangenen Jahrhundert entwickelte sich eine aufgeklärte Geisteshaltung, die sich von solchen irrationalen Vorstellungen befreien wollte und daher jenen bio-psychologischen Zusammenhängen ihre Aufmerksamkeit widmete, die hinter dem beobachtbaren Krankheitsgeschehen zu vermuten waren.

In Bezug auf die Geisteskrankheiten schrieb Wilhelm Griesinger vor fast 150 Jahren in der ersten Ausgabe seines berühmt gewordenen psychiatrischen Lehrbuches (1845) den Satz: „Die psychischen Ursachen halten wir für die häufigsten und ergiebigsten Quellen des Irreseins, sowohl was die Vorbereitung, als namentlich und hauptsächlich die unmittelbare Erregung der Krankheit betrifft" (S. 169). Griesinger beschrieb in diesem Zusammenhang die unterschiedlichsten Affekte. Er nannte die Trauer, die Wut, die Beschämung, die dauernde Bedrückung oder die Kränkung des Ehrgeizes, um jene seelischen Gemütsbewegungen zu bezeichnen, die nach seiner Meinung das Seelenleben eines Menschen bis zu einschneidender Erkrankung schädigen können.

Griesinger wollte seine Patienten vor metaphysischem Schulddenken bewahren und hielt alle zugehörigen Spekulationen für sehr verfehlt. Er stellte die Arbeitshypothese auf, dass sich alle seelischen und geistigen Regungen der Menschen im Gehirn abspielten. Als Konsequenz dieser Arbeitshypothese fühlte er sich berechtigt, den viel zitierten Satz niederzuschreiben: *„Geisteskrankheiten sind Gehirnkrankheiten"*. Dieser Satz ist freilich später von manchen Autoren missverstanden worden: Es sollte nicht verkannt werden, dass die von Griesinger behauptete Lokalisation der Geisteskrankheiten im Gehirn eben von der Vorstellung ausging, dass sich alle Gemütsbewegungen im Gehirn abspielten und von dorther ihre weiteren Wirkungen entfalteten. Griesinger hat seinerzeit auch schon die Auswirkungen krankhafter Gemütsbewegungen auf „die Tätigkeiten der Zirkulations-, der Respirations-, der Verdauungsorgane, der Blutbildung…" beobachtet und hat darauf hingewiesen, dass sich *„bei Fortdauer und großer Festigkeit der Verstimmungen und Affekte auch leicht bedeutendere Störungen dieser Funktionen ergeben müssen"* (S. 172).

Wir finden also schon in diesen frühen Ausführungen eines großen Arztes Hinweise auf den Zusammenhang zwischen Affektleben, Geisteskrankheit und *psychosomatischer Störung*. Das Thema war zeitgenössisch aktuell.

Mit dem Ausklang des 19. Jahrhunderts stellte dann Freud seine Hypothesen zur Entstehung von neurotischen Störungen vor. Er entdeckte die Wirksamkeit unbewusster und zugleich nicht bewusstseinsfähiger Dynamismen und sah in den Schädigungen der sexuellen bzw. libidinösen Triebregungen den Kernpunkt einer Neurose. Zugleich erfasste er mit seiner unbestechlichen Beobachtungsgabe, in welchem Ausmaß die *frühen Entwicklungsjahre* eines Kindes durch Außen- und Lerneinflüsse geprägt werden und wie in diesen Jahren die Disposition zu späteren neurotischen Erkrankungen gelegt wird.

Die Diskussionen und Kontroversen zum Thema der Neurose und der psychosomatischen Erkrankungen haben die Ärzte unseres Jahrhunderts vielfältig beschäftigt. Mit immer größerer Sorgfalt beobachtete man die lebensgeschichtliche Entwicklung eines Menschen und versuchte, seine innere und äußere Wirklichkeit verstehend und sinnerhellend mit dem vorliegenden Krankheitsgeschehen in Zusammenhang zu bringen.

Die psychoanalytischen Erkenntnisse Freuds stammten aus seiner privaten Praxis und bezogen sich auf das genaue Studium einzelner Patienten. Als im Jahre 1920 in Berlin die erste psychoanalytische Poliklinik gegründet wurde, kam eine höchst fruchtbare wissenschaftliche Entwicklung in Gang: Der Erfahrungsschatz der Psychoanalytiker erweiterte sich durch den institutionellen Rahmen umfassend, und ihr Umgang mit den Patienten erhielt durch den poliklinischen Versorgungsauftrag neue Impulse. So ergab sich unter anderem eine Arbeitsrichtung, die die *biographische Anamnese* unter psychoanalytischen Gesichtspunkten zum Gegenstand ihrer Studien machte. Psychoanalytiker wollten mit der zielgerichteten Sammlung wichtiger Daten und Fakten das Kräftespiel verstehen, das die vitale Balance der untersuchten Patienten aus dem Gleichgewicht gebracht hatte. Sie erkannten dabei bald, dass die Beziehung zwischen dem Arzt und dem Patienten für die Einschätzung der erhaltenen Informationen von weit reichender Bedeutung war und dass die Mitteilungen des Patienten nur dann verstehend geordnet werden konnten, wenn die Arzt-Patienten-Situation mit berücksichtigt wurde.

Geschichtlich gesehen können wir wohl verzeichnen, dass das Interesse für die psychoanalytisch orientierte biographische Anamnese bei jenen Psychoanalytikern am lebendigsten entwickelt blieb, die in der eben genannten Berliner Psychoanalytischen Poliklinik langjährig gelernt, gelehrt und gearbeitet hatten: Franz Alexander, der später in Chicago wirkte, Sandór Radó in New York, Karen Horney in Washington und New York, Werner Kemper und Harald Schultz-Hencke in Berlin widmeten sich diesem Thema ebenso nachdrücklich wie später Michael Balint, als er an der Londoner Tavistock-Klinik (nach langjähriger Tätigkeit in Ungarn) an die frühen Berliner Erfahrungen wieder anknüpfen konnte.

1927 schrieb Schultz-Hencke in Berlin seine „Einführung in die Psychoanalyse" und widmete in diesem Buch einen Abschnitt den Problemen der „Versu-

A. Zur Einführung: Psychiatrie, Psychoanalyse und Life-Event-Forschung

chungs- und Versagungssituation", die nach den psychoanalytischen Beobachtungen Freuds eine so wesentliche Rolle beim Ausbruch einer psychoneurotischen Erkrankung spielten. Schultz-Hencke führte in diesem Zusammenhang Folgendes aus:

"Wir werden uns hinsichtlich des Patienten daher zu Anfang folgende Fragen vorlegen dürfen:
1. Hat er Erwerb, Geld, Existenz verloren (z. B. durch eigene Schuld)?
2. Hat er eine Frau/einen Mann verloren?
3. Hat er ein Kind verloren?
4. Hat er eine Person verloren, die in seinem Lebensrahmen das Gleichgewicht herstellte?
5. Hat ein anderer ihn übertroffen?
   – Geld bekommen?
   – Frau oder Mann bekommen?
   – Kind bekommen?
6. Droht ein anderer, ihn zu übertreffen?
   – Geld – Frau – Mann – Kind zu bekommen?
7. Steht er vor der Entscheidung, hart oder weich zu sein?
   – Nachzugeben oder nicht?
8. Steht er vor der Entscheidung, sich zu rächen oder nicht?
9. Hat er Gelegenheit, auf – seinen moralischen Anschauungen widersprechende – Weise zu lieben?"

Diese Aufstellung von Fragen zur auslösenden Erkrankungssituation, die Schultz-Hencke natürlich nur als eine erste unvollständige Sammlung betrachtete, liest sich fast wie ein Vorläufer für die genau 40 Jahre später veröffentlichte Liste von „Lebensereignissen", die die beiden Autoren Holmes und Rahe zur Grundlage ihrer sogenannten Life-Event-Forschung gemacht hatten:

Holmes und Rahe hatten 43 „Lebensereignisse" zusammengestellt, die sie zunächst willkürlich gruppierten. Um eine Gewichtung dieser Lebensereignisse zu erhalten, gingen sie folgendermaßen vor: Sie legten diese Liste einer Gruppe von 394 Probanden vor und erbaten eine Angabe darüber, um wie viel mehr oder wie viel weniger eines dieser Ereignisse als belastend empfunden wurde, wenn man es mit einer *Heirat* verglich. (Belastend im Sinne der notwendigen Anpassungsleistung). Für die Heirat war von den Autoren ein Wert von 500 Punkten vorgegeben. Bei der Frage an die Probanden, wie groß die Anpassungsleistung sei, die sie bei den angegebenen Lebensereignissen zu bewältigen hätten, gaben beide Forscher ausdrücklich an, dass nicht darauf geachtet werden sollte, ob das Lebensereignis „erwünscht" oder „unerwünscht" sei. Zugleich machten sie deutlich, dass die Probanden die erbetene Gewichtung auf den „American way of life" beziehen sollten, da die amerikanische Lebensform das Bezugssystem für die erforderlichen Anpassungsleistungen darstellte. Die beiden Forscher dividierten dann die Mittelwerte aller befragten Personen durch 10, um schließlich aus diesen Werten ihre sogenannte „Social Readjustment Ratingscale" abzuleiten. Auf dieser Skala hatten sie den ausgewählten Lebensereignissen die gewonnenen Gewichte zugeordnet und bezeichneten diese Gewichte als sogenannte „Life-Change-Units". Die Skala sowie ihre Vorform ist in Tabelle 1 u. 2 wiedergegeben.

Die erste in Tabelle 1 abgebildete Skala wurde im Probelauf zum Erhalt der Gewichte verwandt. Die Skala der zweiten Tabelle, die man dann als Life-Event-Skala bezeichnet hat, enthält die ermittelten Befunde.

Wenn wir die einzelnen Merkmale dieser Liste betrachten, dann sehen wir deutlich, dass sie inhaltlich sehr viel Ähnlichkeit mit jenen Fragen haben, die 40 Jahre zuvor von Schultz-Hencke formuliert worden sind. Der Unterschied ist freilich der, dass Schultz-Hencke davon ausging, dass sich die besonderen Ereignisse im Leben eines Patienten mit seinem neurotischen Persönlichkeitsmuster verstehend verknüpfen lassen, sodass diese Ereignisse den Stellenwert einer *persönlichkeitsspezifischen* krankheitsauslösenden Situation erhalten.

Speziell dieser Aspekt wurde allerdings von den „Life-Event-Forschern" zunächst einmal vernachlässigt. Sie waren von dem Wunsch getragen, mithilfe einer voll durchstrukturierten Fragebogenskala sogenannte „harte Gewichte" zu erhalten, die die unberechenbaren Einflüsse der Interviewtechnik, der Arzt-Patienten-Beziehung und der Einschätzung durch den Therapeuten ausschaltete.

Diese Forschungsrichtung brachte in mancher Hinsicht sehr interessante und zum Teil bestechende Ergebnisse. Die Life-Event-Skalen wurden in vielen Varianten geprüft, angewandt oder abgeändert. Freilich blieben die gesammelten Befunde aus vielerlei Gründen auch angreifbar: Die Kritiker dieser Forschungsrichtung waren vor allem damit unzufrieden, dass die geprüften Einzelereignisse doch sehr vage definiert waren und dass eine invariante Vergabe der Belastungsscores beibehalten wurde. So ergaben sich denn auch Versuche, die erwünschten von den unerwünschten Ereignissen abzugrenzen und damit zugleich eine bessere Gewichtung der Lebensereignisse zu erzielen.

Zum Beispiel hat der Londoner Medizinsoziologe G. Brown versucht, diesen Nachteilen und Mängeln abzuhelfen. Er hat selbst ein Erhebungsinstrument für lebensverändernde Ereignisse geschaffen (Londoner Life-Event-Schedule), mit dessen Hilfe er (bei freilich sehr umfangreichen methodischen Aufwand) jeweils prüfen lassen wollte, ob ein bestimmtes Ereignis für den Patienten bedrohlich war und wie die Bedrohlichkeit zu gewichten wäre (leicht, mittelschwer, stark).

Brown hat also nicht mehr die allgemeine Anpassungsleistung bei erwünschten oder unerwünschten Ereignissen geprüft. Er beschränkte sich vornehmlich (vermutlich aus methodischen Gründen) auf die Prüfung der krankheitsauslösenden Funktion von „bedrohlichen" Ereignissen.

Studiert man die Lebensereignisforschung in ihren Einzelheiten, dann kann man feststellen, dass sich alle Forscher darüber einig sind, dass die jeweiligen Ereignisse allein nicht automatisch eine Krankheit auslösen, selbst wenn eine erhebliche Häufung lebensverändernder oder auch lebensbedrohender Ereignisse vor dem Ausbruch einer Krankheit festgestellt werden konnte. Es wird immer eine bestimmte Disposition oder Vulnerabilität bei den Patienten vorausgesetzt,

Tab. 1 Social Readjustment Rating Questionaire

	Events	Werte
1.	Heirat	500
2.	Ärger mit dem Vorgesetzten	–
3.	Haftstrafe	–
4.	Tod des Ehepartners	–
5.	Änderung der Schlafgewohnheiten	–
6.	Tod eines Familienangehörigen	–
7.	Änderung der Essgewohnheiten	–
8.	Kündigung eines Darlehens	–
9.	Änderung persönlicher Gewohnheiten	–
10.	Tod eines nahen Freundes	–
11.	Geringfügige Gesetzesübertretungen	–
12.	Großer persönlicher Erfolg	–
13.	Schwangerschaft	–
14.	Änderung im Gesundheitszustand eines Familienmitglieds	–
15.	Sexuelle Schwierigkeiten	–
16.	Ärger mit der angeheirateten Verwandtschaft	–
17.	Änderung der Häufigkeit familiärer Kontakte	–
18.	Erhebliche Einkommensveränderung	–
19.	Familienzuwachs	–
20.	Wohnungswechsel	–
21.	Kinder verlassen das Elternhaus	–
22.	Trennung vom Ehepartner	–
23.	Änderung der kirchlichen Gewohnheiten	–
24.	Aussöhnung mit dem Ehepartner	–
25.	Verlust des Arbeitsplatzes	–
26.	Scheidung	–
27.	Berufswechsel	–
28.	Änderung in der Häufigkeit von Auseinandersetzungen	–
29.	Veränderung im beruflichen Verantwortungsbereich	–
30.	Anfang oder Ende der Berufstätigkeit der Ehefrau	–
31.	Änderung von Arbeitszeit und -bedingungen	–
32.	Änderung der Freizeitgewohnheiten	–
33.	Aufnahme eines Kredits über 10 000 $	–
34.	Aufnahme eines Kredit unter 10 000 $	–
35.	Eigene Verletzung oder Krankheit	–
36.	Geschäftliche Veränderung	–
37.	Änderung der gesellschaftlichen Gewohnheiten	–
38.	Änderung des Lebensstandards	–
39.	Pensionierung	–
40.	Urlaub	–
41.	Weihnachten	–
42.	Schulwechsel	–
43.	Schulbeginn oder -abschluss	–

Tab. 2 Social Readjustment Rating Scale (SRRS)

Rang	Life Event	Durchschnittswerte
1.	Tod des Ehepartners	100
2.	Scheidung	73
3.	Trennung vom Ehepartner	65
4.	Haftstrafe	63
5.	Tod eines Familienangehörigen	63
6.	Eigene Verletzung oder Krankheit	53
7.	Heirat	50
8.	Verlust des Arbeitsplatzes	47
9.	Aussöhnung mit dem Ehepartner	45
10.	Pensionierung	45
11.	Änderung im Gesundheitszustand eines Familienmitglieds	44
12.	Schwangerschaft	40
13.	Sexuelle Schwierigkeiten	39
14.	Familienzuwachs	39
15.	Geschäftliche Veränderung	39
16.	Erhebliche Einkommensveränderung	38
17.	Tod eines nahen Freunden	37
18.	Berufswechsel	36
19.	Änderung in der Häufigkeit von Auseinandersetzungen mit dem Ehepartner	35
20.	Aufnahme eines Kredits über 10 000 $	31
21.	Kündigung eines Darlehens	30
22.	Veränderung im beruflichen Verantwortungsbereich	29
23.	Kinder verlassen das Elternhaus	29
24.	Ärger mit der angeheirateten Verwandtschaft	29
25.	Großer persönlicher Erfolg	28
26.	Anfang oder Ende der Berufstätigkeit der Ehefrau	26
27.	Schulbeginn oder -abschluss	26
28.	Änderung des Lebensstandards	25
29.	Änderung persönlicher Gewohnheiten	24
30.	Ärger mit dem Vorgesetzten	23
31.	Änderung von Arbeitszeit und -bedingungen	20
32.	Wohnungswechsel	20
33.	Schulwechsel	20
34.	Änderung der Freizeitgewohnheiten	19
35.	Änderung der kirchlichen Gewohnheiten	19
36.	Änderungen der gesellschaftlichen Gewohnheiten	18
37.	Aufnahme eines Kredits unter 10 000 $	17
38.	Änderung der Schlafgewohnheiten	16
39.	Änderung der Häufigkeit familiärer Kontakte	15
40.	Änderung der Essgewohnheiten	15
41.	Urlaub	13
42.	Weihnachten	13
43.	Geringfügige Gesetzesübertretungen	11

wobei dann offen bleibt, ob es sich jeweils um eine erbgenetische oder um eine konstitutionelle Disposition handeln soll oder ob man die Freudschen Theorien über die erworbene *neurotische* Disposition mit zur Erklärung der Krankheitsanfälligkeit der Patienten heranziehen sollte.

Eine zielgerichtete Orientierung der „Life-Event-Forschung" an Triebkonflikten und vorgeformten neurotischen Persönlichkeitsmustern (wie es in der Psychoanalyse notwendig und üblich ist) ist in der Lebensereignisforschung allerdings schon deshalb nicht zu finden, weil der Wunsch nach statistisch berechenbarer Information die Triebfeder für all diese Untersuchungen gewesen ist. Eine verstehende Einordnung der Lebensereignisse in die innere Entwicklungsgeschichte des Patienten würde einer quantifizierenden Berechnung in mancher Hinsicht im Wege stehen. Insofern muss man heute im Rückblick wohl sagen, dass die psychosomatischen Forscher recht getrennte Wege gegangen sind, als sie die Bedeutung der Außenbelastung eines Patienten prüfen wollten. Allerdings kann man zugleich auch feststellen, dass sich die beiden parallel zueinander verlaufenden Forschungsrichtungen im Grunde recht gut ergänzen und dass sie sich gewiss bald auf einer gemeinsamen Ebene begegnen werden, um ihre Erfahrungen auszutauschen. Immerhin ist ja die Frage, ob lebensverändernde Ereignisse *unabhängig* von den neurotischen Persönlichkeitsmustern als pathogene „Stressoren" wirken können, noch immer nur sehr unzulänglich aufgeklärt. Tatsächlich scheint es nach allen klinischen, psychotherapeutisch/psychoanalytischen Erfahrungen eher die Ausnahme als die Regel zu sein, dass *äußere* Lebensereignisse *ohne* besonderen Zusammenhang mit dem neurotischen Persönlichkeitsmuster eines Patienten zum krankheitsauslösenden Faktor werden, sofern bei dem Patienten nicht mit einer allgemeinen Vitalschwäche gerechnet werden muss.

Für die psychotherapeutisch/psychoanalytische Diagnostik gilt dabei eigentlich seit je der Erfahrungssatz, dass man die Diagnose „psychogene Erkrankung" oder „Neurose" nicht per exclusionem stellen sollte und dass man sie auch nicht aus der Symptomatik allein ableiten kann. Zu der Diagnose „psychogene Erkrankung" ist man nur dann berechtigt, wenn man einen schlüssigen Zusammenhang zwischen dem vorgefundenen neurotischen Charakterbild, der zugehörigen auslösenden Lebenssituation und den vorliegenden Krankheitszeichen gefunden hat, oder wenn deutlich geworden ist, dass die persönlichkeitsspezifischen unbewussten Dynamismen so dauerhaft wirksam sind, dass die Krankheit nicht ausheilt und die Beschwerden nicht abklingen können.

In diesem Zusammenhang wäre nun noch festzustellen, dass die *Beschwerdebilder* der neurotischen und der psychosomatischen Patienten außerordentlich vielfältig sind. Der Allgemeinarzt, der Internist, der Gynäkologe, der Hautarzt, der Psychiater oder der für Psychotherapie/Psychosomatik spezialisierte Arzt wird von sehr verschiedenartigen Patienten aufgesucht:

Herz-Angst-Gefühle oder eine Magen-Darm-Symptomatik führen den Patienten zunächst einmal zum Allgemeinarzt oder zum Internisten. Ein Gleiches gilt für Kopfschmerzen oder Schwindelgefühle. Unterleibsbeschwerden, Vaginismus oder Frigidität führen die Frauen bevorzugt zum Gynäkologen. Bei allgemeinen Muskelschmerzen wird häufig der Orthopäde zu Rate gezogen. Die differenzialdiagnostische Abklärung von Schwindelzuständen und Gleichgewichtsstörungen erfolgt überwiegend beim Neurologen bzw. beim Hals-Nasen-Ohren-Arzt. Depressive Verstimmungen, Zwangssymptomatik oder Angstanfälle (ohne besondere begleitende Körpersymptomatik) veranlassen die praktizierenden Ärzte meist, ihre Patienten zum Psychotherapeuten oder zum Psychiater zu überweisen, wenngleich zurzeit manches dafür spricht, dass Patienten mit jenen leichteren depressiven Verstimmungen, die mit Mattigkeit, Erschöpfung und Schlafstörungen einhergehen, zunächst einmal für längere Zeit in der Allgemeinpraxis mit Psychopharmaka behandelt werden, ohne dass ein Spezialist hinzugezogen würde. In diesen Fällen bleibt es dann oft ungeklärt, ob es sich bei den Patienten um eine endogene depressive Schwankung oder um eine reaktive neurotische Depression gehandelt hat.

Die Beschwerdelisten, die von der psychosomatischen Forschung erarbeitet worden sind (v. Zerssen, v. Kerekjarto, Brähler u. a.) erfassen ein breites Spektrum von subjektiven Missempfindungen, an denen Patienten aus psychogenen Gründen leiden können. So war denn auch die lebensgeschichtlich orientierte Krankenbefragung kein Anliegen, das auf die Psychoanalyse oder die Psychiatrie allein beschränkt geblieben ist. Vor allem entstanden im Bereich der *Inneren Medizin* bedeutungsvolle Arbeitsrichtungen, die das leibseelische Krankheitsgeschehen der Patienten in einen ganzheitlichen Zusammenhang eingeordnet wissen wollten. Ludolf von Krehl hatte bereits 1902 auf die mögliche Bedeutung der Hysteriestudien Freuds für das Verständnis der Kranken hingewiesen. Ebenfalls um die Jahrhundertwende hatten Liebermeister und Rosenbach in ihrer Klinik eine Arbeitsrichtung begründet, die dem Verständnis individueller und lebensgeschichtlicher Faktoren großes Gewicht beimaß und die den vielfältigen Schicksalsschlägen, Kränkungen und unerfüllten Leistungsanforderungen einen pathogenen Stellenwert im klinischen Krankheitsgeschehen zuschrieb. Ebenso sorgten Siebeck in Berlin (später in Heidelberg), von Weizsäcker, Th. v. Uexküll, Jores, Curtins und Christian dafür, dass tiefenpsychologisches Gedankengut in den Umgang mit den Kranken einbezogen wurde.

Es würde dabei gewiss zu weit führen, wenn ich es unternehmen wollte, all jene verdienten Forscher aufzuführen, deren Aufmerksamkeit, Beobachtungsgabe und Einfühlungsvermögen sich vereinten, um jenen Patienten besser gerecht zu werden, hinter deren Krankheitszeichen seelische Wirkkräfte stehen und die nach allgemeinen epidemiologischen Schätzungen und Untersuchungen ca. 20 bis 30% einer Allgemeinpraxis oder einer internistischen Praxis ausmachen.

In jedem Fall waren und blieben sich alle Forscher darin einig, dass kein Arzt in der Lage ist, allein vom Beschwerdebild her die Diagnose einer neurotischen Erkrankung zu stellen. Man ist sich auch darüber klar, dass eine reine Ausschlussdiagnose nach sorgfältiger körperlicher Untersuchung nicht erlaubt ist. Die „positive Neurosendiagnose" (Schwidder) verlangt ein umfassendes Verständnis für das Zusammenspiel zwischen den inneren Erlebnisabläufen und der äußeren Schicksalskonstellation eines Patienten. Insofern ist es natürlich auch von hoher Wichtigkeit, dass ein Arzt sich über sein normalpsychologisches Wissen hinaus jenes Rüstzeug verschaffen kann, das den innerseelischen Bedürfnissen seiner Patienten angepasst ist und dass es ihm ermöglicht, die subjektive Bedeutung eines lebensgeschichtlichen Ereignisses für den Patienten richtig zu erfassen. Erst wenn der Arzt in der Lage ist, die von ihm gesammelten Informationen und Wahrnehmungen so zu ordnen, dass er einen Einblick in die innere Wirklichkeit seines Kranken gewinnt, erst dann wird er auch verstehen, warum der Patient unter dem Druck einer äußeren Belastung seelisch und biologisch aus dem Gleichgewicht geraten ist.

Und vor allem unter diesem Aspekt ist der Inhalt des vorliegenden Buches konzipiert: Da es gewiss zurzeit nicht allen Ärzten möglich sein wird, das notwendige Basiswissen in Kursen und Seminaren zu erwerben, denke ich, dass es nicht überflüssig sein wird, wenn ich mich mit dieser Studie darum bemühe, dem jungen Studenten, dem praktizierenden Allgemeinarzt, ebenso wie dem angehenden Psychoanalytiker einen Leitfaden an die Hand zu geben, der ihm hilft, sich zum Nutzen seiner Patienten in dem Wechselspiel zwischen deren neurotischer Charakterbildung und dem zugehörigen äußeren Lebenslauf zurechtzufinden.

B. Der erste Kontakt mit dem Patienten

Freilich meldet sich bei einer solchen Überlegung nicht nur die Frage, *welche* Informationen der Arzt in diesem Zusammenhang benötigt, sondern es muss auch geklärt werden, *auf welchen Wegen* er diese Informationen sammeln kann.

Gegenwärtig finden wir eine sehr bunte Palette von Vorgehensweisen, die den ärztlichen Umgang mit einem psychisch oder psychogen erkrankten Patienten ausmachen können:

Von reinen Fragebogenaktionen einmal abgesehen, kennen wir die „psychiatrische Exploration", die den Beziehungsaspekt zwischen Arzt und Patient mehr oder weniger außer Acht lässt. Wir haben die ausführlichen Darlegungen zum „Ärztlichen Gespräch" (Mauz, Meerwein), Angaben zum „Ersten Interview in der Psychotherapie" (Argelander). Es gibt die Ausführungen zur „Tiefenpsychologisch orientierten Anamnese" (Schultz-Hencke, Dührssen), und wir kennen die humoristischen Gegenüberstellungen von Balint, der die psychoanalytische „Detektivtechnik" von der „Flash-Technik" unterschieden haben wollte und der dem plötzlichen „Verständnisblitz" (Flash) den Vorzug gab vor der „Detektivtechnik" des sogenannten „langen Interviews".

Die Psychoanalytiker waren sich anfangs nicht unbedingt darüber einig, wie der erste Kontakt mit einem neurotisch kranken Patienten zu gestalten sei. In Anlehnung an die Empfehlungen von Freud zur Probebehandlung gab es die eine – mehr zurückhaltende – Arbeitsrichtung, die das erste psychoanalytische Gespräch mit dem Patienten so wenig wie möglich strukturieren wollte. Diese Analytiker meinten, dass der Patient sich umso besser spontan und frei mitteilen könne, je weniger lenkende Einflüsse vom Arzt ausgingen. Die subjektive Bedeutung der Mitteilungen des Patienten würde umso leichter erkennbar, und die „szenische Gestalt" (Argelander) ließe sich umso eher erfassen, je weniger der Therapeut lenkend und strukturierend eingriffe.

Auch Schultz-Hencke hat davon gesprochen, dass sich im Verlauf der biographischen Anamnese eine „Gestalt" des Gesprächs ergäbe, die vom Therapeuten erlebt und erfasst werden müsste, um den Patienten in seiner Eigenart besser zu verstehen. Gemeinsam mit vielen anderen Psychoanalytikern hielt Schultz-Hencke jedoch die zielgerichtete Sammlung von Daten und Fakten für notwendig, um die Lebenswirklichkeit eines Patienten zu erfassen. Natürlich glaubten weder er noch andere daran, dass Daten und Fakten *allein* einen Einblick in einen Menschen vermitteln könnten. In dieser Hinsicht bestand und besteht unter den Psychoanalytikern eine unbestrittene Einigkeit: Die Sammlung von Informationen bleibt wertlos, wenn der kommunikative Aspekt zwischen dem Arzt und dem Patienten außer Acht gelassen wird.

So ist man sich denn auch bald darüber einig geworden, dass die *Situation*, in der das Gespräch mit dem Patienten stattfindet, den Gesprächsverlauf entscheidend beeinflusst und dass der Psychoanalytiker zahlreiche Möglichkeiten hat, den formalen Aspekt der Situation aktiv zu gestalten. Hierher gehören nicht nur die Räumlichkeiten des Sprechzimmers, das einen mehr privaten Charakter haben kann oder gänzlich den Erfordernissen einer Routinepraxis angepasst ist. Hierher gehört vor allem auch die Frage nach der *Zeitdauer* eines Gespräches, auf das sich Patient und Arzt einrichten, wenn sie gemeinsam die Hintergründe des Krankheitsgeschehens klären wollen.

Von der Technik „Fünf Minuten pro Patient" (Balint) über das „Viertelstunden-Gespräch" (Braun) und der „Twenty-Minutes-Hour" (Castelnuovo-Tedesco) werden 45 Minuten (Meerwein), eine Stunde (Argelander) oder 1½ Stunden bzw. 2 × 1 Stunde (Schultz-Hencke, Dührssen) diskutiert und die jeweiligen Vorzüge oder Nachteile solcher Zeitplanungen beschrieben. Überblickt man die einschlägige Literatur, dann kann man sagen, dass vor allem Michael Balint die unterschiedlichsten Arbeitssituationen der praktizierenden Allgemeinärzte, der praktizierenden Psychoanalytiker und der in Institutionen tätigen Analytiker verstanden hat. Er war in seinen Arbeitsgruppen ohne Unterlass darum bemüht, für die jeweils gegebene Arbeitssituation der Ärzte passende Techniken zu finden, die es erlauben, auch unter sonst festgelegten Bedingungen dem Patienten so viel Hilfe wie nur irgendmöglich zu bieten.

Eines der Ergebnisse, das in der Londoner Schule unter Balints Leitung zustande gekommen ist, stellt auch die von mir soeben erwähnte „Flash-Technik" dar, die dem Arzt die Möglichkeit bietet, seinen Patienten gewissermaßen blitzartig innerhalb der kurzen verfügbaren Zeit einer Routinepraxis zu verstehen („Fünf Minuten pro Patient"). Balint hatte erkannt, dass das von ihm zunächst selbst empfohlene sogenannte „lange Interview" doch immer eine Art Fremdkörper in einer Allgemeinpraxis bleiben würde, dass es nicht ohne Weiteres in den praktischen Alltag einzubauen war und insofern in jeder Praxis dazu führte, dass bestimmte Patienten eine Art Sonderstellung bekamen.

Die Darlegungen, die wir über die Studien und Diskussionen dieses Arbeitskreises zum Thema der „Flash-Technik" erhalten haben, sind sehr faszinierend. Die Gruppe glaubte, dass Ärzte auch mit wenig Zeitaufwand so umfassend auf ihre Patienten eingehen könnten, dass sie jenen Verständnisblitz erlebten, der es ihnen erlaubte, die wahren Schwierigkeiten und Beschwernisse der Kranken wahrzunehmen, zu verstehen und auch mitzufühlen.

In diesem Zusammenhang war es Balints Ziel, seine Kollegen so zu schulen, dass sie sich nicht mehr um die sogenannte „traditionelle Diagnose" bemühten, sondern dass sie versuchten, für ihre Patienten eine Art von „Gesamtdiagnose" zu finden. In dieser Gesamtdiagnose sollte der Lebensweg und das Krankheitsbild eines Patienten verstehend miteinander verknüpft und auf eine Kurzformel gebracht werden. Wenn wir uns sogleich im Einzelnen mit dem Wesen einer solchen „Gesamtdiagnose" befassen, werden wir bemerken, dass sie fast das extreme Gegenstück zu jener Informationssammlung darstellt, die wir in der „Life-Event-Forschung" nach Holmes und Rahe finden. Allerdings ist es ratsam, sich bei der Auseinandersetzung mit der „Gesamtdiagnose" und der „Flash-Technik" vor einem Missverständnis zu schützen: Wir können wichtige Ausführungen über die angestrebte ideale Gesamtdiagnose in dem von E. Balint und S. R. Norell herausgegebenen Buch „Fünf Minuten pro Patient" nachlesen, und wer sich nicht im Einzelnen in die vorliegenden Zusammenhänge vertieft, könnte auf den Gedanken kommen, dass ein Arzt den „Verständnisblitz" für seinen Patienten auch ohne psychoanalytische Kenntnisse und Erfahrungen erleben kann. Dieses Missverständnis liegt umso näher, als Balint selbst oft geäußert hat, dass er die Ärzte in seinen Gruppen nicht zu Analytikern ausbilden wolle und dass er ihnen auch keine Einführung in die Psychoanalyse gäbe. Diese Meinungsäußerung von Balint kann gewiss nur auf einem bestimmten historischen Hintergrund verstanden werden. Untersuchen wir aber die Beispiele genauer, die in dem Buch „Fünf Minuten pro Patient" in dem Kapitel von Max B. Clyne unter dem Titel „Die Diagnose" zu finden sind, dann sehen wir sofort, in welchem Umfang die Ärzte in Balints Seminaren darin geschult wurden, jene Tatbestände wahrzunehmen und einzuordnen, die dem theoretischen Gebäude der Psychoanalyse zu Grunde liegen.

Um dies zu belegen, gehe ich einmal auf zwei Beispiele aus dem genannten Kapitel von Max B. Clyne ein:

Beispiel 1: Fräulein Exford – von Dr. Scarlet behandelt

Traditionelle Diagnose:
Wünscht Schwangerschaftsunterbrechung, Akne

Gesamtdiagnose:
Ein Mädchen mit geringem Selbstbewusstsein. Durch eine falsche Mutter-Tochter-Beziehung belastet. Sie weiß, dass sie möchte, dass Männer sich um sie kümmern, kann aber nur oberflächliche, kurzlebige Beziehungen anknüpfen. Diese bestätigen sie zwar in ihrer Weiblichkeit, jedoch nicht stark genug, um ihr die Kraft zu geben, die Schwangerschaft auszutragen. Sie ist eine unglückliche Person, die andere Menschen dazu zwingt, sie unhöflich abzuschieben.

Beispiel 2: Herr Baldock – Dr. Greene

Traditionelle Diagnose:
Bandscheibenläsion

Gesamtdiagnose:
Ein Mann, der sich als Versager fühlt. Er könnte einen besseren Posten ausfüllen, er ist homosexuell, ist stark an seine Mutter und andere weibliche Verwandte gebunden, wütend über seine manipulierende Mutter; aber er selbst versucht auch, den Arzt zu manipulieren. Er wünscht sich einen Arzt, der seine „schmutzigen" Krankheiten (er hatte Syphilis) tolerieren und ihm zugleich erlauben kann, stattdessen eine Stresskrankheit wie die Rückenschmerzen zu haben.

Es ist wohl nicht zu übersehen, dass eine solche „Gesamtdiagnose" nicht innerhalb von fünf Minuten erarbeitet werden kann und dass sie auch alles andere eher ist, als die schlichte Auswertung des normalen alltagspsychologischen Wissens eines Arztes.

Die Kurzformel, mit deren Hilfe hier die beiden Patienten beschrieben worden sind, bedienen sich zwar nicht der standardisierten Kunstsprache der Psychoanalyse. Andererseits haben sie ihren Sinn und Wert doch nur im Hinblick darauf, dass psychoanalytisches Wissen in diese Beschreibung eingegangen ist. Bei etwas genauerer Betrachtung ist das leicht nachzuweisen.

Beispiel 1:

„Eine Frau mit geringem Selbstbewusstsein" (die Innenbefindlichkeit der Frau wurde sicher durch lange Beobachtung geprüft). *„Durch eine falsche Mutter-Tochter-Beziehung belastet"* (die spezielle Familiengenese wurde in die Beobachtung einbezogen). *„Die andere Menschen dazu zwingt, sie unhöflich abzuschieben."* (Hier wird zunächst die Existenz und die Konsequenz einer neurotischen zwischenmenschlichen Konstellation beschrieben. Danach wird das *„neurotische Arrangement"* erläutert, das sich aus dieser Konstellation ergibt.)

Ein Gleiches gilt für Beispiel 2:

„Ein Mann, der sich als Versager fühlt" (auch hier wurde das Selbstwertgefühl des Patienten erkundet). *„Er könnte einen besseren Posten ausfüllen"* (die Realsituation des Patienten und seine vermutete Leistungsfähigkeit im Arbeitsbereich wurden diagnostisch eingeschätzt). *„Er ist homosexuell."* (Der Triebbereich wird in die Beobachtung einbezogen.) *„Er ist stark an seine Mutter und andere weibliche Verwandte gebunden."* (Die genetisch bestimmten Gefühlsbindungen des Mannes müssen sehr sorgfältig beobachtet und eingeschätzt worden sein.) *„Er ist wütend über seine manipulierende Mutter, aber er selbst versucht auch den Arzt zu manipulieren"* (hier handelt es sich um einen Hinweis auf die Identifikation des Patienten mit seiner Mutter und die zugehörige „Übertragungsreaktion" auf den Arzt).

Es liegt auf der Hand, dass die beiden behandelnden Ärzte sehr differenzierte Informationen über ihre Patienten gesammelt haben mussten, die dann in den Gruppendiskussionen mithilfe von psychoanalytischem Basiswissen geordnet wurden. Erst mithilfe dieser psychoanalytischen Grundkenntnisse wurden schließlich jene Kurzformel über die Patienten erarbeitet, die hier als die „Gesamtdiagnose" im Gegensatz zur „traditionellen Diagnose" dargestellt worden ist. Die Ärzte jener Arbeitsgruppen wurden jedenfalls unter psychoanalytischen Aspekten geschult und waren schließlich befähigt, unter anderem das Selbstbewusstsein und die berufliche Leistungsfähigkeit ihrer Patienten einzuschätzen. Sie versuchten, die Beziehung ihrer Patienten zur Herkunftsfamilie und damit die Folgen früher genetischer Einflüsse zu verstehen, und sie leiteten dann schließlich aus diesem Verständnis auch ein Urteil über die aufkommenden Übertragungserlebnisse ihrer Patienten und die spezifische Arzt-Patienten-Beziehung ab.

Gewiss haben die Ärzte in Balints Seminaren ihre Kenntnisse nicht im Rahmen systematischer Vorlesungen über psychoanalytische Grundkenntnisse erworben. Ihre Schulung vollzog sich praxisnah und baute auf der konkreten Erörterung der Lebensgeschichte bestimmter Patienten und ihrer Beschwerden auf. Aber die von dieser Arbeitsgruppe empfohlene „Gesamtdiagnose", die die „traditionelle Diagnose" ersetzen soll, ist niemals ohne sehr umfassende psychoanalytische Grundkenntnisse zu erarbeiten. In diesem Zusammenhang kann ich sagen, dass es mit zu den Zielen der hier vorgelegten Studie gehört, dem praktizierenden Allgemeinarzt ebenso wie dem angehenden Psychoanalytiker eine gewisse Orientierungshilfe anzubieten, die es ihm erlaubt, die hier gesuchte „Gesamtdiagnose" zu finden, um mit ihrer Hilfe den Gegenwartskonflikt des Patienten, seine neurotische Charakterbildung und seine bisherige Lebensgeschichte in einer übersichtlichen Kurzformel zusammenzufassen.

C. Der Gegenwartskonflikt und seine Vorgeschichte – die Merkmale einer neurotischen Charakterbildung

Allerdings taucht bei einem solchen Anliegen zunächst einmal die Frage auf, wie man den Gegenwartskonflikt eines Patienten am zuverlässigsten verstehen und erfassen kann: Jeder Mensch, jedes Kind ist ja zunächst einmal ohne sein eigenes Zutun in einen bestimmten Lebensrahmen hineingestellt. Kommt ein Patient mit neurotischen Krankheitszeichen zum Arzt, dann hat er bereits einen Teil seines persönlichen Lebensweges hinter sich, hatte Kämpfe zu bestehen, Verluste hinzunehmen, konnte Chancen nutzen und hat ein Repertoire an Reaktions- und Bewältigungsstrategien gelernt und entwickelt, die ihm eine Lebensbalance ermöglichen. Er hat seine innere Welt mit Hoffnungen und Sehnsüchten, Wünschen und Ängsten, mit richtigen oder falschen Meinungen über das Leben. Das Wechselspiel zwischen seiner inneren und seiner äußeren Welt macht sein Dasein aus. Dabei bedingen die neurotischen Dynamismen, denen er unterliegt, zugleich seiner Krankheit, und kein neurotischer Lebenskonflikt kann verstanden werden, wenn nicht zuvor auch die zugehörigen neurotischen Persönlichkeitsmuster des Patienten deutlich geworden sind. Für die richtige Einordnung aller hierhergehörigen Informationen, die ich jetzt im Folgenden zusammenstellen will, soll zunächst ein wichtiger Satz am Anfang stehen, dessen Inhalt in keinem der weiteren Kapitel vergessen werden darf:

Es gibt *keine* Reaktionsweise eines Menschen, der man gewissermaßen schon von weitem ansehen könnte, dass sie der Ausdruck einer neurotischen Charakterbildung ist. Das gesamte Verhaltensrepertoire, das einen Menschen charakterisiert und das er zur Verfügung hat, um Lebensschwierigkeiten zu bewältigen, um Bindungen und Kontakte einzugehen, um Pläne zu verwirklichen oder um Gefahren auszuweichen, kann zum sogenannten „normalen" allgemein menschlichen Verhalten gehören. Wenn wir wissen wollen, ob wir es mit einem neurotischen Element in dem Persönlichkeitsmuster eines Kranken zu tun haben, dann müssen wir ausfindig machen, ob es sich um Reaktionsweisen handelt die *unverschieblich* sind und die als *erstarrtes Verhaltensstereotyp* so fixiert sind, dass sie sich auch in Situationen melden, in denen sie nutzlos oder gar nachteilig und unangemessen sind.

Wenn ich also später etwa von neurotischen Bindungsformen oder neurotischer Arbeitsweise sprechen werde, dann werde ich gewiss auch immer wieder einmal daran erinnern, dass ein bestimmtes Verhalten, das wir als die Folge einer neurotischen Einengung beschreiben, unter anderen Bedingungen und bei einem anderen Menschen eine gänzlich angemessene Reaktion sein kann, der keine pathogene Bedeutung zukommt und die auch keine pathogene Wirkung entfaltet.

Was wir aber zusätzlich über die Beobachtung und Beurteilung von *neurotischen Verhaltensweisen* einschätzen müssen, ist Folgendes:

Neurotisch geschädigte Patienten haben in aller Regel auch ein verzerrtes und *verformtes Weltbild*. Sei es, dass sie als Folge einer neurotischen Wahrnehmungsauslese nur bestimmte Elemente in ihrer Umgebung registrieren. Sei es, dass sie in ihrer Umgebung Vorgänge vermuten und wahrzunehmen glauben, die gar nicht oder nur in Spuren vorhanden sind und die sie als „Projektion" der eigenen inneren Welt in die Umgebung hineinverlagern. Darüber hinaus kann auch das Wissen um übliche soziale Spielregeln verloren gegangen sein und die Möglichkeit, fremde Motivationslagen so zu beachten und einzuschätzen, dass die eigenen Interessen nicht geschädigt werden.

> Nur zur Illustration seien hier als Beispiele erwähnt, dass ein Patient etwa Feindseligkeiten spüren und vermuten kann, wo Neutralität herrscht. Dass er die Motivationslage und auch die Härte eines Arbeitgebers oder Vorgesetzten für weicher hält, als sie ist, und sich durch querulatorisches Verhalten um eine gute Arbeitsatmosphäre bringt. Oder dass ein Mensch grundsätzlich damit rechnet, von anziehenden potenziellen Liebespartnern zurückgewiesen zu werden, sodass er schon vorab selbst ein zurückweisendes Verhalten an den Tag legt, das der (erhofften) Werbung gar keinen Raum mehr lässt.

Neben festgelegten und erstarrten neurotischen Reaktionsmustern und der verformten Welteinschätzung müssen wir dann noch als Drittes herausfinden, welche *möglichen Reaktionsweisen* einem Patienten *fehlen*:

Jeder Mensch hat ein nicht kleines Repertoire von Verhaltensmöglichkeiten, die ihm helfen, sich in schwierigen Situationen zurechtzufinden oder bei neuen und chancenreichen Gelegenheiten die passenden Schritte zu tun. Im Prinzip gibt es bei dem neurotisch Kranken zwei Vorgänge, die dazu geführt haben können, dass sein Verhaltensrepertoire eingeschränkt ist: Entweder hat er bestimmte Reaktionsmöglichkeiten niemals positiv an Vorbildern erlernen können (z. B. inkompetente Eltern, die sich in keiner Lebenslage zu helfen wussten), oder er war Einflüssen ausgesetzt, die dazu führten, dass ihm bestimmte Erlebens- und Verhaltensmöglichkeiten als Folge von Verdrängung und Abwehrmechanismen abhanden gekommen sind.

Für das Verständnis der inneren Welt eines Patienten ist es also hilfreich, die eben erwähnten drei Problemkreise im Sinn zu behalten:
- Verzerrtes und verformtes Erleben der umgebenden Welt.
- Neurotische Reaktionsmuster, die sich zum Schaden des Patienten in Situationen melden, in denen sie nicht hilfreich sind.
- Fehlende Bewältigungsstrategien, die den zugehörigen Triebabwehrmechanismen zum Opfer gefallen sind.

Abgesehen von dieser Art des Verständnisses für die Erlebniswelt eines Patienten geht es dann natürlich um die besonderen Konflikte, mit denen der Kranke ringt, wenn er zum Arzt kommt. Theodor Reik hat vor Jahrzehnten die Formulierung geprägt, dass das „Hören mit dem dritten Ohr" die verstehende Beziehung des Therapeuten zum Patienten leiten müsse. Zu diesem „Hören mit dem dritten Ohr" gehört es ganz gewiss, dass der Therapeut sich nicht nur beobachtend und beurteilend mit dem Patienten auseinander setzt, sondern dass er auch in der Lage ist, sich gefühlsmäßig auf ein umfassendes Verständnis des Kranken einzulassen. Hier sind dem Kräftemaß des Arztes sicherlich bestimmte Grenzen gesetzt. Aber sofern das Kräftereservoir reicht, wird sich der Therapeut im Verlauf eines Gesprächs immer wieder einmal fragen, was ein Patient ihm im Augenblick vielleicht noch zusätzlich anvertrauen will und ob er selbst seine Anteilnahme an den vermuteten Problemen signalisieren soll. Oder er wird spüren und bedenken, dass der Kranke die ihn belastenden Erlebnisse zunächst noch vorsichtig zurückhalten möchte, sodass ein drängendes Weiterfragen nicht angebracht ist und die Gesprächssituation nur stören würde. In jedem Fall wird dieses „Hören mit dem dritten Ohr" für den Arzt umso leichter werden, je reicher sein Wissen über Lebensformen und Lebensentwicklungen ist. Die Begleitgedanken, die sein zuhörendes Verstehen und damit die Berichte des Patienten produktiv fördern können, haben – als Fragen formuliert – etwa folgende Inhalte:

- Wie sicher oder wie angekränkelt ist das Gefühl der eigenen Identität bei dem Patienten?
- Wie sieht sein Selbstverständnis aus?
- Was traut er sich zu, was plant er, welche Talente stehen ihm zur Verfügung, welche Schwächen behindern ihn?
- Mit wem lebt der Patient, was hat er bereits erlebt und worauf kann er zurückblicken?
- In welchem Lebensrahmen spielen sich zurzeit die aktuellen Konflikte ab?
- Wo haben sie ihre Wurzeln?
- Wie deutlich oder wie undeutlich ist das Gefühl des Patienten selbst, dass seine innere Lebensbalance gestört ist?

Die Psychoanalytiker haben Jahrzehnte hindurch mit dem „ödipalen Konflikt" die Auseinandersetzung eines Menschen mit seiner Herkunftsfamilie – mit Vater und Mutter – in den Mittelpunkt ihrer Aufmerksamkeit gestellt. Es war nicht unbedingt ein Vorteil für das Verständnis der lebensgeschichtlichen Entwicklung eines Kranken, als sich eine bestimmte Arbeitsrichtung auf die verkürzte Formel der „Mutter-Kind-Beziehung" einließ. Wie alle vereinfachenden Formeln wurde dieses Konzept zwar sehr populär, hatte aber naturgemäß den Nachteil aller Vereinfachungen: Man verlor das vielschichtige Beziehungsgefüge aus den Augen, das ein heranwachsendes Kind mit Eltern und Geschwistern erlebt und aus dem sich später die vorgeformten Erlebnismuster ergeben, die seinen weiteren Lebensgang beeinflussen.

Mein eigener Beitrag zu den Problemen der lebensgeschichtlichen Entwicklung eines Menschen ging und geht schon lange dahin, dass ich nicht nur die

Verkürzung auf die „Mutter-Kind-Beziehung" verhindern wollte. Ich wollte darüber hinaus allen meinen Lesern verdeutlichen, dass die Zwei-Generationen-Problematik der „ödipalen Konstellation" für unser Arbeitsfeld eine unvertretbar enge Begrenzung hervorruft: Wir dürfen uns nicht damit begnügen, dass wir die Beziehung eines Patienten zu seinen Eltern verstanden haben. Wir müssen uns über seine innerseelische Entwicklung immer so orientieren, dass wir den lebensgeschichtlichen Rahmen mindestens auf die *„Drei-Generationen-Familie"* ausdehnen. Denn nur wer verstanden hat, wie die Lebensordnung der Eltern eines Kranken aussah, als der Patient geboren wurde und er seine ersten Lebenserfahrungen machte, nur der kann wirklich verstehen, unter welchen Einflüssen und Wirkkräften dieser Patient, der jetzt vor ihm steht, herangewachsen ist.

Ich führe nachstehend die wichtigsten Lebensbereiche auf, in denen wir bei einem Patienten die Quelle für neurotische, krankheitsauslösende Konflikte suchen müssen. Aus guten Gründen befasst sich bereits das zweite Kapitel mit den Problemen der *Herkunftsfamilie*, die in jedem Fall einen hervorgehobenen Stellenwert im Leben eines Patienten hat.

1. Partnerwahl, Bindungsverhalten u. Familienleben
2. Die Herkunftsfamilie
   – Das Drei-Generationen-Konzept
3. Berufsprobleme
   – Arbeits-, Lern- u. Leistungsverhalten
4. Besitzverhältnisse
5. Der umgebende sozio-kulturelle Raum
   – Gruppenzugehörigkeiten,
   – religiöse,
   – nationale,
   – politische,
   – künstlerische etc.

Nun wäre es allerdings recht naiv, wenn wir jede irgendwann einmal auftauchende Schwierigkeit im Leben eines Menschen, jeden nur denkbaren Konflikt bereits zu einem „neurotischen Konflikt" stempeln würden. Die folgende Einteilung soll dazu beitragen, dass wir uns vor einem solchen Irrtum schützen:

1. Der „normale" Konflikt

Von einem normalen Konflikt wäre immer dann zu sprechen, wenn die innerseelischen oder zwischenmenschlichen Schwierigkeiten den Beteiligten bewusst sind und wenn die aufgekommenen widerstreitenden Interessen durch Aussprachen, Abwägen und gegebenenfalls durch Kompromisse ausgeglichen werden können.

2. Der „antinomische" Konflikt

Der antinomische Konflikt ist mit der Schwierigkeit belastet, dass die aufgetauchte Gegensätzlichkeit widerstreitender Impulse und Interessen in gewisser Weise *unaufhebbar* ist. Die angestrebte und schließlich auch erzielte Lösung des Konfliktes kann immer nur dadurch zustande kommen, dass ein wesentliches Bedürfnis *aufgegeben* werden muss. Die gefundene Lösung kann daher auch nicht jenen Anteil an Befriedigung mit sich bringen, die den normalen Kompromiss nach einer Auseinandersetzung oft begleitet. Die Lösung eines antinomischen Konfliktes ist nur allzu oft von der Schärfe und Bitterkeit eines erheblichen Verzichts geprägt. Beispiel: Die Entscheidung einer Frau für Ehe, Familie und Kinder bedeutet oft den Verzicht auf berufliche Tätigkeit und „Karriere" (oder umgekehrt).

3. Der „tragische" Konflikt

Der tragische Konflikt kann in mancher Hinsicht als die „existenzielle Variante" des antinomischen Konfliktes angesehen werden: Der Widerstreit zwischen gegensätzlichen Impulsen, Interessen oder Werten dreht sich um eine Situation, in der in jedem Fall die Entscheidung – wie immer sie auch ausfallen mag – *ein Unglück* bedeutet. Zum Beispiel im extremen Fall: Schonung und Rettung des eigenen Lebens auf Kosten von Gesundheit und Leben eines anderen nahe stehenden Menschen (und umgekehrt).

4. Der „neurotische" Konflikt

Zu den charakteristischen Merkmalen eines neurotischen Konfliktes gehören unterschiedliche Eigentümlichkeiten: Zum einen müssen wir damit rechnen, dass ein Patient mit einer Lebensschwierigkeit konfrontiert wird, die er nur mit einem sehr festgelegten neurotischen Reaktionsmuster beantwortet, sodass er nicht im Stande ist, die gegebene Situation wirklich zu verstehen, unterschiedliche Lösungsmöglichkeiten in Erwägung zu ziehen und gegebenenfalls einen Kompromiss zu suchen. Sehr häufig entsteht ein neurotischer Konflikt überhaupt erst dadurch, dass der Patient die gegebene Wirklichkeit wegen seiner neurotischen Wahrnehmungsauslese nicht richtig einordnet und daher mit Verhaltensweisen reagiert, die zu der vorliegenden Situation nicht passen. Beispiel: Ein Patient fühlt sich in harmlosen oder sogar freundlichen Situationen angegriffen und herabgesetzt. Er geht zur Attacke über und schafft sich auf diesem Wege tatsächlich „Feinde" in Menschen, die spontan keine Feinde wären. Eine Klärung der Situation ist deshalb nicht möglich, weil der „Feind" keine feindlichen Gefühle empfindet, die er abbauen müsste.

Anderes Beispiel: Ein Patient empfindet einen Rivalen als Freund, bemerkt nicht, dass dieser ihn benutzt und für seine Zwecke einspannt. Er macht die Gegner des „Freundes" zu seinen eigenen Feinden und ist in einen Rivalitätskampf verwickelt, zu dem er keine eigenen Motive hatte und den er aus neurotischen Gründen auch nicht versteht.

5. Der „verschobene" neurotische Scheinkonflikt

Die vom Patienten vorgetragene Konfliktsituation existiert zwar, sie ist aber nicht die wirkliche Quelle der Bedrückung, die ihn belastet und pathogen wirkt. Ein neurotisches Selbstmissverständnis hindert den Patienten, die Wurzeln seiner wirklichen Schwierigkeiten zu finden. Da er aber für sein Kausalitätsbedürfnis und für sein Selbstverständnis eine ihm selbst einleuchtende, nahe liegende Erklärung braucht, sieht er in dem scheinbar offenkundigen Konflikt das Zentrum seiner Belastungen.

Mit dieser qualitativen Unterscheidung unterschiedlicher Konfliktsituationen wird es gewiss für jeden Arzt leichter sein, die Bedeutung eines lebensverändernden Ereignisses für einen Menschen verstehend einzuordnen. In Bezug auf die Beurteilung der besonderen neurotischen Konflikte benötigen wir allerdings noch einige weitere zentrale Kenntnisse, die sich auf die wichtigsten Grundelemente einer neurotischen Charakterbildung beziehen. Natürlich muss ich es mir aus Raumgründen versagen, hier eine verkürzte „allgemeine Neurosenlehre" vorzustellen. Die folgende Übersicht bietet immerhin einen gewissen Überblick über die primären Schädigungen eines Patienten, die sekundären Folgen dieser Schädigungen und die kompensatorischen Möglichkeiten, die der Patient suchen kann, um die einmal erlittene Schädigung auszugleichen. Die nachstehend aufgeführten Stichworte aus der Neurosenpsychologie will ich im Einzelnen in diesem Kapitel nicht erläutern. Sofern ihre Bedeutung nicht bekannt ist, wird der Leser vielleicht andere weiterführende Literatur mit heranziehen.

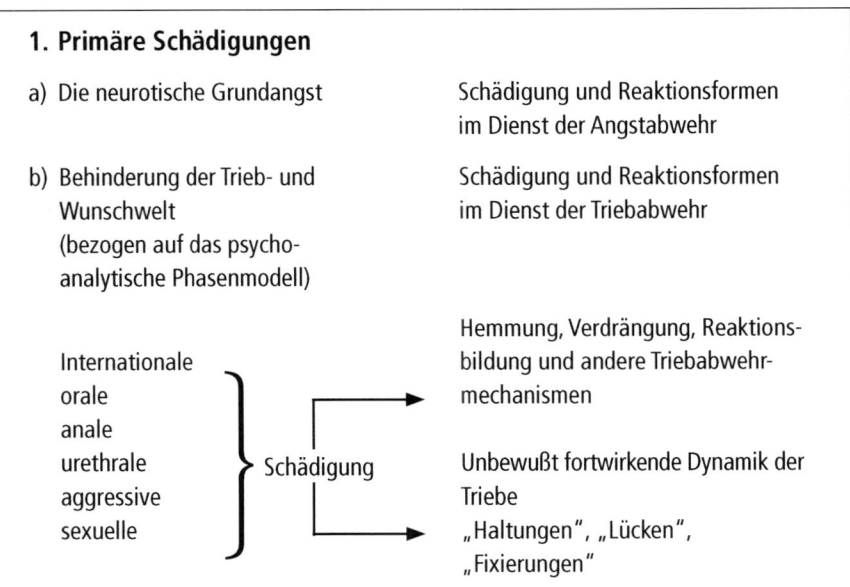

2. Sekundäre Folgen der primären Schäden
- Eingeschränkte und verformte Wahrnehmung der Welt
- Eingeschränkte Entwicklung der eigenen Möglichkeiten
- „Fehlerhafte" Reaktionsmuster, die zu der gegebenen Situation nicht passen
- Pathogen wirkende Übertragungsreaktionen bestimmen den Umgang mit anderen Menschen
- Schwierigkeiten, fremde Reaktionsweisen einzuschätzen
- Schwierigkeiten im zwischenmenschlichen Gefühlsaustausch
- Unwissenheit über die Wirkung der eigenen Haltungen
- Störungen im Lern- und Arbeitsvollzug
- Selbstidealisierung und/oder Selbstverachtung
- Neurotischer Wiederholungszwang

3. Kompensatorische Hilfsmittel zum Ausgleich der erworbenen Behinderungen
- „Überkompensatorische" Leistungen
- Neurotisches Vermeiderleben
- Der Neurose angepasste Partnerbeziehung
- Der Neurose angepasste Berufsumstände
- Neurotische Ideologiebildung
- Neurotische Religiosität
- Neurotischer Ästhetizismus

4. Die „inneren Formeln" eines Patienten

Diese illustrierende Übersicht gibt in Stichworten einige jener Grundelemente an, die eine neurotische Charakterbildung mit ihren zugehörigen Folgen ausmachen. Wie gesagt, kann es nicht die Aufgabe dieses Leitfadens zur *biographischen Anamnese* sein, einen umfassenden Abschnitt über eine allgemeine Neurosenlehre einzufügen. Zur Erläuterung der Übersicht will ich aber darauf hinweisen, dass ich es für richtig halte, die ursprüngliche Freudsche Theorie von der Triebverdrängung als Kernpunkt einer neurotischen Entwicklung insoweit abzuändern, beziehungsweise so zu erweitern, als ich die Beschreibung der erworbenen „neurotischen Grundangst" (Karen Horney) oder der erworbenen „Angstreflexe" (Schultz-Hencke) mit eingefügt habe. Ohne das Verständnis dieser primären angstvollen Reaktionsweisen mit den zugehörigen Mechanismen der Angstabwehr, die im Verlauf einer bedrohlichen Kindheit angesammelt worden sind, verstehen wir die Eigentümlichkeiten einer neurotischen Charakterbildung nicht. Ich gehe dabei nicht so weit wie Karen Horney, die meinte, dass die erworbene „neurotische Grundangst" für die Entwicklung der Neurose wichtiger sei, als die erworbenen Trieb-Verdrängungen. Andererseits meine ich, dass beide Schädigungen in der Ich-Entwicklung eines Kindes eine Rolle spielen und dass sie gesondert beobachtet und beschrieben werden sollten.

Im Übrigen habe ich mich darum bemüht, einen Nachteil zu vermeiden, der vielen Psychoanalytikern bei der Beschreibung von erworbenen neurotischen Charaktermerkmalen unterläuft: Es geschieht nur allzu leicht, dass die Charaktermerkmale der neurotischen Patienten mit einem Anflug von (meist negativer) Wertabstempelung beschrieben werden. So enthalten die Begriffe „Ich-Stärke" und „Ich-Schwäche" eine solche Bewertung. Auch Worte wie „Reife" oder „Unreife" bei „Fixierung auf infantilen Stufen" sind Formulierungen, die mit ihrem semantischen Hof eine negative Wertabstempelung anbieten.

Wir sollten aber immer bedenken, dass die erworbenen neurotischen Reaktionsweisen eines Patienten zwar häufig im Erwachsenenalter zu einer wesentlichen Behinderung seiner Selbstentfaltung geführt haben. Dass sie aber in jungen Kinderjahren durchaus eine Art schöpferischer Selbstregulierung gewesen sein können, die das Kind oder den heranwachsenden Jugendlichen einmal davor bewahrt hatten, in der im vom Schicksal zugeteilten Umwelt gänzlich unterzugehen.

Im Folgenden will ich nun von jenen variablen Konfliktkonstellationen sprechen, die im Leben eines Menschen entweder akut oder als chronischer neurotischer Dauerkonflikt zum krankheitsauslösenden Faktor werden können. Einzelne Fallbeispiele werden mir dabei helfen, um den Zusammenhang zwischen Krankheitsgeschehen und neurotischer Lebensentwicklung zu illustrieren. Zuvor will ich aber noch einmal auf meine schon früher (1972) dargelegte Empfehlung zurückkommen, die vorschlägt, das Verständnis für die Innenwelt eines Patienten auch noch dadurch zu bereichern, dass man die persönlichen „inneren Formeln" zu erfassen sucht, mit denen dieser Patient im eigenen Selbstverständnis seinen Platz in der Welt gefunden hat. Nach meiner Ansicht verdichtet sich in dem, was ich die „inneren Formeln" eines Menschen genannt habe, das Ergebnis einer abgelaufenen neurotischen Lebensentwicklung, mit all jenen Selbsteinschätzungen, Schutzautomatismen und Bewältigungsformen, mit denen ein Patient innerlich lebt. Ich habe diesen „inneren Formeln" eines Menschen in der vorgelegten Übersicht bereits einen Platz zugeteilt und will sie hier kurz mit einigen illustrierenden Beispielen erläutern:

So gibt es Menschen, die ihre Beziehung zu anderen oder ihren Platz in der Welt damit beschreiben, dass sie sagen: „Ich fühlte mich immer als das fünfte Rad am Wagen." Oder es heißt: „Ich war immer das schwarze Schaf." Oder Patienten sagen: „Ich musste immer dafür sorgen, dass alles wieder in die Reihe kam." Oder: „Ich bin tüchtig und pflichtbewusst, aber das hat mir noch keiner gedankt." Oder: „Ich war immer die Kleine, Liebe, die man nicht belasten durfte." Oder: „Ich habe bei Frauen nunmal keinen Schlag." Oder: „Wenn ich eine Beziehung abbreche, dann wartet an der nächsten Ecke schon der Neue." Oder: „Ich sage eben immer die Wahrheit und mache mich damit unbeliebt; die Menschen können die Wahrheit einfach nicht vertragen."

Wer darin geschult ist, solche Kurzformeln aufzunehmen, in denen sich das Selbstverständnis eines Patienten ausdrückt, der gewinnt in der Regel eine große Hilfe: Ihm wird das „Beziehungsangebot" deutlich, das Patienten – oft ohne es selbst zu merken – den Menschen ihrer Umgebung machen, ihr Umgangsstil und die vorweggenommenen Erwartungen, die sie an ihren Schicksalsablauf haben. Und da sich diese (oft nachteilig gefärbten) Erwartungen an das Lebensschicksal tatsächlich häufig genug im neurotischen Arrangement oder im neurotischen Wiederholungszwang erfüllen, bietet uns das Verständnis dieser „inneren Formeln" auch einen wichtigen Einblick in den Zusammenhang zwischen der inneren Welt eines Patienten und den jetzt anschließend zu besprechenden Lebenskrisen und Konfliktkonstellationen.

D. Konfliktkonstellationen in verschiedenen Lebensbereichen

I. Persönliche Bindungen, Liebesbeziehungen und Familienleben

Die „Life-Event-Forscher" hatten bei der Durchführung ihrer Untersuchungen der *Heirat* eine ganz zentrale Mittelstellung gegeben und daher ihre Probanden gebeten, die gesuchte Bewertung wichtiger Lebensereignisse auf jenen Stellenwert zu beziehen, den eine Heirat für sie hatte. Bei dieser Studie erhielt der Tod des Ehepartners den doppelten Wert (100). Scheidung oder Trennung rangierten danach, hatten aber immer noch einen erheblich höheren Punktwert als die Heirat. Dem Verlust des Arbeitsplatzes wurden noch einige Punkte weniger zugewiesen als der Heirat.

Diese Ermittlungen wurden im amerikanischen Kulturbereich der 1960er-Jahre erhoben. Schultz-Hencke, der vierzig Jahre früher im Nachkriegsdeutschland der 1920er-Jahre schrieb, begann die Liste der aufgeführten Konflikte mit der Frage nach dem Verlust von Erwerb, Geld oder Existenz und spiegelte damit das zentrale Problem dieser Epoche in Deutschland wider. Gleich nach dem Verlust von Erwerb oder Existenz nannte er den Verlust von Frau, Mann oder Kind und fügte danach das Thema der *Rivalität* hinzu. („Hat ein anderer ihn übertroffen".)

Diese Bewertung von Schicksalsereignissen oder Schicksalsschlägen entspricht gewiss dem allgemeinen Empfinden vieler Menschen. Der Verlust von Bindungen mit den zugehörigen Konflikten, aber auch die Aufnahme von neuen Beziehungen gehören zu den existenziellen Lebensveränderungen oder gar Erschütterungen, die ein Mensch durchleben kann. Bei der jetzt folgenden Darstellung von Konfliktkonstellationen, die den Ausbruch einer neurotischen Krankheit veranlassen können, werde ich mich an eine bestimmte Gliederung halten, die die Orientierung über die vielschichtig miteinander verknüpften Lebensprobleme eines Menschen erleichtert. Es handelt sich dabei natürlich jeweils nur um Stichworte, die das auslösende Lebensereignis bezeichnen.
1. Partnerwahl und Bindungsverhalten
2. Die Aufnahme einer neuen Beziehung
3. Besondere sexuelle Konflikte in einer Partnerschaft
4. Das Auftauchen von Rivalitätskonflikten, Macht- oder Geltungsansprüchen in einer Beziehung
5. Konflikte in Bezug auf Besitz, Eigentum oder sonstiger „oraler" Problematik
6. Die Beziehung zu den eigenen Kindern
7. Verlust durch Trennung
8. Verlust durch Tod

In Bezug auf die Rangfolge von Lebensereignissen, die ich hier aufgestellt habe, ist zweierlei zu sagen: Zum einen spiegelt sie *nicht* die Wichtigkeit der verschiedenen Lebensereignisse wieder. Jedenfalls nicht mit Hinblick auf die Gewichtung der „Lebensereignisse" von Holmes und Rahe. Zum anderen unterscheiden sich die Themen und Konflikte, die besprochen werden, insofern, als wir einerseits deutlich abgrenzbare, *neu* aufgetauchte Lebensereignisse haben. Daneben gibt es aber auch Themen, die eher zu einem neurotischen *Dauerkonflikt* werden, der sich zwar gelegentlich zuspitzen kann, der aber der Grundtendenz nach eine beständig zermürbende Wirkung entfaltet.

Zugleich sollte ich wohl hervorheben, dass uns in diesem Kapitel die Psychodynamik der neurotisch determinierten Isolierung und Einsamkeit nicht im Einzelnen beschäftigen wird, obgleich sie das zentrale Thema und Problem vieler neurotisch erkrankter Patienten ist. Dieser speziellen Frage begegnen wir später nur in dem Zusammenhang, in dem wir einschätzen wollen, ob die neue Beziehung, die ein Mensch eingegangen ist, ihre große Wichtigkeit dadurch erhält, dass existenziell erlebte Einsamkeit aufgehoben werden soll.

1. Partnerwahl und Bindungsverhalten

Befassen wir uns jetzt zunächst mit dem Thema der *Partnerwahl* und dem Bindungsverhalten allgemein, dann empfiehlt es sich immer, dass wir die wichtigsten neurotischen Determinanten kennen, die die Partnerwahl einmal bestimmt haben. Dieses Wissen gibt uns Hinweise dafür, in welchen Erlebnisbereichen bei den betroffenen Patienten neurotische Krisen auftauchen können. Zugleich verstehen wir leichter, ob die Bindungsverluste und Trennungen, mit denen sich ein Patient vielleicht auseinander zu setzen hatte, schon beim Eingehen der Bindung gewissermaßen *vorprogrammiert* gewesen sind, und daher bereits damit zu rechnen war, dass die neurotischen Determinanten der Partnerwahl später einmal ihre unheilvolle Wirkung entfalten würden.

Mit der nachstehenden Übersicht fasse ich also als Erstes die wichtigsten Varianten neurotischer Bindungsmuster und neurotisch determinierter Partnerwahl zusammen und füge auf der folgenden Seite eine weitere Aufzählung an, die einen Überblick über jene Probleme vermittelt, die immer dann eine Rolle spielen können, wenn die Partnerbeziehung zu einer *Ehe* geführt hat.

Neurotische Partnerwahl

> **Übertragungskonstellation**
>
> Vater
> Mutter } Übertragung
> Bruder
> Schwester
>
> Neurotische Dominanz-Unterwerfungskonstellation
> Neurotische Fürsorge / Schutz-Abhängigkeitskonstellation
> Sado-masochistische Bindung
> Nähe-Distanzproblematik
> Unbewusste Trennungstendenzen (Trennungsarrangement)
> Neurotische Anklammerung
> Neurotische „Dreiecksbeziehung"
> Narzisstische Selbstbestätigung
> Eine Wahl „unter Niveau"

Wie gesagt, enthält die Übersicht über neurotische Partnerwahl Stichworte, die einmal die wichtigsten neurotischen Beziehungsmuster (und die zugehörigen Verhaltensweisen) bezeichnen sollen, zum anderen aber auch Hinweise auf bestimmte Motivationslagen, die bei der Aufnahme der Beziehung wirksam gewesen sind. Die Begriffe „Übertragungskonstellation", „narzisstische Selbstbestätigung" und „eine Wahl unter Niveau" beziehen sich mehr auf die vorliegende *Motivationslage* des Menschen, als er die Bindung eingegangen ist. Die Begriffe „Dominanz-Unterwerfung", „Schutz-Abhängigkeit", „sado-masochistische Bindung", „Nähe-Distanz-Problematik", „unbewusste Trennungstendenzen", „neurotische Anklammerung" und „neurotische Dreiecksbeziehung" bezeichnen vorwiegend den *Umgangsstil*, charakteristische Reaktionsweisen und neurotische Angstreaktionen, die eine Partnerbeziehung färben können.

Die Probleme einer Eheschließung werden allerdings besser etwas anders angeordnet:

Eheprobleme

A. Die Gefühlslage bei der Eheschließung
1. Flucht aus dem Elternhaus (Schutzsuche)
2. Protestehe
3. Sexuelle Faszination
4. Narzisstische Selbstbestätigung
5. Neurotische Erwartung an den/die Partner/in z. B. Delegation eigener Impulse an den/die Partner/in

6. Kompromissehe
7. Vernunftehe
B. Lebensgewohnheiten und Umgangsstil
C. Soziale Lage der jeweiligen Primärfamilie

Bei meinen Erläuterungen zu den von mir ausgewählten Begriffen will ich nicht allzu sehr ins Detail gehen, aber doch einige wichtige Hinweise geben:

Wenn wir uns dem Thema der *Übertragungskonstellationen* zuwenden, dann sollten wir zunächst ganz grundsätzlich bedenken, dass es gewiss eher die *Regel* als die Ausnahme ist, wenn sich bei einem Menschen in seinen späteren Lebensbindungen die vertrauten Vorerlebnisse seiner Kinderjahre auswirken. Schließlich ist auch die Fähigkeit, Zuneigung und Sympathie zu empfinden, Vertrauen zu fassen und mit einem Partner auch dann zusammenzuhalten, wenn sich Konflikte melden, eine Folge der (positiven) Früh- und Vorerfahrungen aus der Kinder- und Jugendzeit. Zudem sind neurotische Übertragungsmechanismen keineswegs immer destruktiv. Hier geht es schließlich (wie bei allen dauerhaften Bindungen von zwei Menschen) – um mit Fontane zu sprechen – nicht vorwiegend um die Frage, *„nach der Perfektion in der einen oder anderen Richtung"*. Vielmehr geht es darum, „ob es passt".

Wichtig ist allerdings, was im Leben eines Menschen geschieht, wenn es einmal gepasst hat, und dann später „nicht mehr passt". Oder wenn es einmal gepasst hat, in mancher Hinsicht sogar immer noch passt, aber dann *zugleich* doch auch „nicht mehr passt".

Die Antworten auf alle diese Fragen wären, um noch einmal Fontane zu zitieren, *„ein weites Feld"*. Bei der Beobachtung von Menschenschicksalen begegnen wir ihnen auf Schritt und Tritt. So werde ich später über zwei stark verkürzte, dafür aber illustrierende Biographien berichten, in denen sich die Partnerwahl nach wichtigen Bindungserlebnissen der Kinderzeit gerichtet hat (Bruderübertragung). In dem einen Fall haben diese Vorerfahrungen das Zusammenleben getragen und gefördert. In dem anderen Fall bedingten sie die Auflösung der Bindung.

Eine schon fast regelhaft vorprogrammierte Krisensituation in einer Partnerbeziehung, die wohl am häufigsten zu Trennung und Lösung führt, finden wir bei jenen Bindungen, die ich unter dem letzten Stichwort mit dem Begriff „eine Wahl unter Niveau" aufgeführt habe. Die Probleme dieser Bindungsform finden sich in der Tabelle über Ehesituationen unter dem Stichwort der „Kompromissehe" wieder. Die Konflikträchtigkeit, die einer solchen Beziehung anhaftet, veranlasst mich, meine Erläuterungen mit einer Darstellung dieser speziellen Situation zu beginnen:

Die neurotisch determinierte „Wahl unter Niveau" kommt nach allen Erfahrungen immer dann zustande, wenn eine Frau oder ein Mann mit einem tief verletzten Selbstwertgefühl leben: In der Vorstellung, dass sie selber nichts wert seien (nicht attraktiv genug, nicht klug genug, nicht vermögend genug), meinen sie, dass sie die Ansprüche, die sie eigentlich an eine Partnerin oder an einen Partner hätten, entweder gar nicht stellen dürften oder doch nicht erfüllt bekämen. Diese Menschen entschließen sich dann unter Umständen dazu, eine Bindung einzugehen oder eine Werbung von einem Menschen anzunehmen, dessen Mängel sie sich dann mehr oder weniger unbewusst aus neurotischen Gründen verleugnen. Zugleich neigen sie dazu, diesen Partner in unbewusster neurotischer Kompensation dieses Verleugnungsvorganges „hochzuidealisieren".

> So kann eine Patientin erzählen, dass sie in einen Mann sehr verliebt gewesen ist, den sie „ganz toll gefunden hat", der sie aber nicht wollte und zurückwies. In der neurotischen Vorstellung, dass sie überhaupt nie einen Mann für sich gewinnen könnte, der ihren Vorstellungen entsprechen würde, heiratete sie einen anderen Mann aus der Jugendlichen-Clique, der sich um sie bemüht hatte, der aber ein scheuer Einzelgänger war und in den Augen der Übrigen kaum Chancen hatte, ein Mädchen für sich zu gewinnen. Die Patientin verleugnete vor sich die negativen Seiten ihres späteren Mannes und betonte vor sich und anderen, dass seine menschlichen Eigenschaften so hervorragend wären, dass sie ihn weit über den Durchschnitt erhöben.
> Oder ein Mann erzählt, dass er sich vergeblich um eine sehr attraktive und umschwärmte junge Frau beworben hätte und dass er – abgewiesen – die unansehnliche Freundin dieser Frau heiratete, die immer in deren Schatten gestanden hatte. Der gleiche Mann betont aber nachdrücklich, dass die persönlichen liebenswerten Eigenschaften dieser Frau den Nachteil der „Mauerblümchenexistenz" voll ausgeglichen hätten.

Die typische ungünstige Entwicklung bei einer solchen Wahl „unter Niveau" läuft im Allgemeinen auf Folgendes hinaus: Die Partnerin oder der Partner, der die „zweite Wahl" gewesen ist, mag im Beginn selbst glücklich gewesen sein, überhaupt eine Beziehung und Bindung zu finden, und mag die Patientin oder den Patienten sehr bewundert haben. Das kränkende Gefühl „zweite Wahl" gewesen zu sein, wird von diesem (wahrscheinlich auch neurotischen Partner) ebenfalls zunächst verdrängt und verleugnet, und beide erleben ihre Beziehung im Anfang positiv. Dann macht sich allmählich das zermürbende Gefühl der Kränkung bei dem „Partner zweiter Wahl" bemerkbar. Bei der Patientin oder dem Patienten selbst setzt sich im täglichen Umgang eine unmutige Kritikendenz durch, die herabsetzenden und entwertenden Charakter hat. Das Gefühl einer Frau, *„ich kriege doch keinen besseren"* setzt sich in dem Umgang mit dem Partner in Haltungen um, die besagten, *„auch Du bist nicht besser als ich und im Grunde für mich nicht gut genug"*. Es braucht nicht viel Vorstellungsgabe, um sich auszumalen, wie sich der Alltag und der tägliche Umgang zwischen Menschen entwickelt, die unter diesen Voraussetzungen eine Bindung eingegangen sind. Sofern eine solche Beziehung zur Ehe geführt hat, muss man doch wohl mit einer hohen Trennungs- und Scheidungsrate rechnen. Nach meinen Erfahrungen geht eine solche Trennung dann in der überwiegenden Zahl der Fälle von dem „zweitrangigen" Partner aus, der entweder eine Partnerschaft findet, in der er mehr geachtet wird, oder der es schließlich doch vorzieht, alleine zu leben, als immer die eigenen Unzulänglichkeiten vorgehalten zu bekommen.

Wie ich schon sagte, brauchen wir mit einer solchen vorprogrammierten Konflikt- und Trennungstendenz, wie wir sie bei einer „Wahl unter Niveau" finden, nicht in gleichem Ausmaß zu rechnen, wenn in den Bindungssituationen der Patienten überwiegend Übertragungsgefühle wirksam geworden sind. Ich gebe hierzu einige Erläuterungen:

Die Ehe einer sehr jungen Frau mit einem wesentlich älteren Mann gilt heute schon nach populärer Auffassung als eine Ehe in *Vaterübertragung*. Diese Ehekonstellation – in vergangenen Jahrhunderten von den Eltern junger Frauen sozial sehr gewünscht – ist heute eher die Ausnahme. Sie gilt schon normalerweise als konfliktträchtig und wird es für die junge Frau wohl auch immer zu dem Zeitpunkt, in dem sich die väterliche Überlegenheit des Mannes durch sein Alter schließlich so wandelt, dass Lebensbedürfnisse und die innere Orientierung der beiden stark auseinander klaffen. Es gehört aber zu den normalen und nicht zu den neurotischen Konflikten, wenn sich jetzt Unterschiede in der Lebenshaltung und Lebensorientierung bemerkbar machen. Es müssen spezifisch neurotische Probleme hinzutreten, um bei einem der Beteiligten psychogene Krankheitszeichen auszulösen.

> **Beispiel:**
>
> Eine junge 20-jährige Frau ist das uneheliche Kind einer sehr jungen Mutter, die von einem zwanzig Jahre älteren verheirateten Mann schwanger wurde. Der alternde Vater hing an der kleinen Tochter sehr, sorgte für sie im Rahmen des erdenklich Möglichen, dies aber unter der Voraussetzung, dass niemand etwas von seiner unehelichen Vaterschaft erfuhr. Das kleine Mädchen war der „versteckte Liebling" und die herangewachsene junge Frau konstellierte später in ihrem Leben eine ähnliche Situation. Sie warb um ihren 30 Jahre älteren Chef mit 20 Jahren so lange, bis dieser eine sexuelle Beziehung zu ihr aufnahm, sie „arrangierte" auch eine Schwangerschaft, die sie dem Freund erst verheimlichte und hatte dann später selbst eine „versteckte Tochter", die Liebling des Vaters wurde. Als der schließlich 60-jährige Mann seine Frau durch Tod verlor und die Patientin heiratete, brach bei ihr die Symptomatik aus: Die Erfüllung der bewussten Wünsche machte jene Befriedigung zunichte, die die Patientin unbewusst aus ihrer neurotischen Bindungssituation gezogen hatte.

Die Heirat in „*Mutterübertragung*" wird nach gängiger – und ebenfalls populär gewordener Allgemeinpsychologie – in der Regel jenen Ehekonstellationen zugeschrieben, in denen ein Mann eine ältere und fürsorglich eingestimmte Frau heiratet. Auch bei einer solchen Konstellation können die wechselseitigen Erwartungen, Bedürfnisse und gebotenen Befriedigungen dauerhafte und haltbare Stabilität der Beziehung gewährleisten. Die *neurotischen Elemente* wirken sich etwa dann destruktiv aus, wenn die ältere Frau die abhängige Sohneshaltung ihres Partners allmählich lästig findet, ihrer überdrüssig wird und bei dem jüngeren Mann dennoch eine Reife erwartet, die er nicht bieten kann. Ebenso krisenhaft gestaltet sich die Entwicklung eines solchen Paares, wenn der Mann schließlich jenen Reifegrad erreicht, den die Frau auf der bewussten Ebene gesucht hat, dann aber aus neurotischen Gründen doch nicht erträgt.

Im Übrigen ergänzen sich natürlich diese allgemeineren Elemente einer Bindung in Vater- oder Mutterübertragung durch die *individuellen* Vorerfahrungen, die ein Mensch in seiner Kindheit an der eigenen Mutter oder am eigenen Vater erworben hat:

> Ein Mann, der eine strenge, dominante Mutter gehabt hat, kann seine Partnerin nach diesem Vorbild wählen. Oder er sucht sich eine unruhige, hilflose Frau, die schwierigen Situationen ebenso wenig gewachsen ist, wie es die eigene Mutter war.
> Eine Frau kann (trotz lebhaften Protestes) den strengen oder sogar gewalttätigen Vater unvermutet in ihrem selbst gewählten Partner wiederfinden. Oder sie sucht sich den weichen nachgiebigen Mann, der (wie der Vater) für die Familie zwar sorgt, aber alle wichtigen Entscheidungen seiner Ehefrau überlässt.

Neben diesen sehr individuell bestimmten Motivationslagen, die zu einer zeitweiligen oder dauerhaften Bindung führen können, werden dann die charakteristischen neurotischen Beziehungsmuster wichtig, die den *Umgangsstil* und die Verhaltensweisen zwischen zwei Menschen kennzeichnen. Es ist dabei für das Verständnis der Erlebniswelt eines Patienten wichtig, dass wir uns immer wieder daran erinnern, wie komplex die wechselseitige Bindung zweier Menschen in ihren Elementen ist: In aller Regel haben *beide* Partner *ein Gemisch ähnlicher Reaktionsweisen* in sich. So ist es sehr selten, dass bei Menschen, die in Dominanz- und Unterwerfungshaltung miteinander verbunden sind, nur der eine Partner die dominante und der andere die Unterwürfigkeitshaltung hat. Wenn man sich darum bemüht, die gegebene Situation genau zu verstehen, dann wird man bemerken, dass die gleichen neurotischen Reaktionsweisen bei den beiden Beteiligten nur in unterschiedlicher Ausprägung manifest werden.

Auch wenn ein Partner in den Augen der Außenwelt offenkundig die „Schutzfigur" für einen anderen Menschen ist, wird man immer wieder feststellen können, dass auch der Schutzbedürftige seinem Beschützer oder seiner Beschützerin in wichtigen Augenblicken Halt gibt. Ebenso ist es selten, dass nur der eine Partner der „sadistische" ist und zu Quälereien neigt, während der andere Partner die „masochistische" Reaktion aufweist. Die Tendenzen, sich gegenseitig zu kränken, zu quälen und offen oder versteckt zu verletzen, sind fast immer auf beiden Seiten vorhanden und nur in ihrer Äußerungsform deutlicher oder verborgener.

Ähnliches gilt von jenen Beziehungsmustern, bei denen sich das Erleben von *Nähe* oder *Distanz* zu einer neurotischen Problematik verdichtet:

Es gibt Patienten, die durch eine sehr leidvolle neurotische Reaktionsweise ausgezeichnet sind, die dazu führt, dass sie zwar die Nähe eines anderen Menschen suchen, Einsamkeit auch nur schlecht oder gar nicht ertragen und dass in ihnen doch zugleich bei jeder dauerhaften Nähe Angstreaktionen aufwallen, die den Bestand der soeben aufgenommenen Beziehung gefährden. Diese Angstreaktionen, die bei dauerhafter naher Beziehung zu einem Partner aufkommen, führen dann zur Flucht und zur Distanzierung, obgleich die selbst herbeigeführte Trennung und das zugehörige Alleinsein kaum ertragen wird.

Die Trennungssituationen, die durch solche feinen Angstreaktionen durch die Nähe eines anderen zustande kommen, unterscheiden sich auf subtile Weise von jenen Reaktionen, die ich mit dem Wort „unbewusstes Trennungsarrangement" bezeichnet habe. Bei einem unbewussten Trennungsarrangement setzen sich die inneren Trennungstendenzen durch, weil jede eingegangene Bindung mit entgegengesetzten inneren Tendenzen des betreffenden Patienten (Freiheitsdrang, Abwechslungsbedürfnisse) in Konflikt geraten. Freilich ist es gerade für diesen speziellen Zusammenhang besonders wichtig, dass man den sogenannten „normalen" Konflikt vom neurotischen unterscheidet: Bindungsbereitschaft und Abwechslungsbedürfnis stehen gewiss auch normalerweise in Gegensatz zueinander. Zu einem neurotischen Konflikt werden diese Bedürfnisse immer erst dann, wenn die zugehörigen Tendenzen nicht bewusst reflektiert werden können und ein prüfendes Abwägen der Vor- und Nachteile von Bindung oder Unabhängigkeit unterbleibt.

Im Übrigen können sich unbewusste neurotische Trennungstendenzen auch dann durchsetzen, wenn die entsprechenden Vor- und Früherfahrungen dazu geführt haben, dass ein Patient für Enttäuschungen und Schwierigkeiten nur deshalb keine verständige Lösung findet, weil ihm die Trennung vom Partner als einzige, habituell erstarrte Antwort auf erlebte Enttäuschungen oder Schwierigkeiten zur Verfügung steht (siehe das Beispiel auf Seite 52).

Der Gegensatz zu der neurotischen Trennungstendenz ist die „neurotische Anklammerung": Diese Reaktionsweise ist meist durch rasch aufwallende Trennungsängste hervorgerufen und trägt dem betroffenen Patienten sehr schwierige Situationen ein: Er erlebt auch unbedeutende Verhaltensweisen des Partners (der vielleicht nur einen gewissen Spielraum für seine Selbstständigkeit gewinnen will) als Trennungsabsicht und reagiert mit angstgetönter Forderung nach Nähe, nach mehr Gemeinsamkeit, nach wiederholter Bestätigung des Zusammengehörens. Neurotische Anklammerungstendenzen können einen quälerischen Charakter haben, werden häufig als sehr lästig empfunden und bringen in die Beziehung zweier Menschen ein destruktives Element, das das bewusst erstrebte Ziel (nämlich die größere Nähe) gerade verhindert. In Bezug auf die hier zu Grunde liegende neurotische Psychodynamik darf man allerdings nicht verkennen, dass die „Anklammerung" vieler Patienten häufig auch eine komplementäre Abwehrreaktion ist, die die eigene unbewusste Tendenz zur Verselbstständigung (die aus neurotischen Gründen nicht gewagt wird) unschädlich machen soll.

I. Persönliche Bindungen, Liebesbeziehungen und Familienleben

Die von mir in der Tabelle (S. 45) schließlich noch genannte „Dreiecksbeziehung" ist eine besondere Variante der Konfliktlösung zwischen Partnern, die Schwierigkeiten haben, sich voll mit einer heterosexuellen Partnerschaft zu identifizieren: Es würde zu weit führen, wenn ich hier sehr detailliert auf die psychodynamische Konstellation beim sogenannten „homosexuellen Triangel" einginge. Ich will nur erwähnen, dass es Partnerbeziehungen gibt, in denen die heterosexuelle Partnerschaft scheinbar dadurch gefährdet ist, dass sich der Mann oder die Frau jeweils mit einem anderen (heterosexuellen) Partner zusammentun. Es handelt sich dabei aber nicht um die übliche Rivalität von zwei Männern um eine Frau oder von zwei Frauen um einen Mann, sondern es entsteht eine libidinöse Beziehung entweder zwischen zwei Frauen, die sich den Mann „teilen", oder zwischen zwei Männern, die ihre persönliche, libidinöse Bindung auf verborgene Weise durch den Umgang mit der gemeinsamen Partnerin vertiefen. Es ist immer wichtig, an eine solche verborgene libidinöse Beziehung zwischen den Rivalen zu denken, wenn sich in dem Leben eines Patienten ein Eifersuchtskonflikt abspielt, der aus Gründen, die für die betroffenen Patienten selbst nicht einsichtig sind, eine ungelöste Dauerhaftigkeit erhält.

Zum Abschluss dieser Erörterungen über bestimmte neurotische Elemente in der Partnerbeziehung oder Partnerwahl noch ein kurzes Wort über die „narzisstische Selbstbestätigung", die ein wichtiges Element in einer Beziehung sein kann. Leider ein Element, das für eine Bindung wenig tragfähig ist, zugleich aber die Lösung dieser Bindung bei großen Enttäuschungen erschwert:

Wenn ein sogenanntes „schönes Paar" seine persönlichen Unsicherheiten dadurch kompensiert, dass das gemeinsame Auftreten im Freundeskreis oder in der Gesellschaft allgemeine Bewunderung erweckt, dann wird aus dem Erleben dieser Bewunderung viel Angstbeschwichtigung gezogen. Wenn die beiden Menschen sich aber wechselseitig wenig Halt geben und der Umgang miteinander auch kaum von wirklichem Verständnis getragen ist, dann bleiben die Enttäuschungen nicht aus. Zu irgendeinem Zeitpunkt wäre die Trennung eigentlich wegen der unbefriedigenden persönlichen Beziehung notwendig. Sie unterbleibt aber, weil das Erlebnis „bewundertes Paar" aus neurotischen Gründen nicht entbehrt werden kann.

Dieser Wahl in wechselseitiger narzisstischer Bestätigung ist das Gegenstück zu jener Motivationslage, von der ich zu Beginn gesprochen hatte: Die Wahl „unter Niveau", weil das eigene Selbstgefühl so untergraben ist, dass die Hoffnung auf einen „besseren" Partner aufgegeben worden ist und die Unzufriedenheit zu einem dauerhaften Störfaktor wird.

Bevor ich nun zu der Darstellung von zwei Fallberichten übergehe, möchte ich noch hervorheben, dass die von mir abstrahierend genannten Stichworte nicht besagen, dass sich die damit bezeichneten Charaktermerkmale wechselseitig ausschließen:

Dominanz-Unterwerfungshaltung kann ebenso mit narzisstischer Selbstbestätigung gepaart sein, wie mit dem Empfinden, dass die Bindung zu einer Partnerschaft unter Niveau geführt hat. Habituelle Angst vor Nähe kann mit sado-masochistischen Tendenzen vermischt sein und unbewusst determinierte Trennungsarrangements können ihre Quellen in den Vorerlebnissen der Kinderzeit, also in Übertragungskonstellationen haben.

Und damit kann ich zu der Darstellung von zwei Krankengeschichten übergehen, in denen ich mit Rückgriff auf frühere Ausführungen darlege, wie eine Heirat in Bruderübertragung zustande kommt und wie sich in dem einen Fall diese Übertragungsbeziehung zwar krisenhaft auswirkt, aber doch beständig bleibt, in dem anderen Fall aber in kritischer Zuspitzung zur Trennung führt.

> **Fall 1: Heirat in Bruderübertragung und „es passt"**
>
> Eine junge Frau wächst behütet und von den Eltern sehr ersehnt zusammen mit einem fünf Jahre älteren Bruder auf. Die Familie hält zusammen. Der ältere Bruder ist Vorbild und Beschützer der sehr liebenswert anzusehenden kleinen Schwester. Als der Bruder mit 23 Jahren heiratet, geht die 18-jährige junge Frau ihrerseits eine Bindung ein, von der sie später zeitweilig behauptet, dass sie übereilt gewesen wäre. Sie ist nur kurze Zeit nach der Schulentlassung berufstätig und heiratet den drei Jahre älteren Freund, als sie 21 wird. Der Freund ist einziges Kind und war der Lebensinhalt seiner Mutter, die häufig mit dem Jungen allein blieb, weil der Vater von seiner Firma mit auswärtigen Aufgaben beauftragt wurde. Er verliert seine Mutter unvermutet an einem Karzinom und heiratet wenige Monate nach deren Tod. Das junge Paar will Kinder haben, die Patientin verliert aber die ersten beiden Kinder durch Früh- und Totgeburt. Sie macht eine schwere Krise durch und wagt den Versuch zu einer dritten Schwangerschaft nicht. Sie nimmt auch keinen Beruf auf, sondern macht die Versorgung des Ehemannes zu ihrem Lebensinhalt. Der Ehemann ist für sie nach eigener Aussage der große Bruder, der sie beschützt, liebt und ihr alle Schwierigkeiten aus dem Weg räumt. Begreiflicherweise wird das Leben der beiden auf längere Sicht doch inhaltsarm und für die noch junge Frau eintönig und steril. Beide haben fast zur gleichen Zeit intensive außereheliche Liebesbeziehungen und geraten miteinander in einen tiefen, existenziell erschütternden Konflikt, der bei der Patientin zugleich mit neurotischer Symptomatik einhergeht.

Auf den Verlauf der Therapie und die innere Entwicklung der Patientin will ich hier nicht weiter eingehen. Wichtig ist zum Verständnis in diesem Zusammenhang, dass beide Partner in ihrer Kindheit in engen festen Beziehungen herangewachsen waren und dass die früh erlebte Dauerhaftigkeit und Tragfähigkeit der Beziehungen mit dazu beitrug, dass die Beziehung sich vertiefen und auf neuer Basis aufrechterhalten werden konnte. Beide Partner waren sich darüber klar, dass sie unvermutet nach dem Verlust einer wichtigen frühen Beziehungsperson (den Bruder durch die Heirat, die Mutter durch den Tod) eine rasche Ersatzbindung gesucht hatten. Trotzdem war die Beziehung nicht im engeren Sinn „Ersatz", sondern war von Verständnis, Zuneigung und auch gegenseitigem Vertrauen getragen.

> **Fall 2: Heirat in Bruderübertragung, aber „es passt nicht"**
> **(es konstelliert sich ein neurotisches Trennungsarrangement)**
>
> Eine zweiunddreißigjährige Patientin kommt kurz nach ihrer Ehescheidung zur Behandlung. Auch sie ist als nachgeborene und ersehnte Tochter mit einem fünf Jahre älteren Bruder aufgewachsen. In den ersten Kinderjahren hieß sie in der Familie „die kleine Prinzessin". Die Schicksalsumstände der Nachkriegszeit entwurzelten die ursprünglich wohlhabende Familie, die als fünfköpfiger Familienverband (Großmutter, Vater, Mutter und zwei Kinder) auf die Flucht gehen musste und Jahre brauchte, um wieder Fuß zu fassen. Das kleine Mädchen kam mit dem älteren Bruder in ein Heim, bis die drei Erwachsenen Wohnung und Arbeit gefunden hatten. Im Heim wurde der Bruder die wichtigste Person für die kleine Patientin, auch ihr „Beschützer", der sich für sie einsetzte, wenn andere Kinder ihr das „Prinzessinnengebaren" verübelten und das umsorgte und zum Teil auch verwöhnte kleine Mädchen mit Verwirrung und Protest auf die neue Situation reagierte. Aus äußeren Gründen wurde dieser ältere Bruder von den Eltern zuerst nach Hause geholt und die Patientin musste zwei lange Jahre in dem Heim verbleiben. Sie hat dieses Trauma nie verwunden, den Eltern nicht verziehen und ein idealisiertes Sehnsuchtsbild vom Bruder aufgebaut.

Bei dieser Patientin war ein narzisstischer Zug unverkennbar. Sie zeigte eine rasche Tendenz, Ungemach mit Geschrei und Protest zu beantworten und nach einem Beschützer zu suchen. Mit dieser Tendenz hatte sie schon bei der Berufsausbildung als medizinisch-technische Assistentin Schwierigkeiten. Als hübsche junge Frau fand sie aber immer wieder einen „älteren Bruder", der sich für sie einsetzte und um sie bemühte. Die innere Schwierigkeit der Patientin wurzelte allerdings darin, dass ihre sehnsuchtsvollen Erwartungen, die den Bereitschaften des beschützenden Bruders galten, an den realen Möglichkeiten eines jungen Mannes vorbeigingen. Die Patientin hatte mehrere Beziehungen gelöst, weil ihr die Männer doch zu egoistisch erschienen. Als sie schließlich heiratete, gab sie der Werbung eines intensiv um sie bemühten vier Jahre älteren Arztes nach, der in ihr die Vorstellung erweckte, er werde ihr alle Unbilden des Lebens aus dem Weg schaffen, sich auch bei ungereimten Protestattitüden für sie einsetzen und ein dauerhafter Liebhaber sein.

Der Ehemann stammte aus einer sehr konfliktreichen, geschiedenen Ehe, in der er während der Scheidungsphase seiner Eltern wechselweise bei Vater oder Mutter lebte und sich schließlich (angesichts der Unmöglichkeit, sich für einen von beiden zu entscheiden) innerlich von beiden distanzierte. Auch in ihm schien eine Sehnsuchtshaltung nach dauerhafter Bindung zu leben, die von gegenteiligen konflikthaften Vorerfahrungen untergraben wurde.
Auch diese Eheleute hatten kein Kind. Sie glaubten zunächst, dass ihre Beziehung, die sie intensiv und bewegend erlebten, durch die Versorgung eines Kindes nur gestört würde.

Die Konflikte ließen in Anbetracht der unerfüllten Sehnsuchtshaltungen bei beiden Partnern nicht lange auf sich warten: Die Patientin fühlte sich bald von ihrem Ehemann vernachlässigt und sie wich in die Beziehung zu ihrem „großen Bruder", der in der gleichen Stadt lebte, aus. Ihm berichtete sie von den Enttäuschungen, die ihr ihr Ehemann angeblich bereitete, bei ihm beklagte sie sich und er nahm – nach gewohntem Muster – seine Beschützerrolle wieder ein und tröstete die Patientin nicht nur, sondern versuchte auch, den Ehemann von seinen Mängeln zu überzeugen. Der Ehemann war ursprünglich mit ebenso großen Erwartungen an seine Schwiegerfamilie in die Ehe gegangen. Er glaubte dort eine Familie mit dem Zusammenhalt zu finden, den er selbst vermisst hatte. Nun geriet er in eine ähnliche Konstellation wie in seiner eigenen Kinderzeit: Er sollte sich zwischen Frau und Schwager entscheiden, die wechselweise um ihn warben und ihm Vorwürfe machten.

Die Trennung der Ehe war schon vollzogen, als ich die Patientin kennen lernte. Beide Ehepartner hatten Trennungs- und Verlusterlebnisse in der Vorgeschichte und so war es für sie nur die Wiederholung von schon bekannten Lebensabläufen, wenn sie auch der neu eingegangenen Beziehung ein Ende setzten.

Für die Patientin blieb aber im Verlauf der Therapie Folgendes charakteristisch: Sie ging – für den Außenstehenden fast wahllos – rasche Beziehungen zu wenig älteren Männern ein, an die sie sich mit kindlich Hilfe suchender Haltung wandte. Die Männer zeigten sich von dieser erwartungsvollen Haltung der hübschen jungen Frau angetan, wandten sich ihr zu, konnten aber die unerfüllbaren Sehnsüchte der Patientin doch nicht befriedigen. Die Patientin klagte in der Therapie immer erneut, dass die Männer sie getäuscht hätten und „ihr großer Bruder" ihr beigesprungen sei, sie tröstete und sie darin bestärkte, dass der neue Partner sie nicht stützte, sondern sie nur ausnutzte. So „konstellierte" die Patientin immer wieder jene Trennungssituationen, vor denen sie sich so verzweifelt fürchtete. Der narzisstische Anteil in ihrem Persönlichkeitsmuster stand ihr dabei zusätzlich sehr im Wege und sie hatte eine Phase recht bitterer Verzweiflung und Anklage zu durchleben, bis sie für eine neue Bindung, die sie schließlich fand, bessere innere Voraussetzungen schaffen konnte.

2. Die Aufnahme einer neuen Beziehung

Das letzte Fallbeispiel hat uns gezeigt, wie sich Patienten ihre Trennungssituation selber schaffen können und wie sich aus diesen selbst konstellierten Lebensveränderungen die entsprechenden inneren Krisen ableiten.

Wenn wir jetzt verstehen wollen, ob die Aufnahme einer neuen Beziehung im Leben eines Patienten unter neurosenpsychologischen Aspekten eine *psychopathologische Bedeutung* erhält, dann müssen wir zunächst beschreiben, welchen allgemeinen Stellenwert diese neue Beziehung im Leben des betreffenden Men-

schen hat. Wir müssen uns den Rahmen vergegenwärtigen, in dem dieser Patient lebt und damit zugleich versuchen, jene Hoffnungen, Sehnsüchte, Ängste oder Zwiespältigkeiten zu verstehen, die mit der Aufnahme der neuen Beziehung verknüpft sind. Folgende Fragen helfen uns hier weiter:
- Ist ein *junger* Mensch eine neue Beziehung eingegangen, der vielleicht schon einige Vorerfahrungen hatte, dem aber das Erlebnis einer dauerhaften Bindung – die er sucht – noch fehlt?
- Oder haben wir es mit einem *älteren* Menschen zu tun, der sich nach einer soeben gescheiterten Beziehung *neu* binden will?
- Wie *wichtig* und dauerhaft soll die Beziehung in der Fantasie des Patienten werden? Ist sie eher als ein Versuch und flüchtiges Abenteuer gedacht oder besteht die Hoffnung auf Beständigkeit?
- Wie viel *Anpassungsleistung* verlangt die neue Bindung? (Unterschied oder Gleichgewicht der Kräfte, der Interessen, der sozialen Herkunft und der finanziellen Lage.)
- In welchen „*Normalbereichen*" würden sich hinsichtlich des Zusammenlebens und der notwendigen Anpassungsleistung sowieso Schwierigkeiten ergeben? (Unterschiedlicher Gesundheitszustand, unterschiedliches Kräftemaß, sehr unterschiedliche Herkunft, unterschiedliche Interessen und Neigungen.)
- Wie reagieren die jeweiligen *Herkunftsfamilien* auf die Bindung? Wissen Sie Bescheid oder hält man es vor ihnen geheim? Sind Sie einverstanden oder ablehnend?
- Binden sich zwei Menschen in ausgesprochenem *Protest* gegen ihre Herkunftsfamilien?
- Soll eine schmerzlich empfundene *Einsamkeit* aufgehoben werden und wird doch gleichzeitig die dauerhafte *Nähe* eines anderen Menschen *gefürchtet*?
- Bestehen bei einem der beiden Partner oder gar bei beiden latente *Sehnsüchte*, dass der Partner all das erfüllen und ausgleichen möge, was die eigenen Eltern versäumt hatten?
- Bietet die neu gefundene Gemeinsamkeit eine *Basis* im *sozialen Umfeld* (gemeinsames Auftreten, gemeinsames Planen, gemeinsam zu einer Gruppe gehören), während das persönliche Miteinander eher als eine Belästigung empfunden wird?

Wenn wir diesen allgemeinen Hintergrund im Leben eines Patienten kennengelernt haben, dann können wir einen Schritt weitergehen und versuchen, die besonderen *neurotischen Konflikte* zu verstehen, die die neue Bindung mit sich gebracht hat und deren pathogene Wirkung schließlich zu seelisch bedingten Krankheitszeichen führte.

Die Spielbreite individueller Varianten ist hier freilich sehr groß. Ich begnüge mich nachstehend mit dem Bericht einer einzigen Krankengeschichte, die illustrieren soll, wie in diesem besonderen Fall die Auseinandersetzung einer jungen Frau mit einer neuen Liebesbeziehung das psychogene Krankheitsbild auslöste: Das neurotische Persönlichkeitsmuster der Patientin und ihr bisheriger Lebensweg hatten es ihr nicht erlaubt, das Konfliktpotenzial, das in der neuen Beziehung aktiv wurde, zu klären und zu bereinigen:

Die 26-jährige Studentin erkrankte mit Kopfschmerzen, Schwindelgefühlen und vaginistischen Beschwerden beim Sexualverkehr, als sie nach etwa zweijährigem Leben ohne einen Freund eine neue Partnerbeziehung aufnahm. Vaginistische Beschwerden hatte sie bei ihrer ersten Liebesbeziehung nicht gekannt.

Als neurologische Problematik ergaben sich nach der Anamnese folgende Konfliktbereiche:
- Die Patientin war noch mit deutlich neurotischen Elementen an ihre Herkunftsfamilie gebunden.
- Ihrem Partner gegenüber wechselte sie zwischen *Schutzsuche* und *Rivalität*.
- Die Patientin ersehnte und fürchtete die Dauerhaftigkeit dieser Bindung zugleich.

Die Freiheit und Unabhängigkeit der Patientin von ihrer Herkunftsfamilie besteht lediglich darin, dass sie nicht beobachtet wird, wenn sie ausgeht (was sie kaum tut) und dass sie Freunde empfangen kann, ohne dass die Eltern im Nebenzimmer sind.

Die Patientin hat zwei Jahre hindurch eine feste Beziehung zu einem Soziologiestudenten gehabt (erstes Studienfach der Patientin), der in eine Wohngemeinschaft zog und die Patientin aufforderte mitzukommen. Die Patientin hatte dazu keine Lust und trennte sich von der angeblich sowieso nicht voll befriedigenden Beziehung. Diese Trennung lag bereits 2 Jahre zurück. Die Patientin hatte in der Zwischenzeit den Verlust des Freundes durch zweimaligen Wechsel ihres Studienfaches „kompensiert". Durch ihren Bruder (Medizinstudent) kam sie einem seiner Freunde näher und ging mit ihm schließlich eine Bindung ein, die – wie sie hoffte – ihre Beziehung zu Eltern und Geschwistern vielleicht nur wenig tangieren würde.

Mit der Aufnahme dieser neuen Beziehung erkrankte die Patientin mit der oben geschilderten Symptomatik. Als der Freund nach einer relativ langen Phase der Geduld hinsichtlich der vaginistischen Beschwerden die Beziehung zu der Patientin beenden wollte, reagierte sie stark anklammernd, „lief ihm die Bude ein" (eigene Aussage) und bezog ihre eigene Familie mit viel Tränen und Aussprachen in ihre Problematik ein.

Die Patientin selbst war ratlos. Sie sah zwar einen gewissen Zusammenhang zwischen ihrer neuen Beziehung und der aufgetretenen Symptomatik, konnte sich aber keine Erklärung für ihre Schwierigkeiten zurechtlegen, weil sie in ihrer Beziehung zu dem früheren Freund keine ähnlichen Krankheitszeichen kennengelernt hatte.

Aus der Vorgeschichte der Patientin ließ sich folgende Konstellation herausarbeiten:

Die Patientin war Vaters *Liebling* und Bruders *Rivalin*. Beide Eltern waren streng, aber ganz ausschließlich auf die Fürsorge für ihre Kinder eingestellt. Wenn die Patientin von „wir" sprach, meinte sie nur ihre Geschwister. Die Mischung von Strenge und Fürsorge bei den Eltern und der Zusammenhalt mit den Geschwistern hatte die Patientin einerseits fest an ihre Herkunftsfamilie gebunden und ihr zugleich eine Fülle von wichtigen angstfreien Schritten ins Leben hinaus verbaut.

Der Wunsch des Vaters, dass alle seine Kinder studieren sollten, hatte in der Patientin den zugehörigen Protest gegen diesen Wunsch gezüchtet. Der zweimalige Studienwechsel bekundete, dass sie sich selbst nicht mit einer festen beruflichen Laufbahn identifizieren konnte. Als die Patientin spürte, dass ihr eine eigene berufliche Karriere große Schwierigkeiten bereiten würde, kamen bei ihr die (allerdings wenig reflektierten) Fantasien auf, dass sie in einer Ehe eine ähnlich gesicherte und feste Lebensform finden könnte wie die Mutter. Diesen Fantasien stand entgegen, dass die Patientin ihre Kindheit und Jugend hindurch immer gedacht hatte, dass sie auf keinen Fall so leben wollte wie die Mutter, die sich für Mann und Kinder aufopferte. Insofern war sie auch nicht darauf vorbereitet, sich ein Familienleben vorzustellen, das ihren eigenen Wünschen und Möglichkeiten entsprechen würde.

Im Hinblick auf die Gegenwartssituation der Patientin und ihre Kindheitsentwicklung erschien die Beziehung zu dem Freund des Bruders in besonderem Licht:

Zum einen war diese neue Bindung *wichtig*, weil die Patientin mit ihr die Vorstellung einer Heirat verknüpfte. Ein Verlust dieser Beziehung war stark *angstbesetzt*, weil die Patientin diese Ehe als eine hilfreiche Lösung erlebte, die sie von ihren neurotischen Schwierigkeiten bei der Berufswahl befreien sollte. Der bewusste Verzicht auf eine berufliche Karriere (ohne das Alibi der Ehe) war für die Patientin aus neurotischen Gründen nicht möglich: Sie trug die Wünsche des Vaters als „Überich-Forderungen" in sich und hätte die Preisgabe des Studiums ohne den – auch für den Vater legitimen – Grund der Heirat mit starker Angst beantwortet und sich davor gefürchtet, dass sie den Wünschen des Vaters nicht nachkäme.

Da die Patientin aber ein Leben hindurch in der Rivalität mit ihrem Bruder gelebt hatte, ging nun diese Dauerrivalität als „Übertragungsreaktion" auf den Freund des Bruders über. Das bedeutete, dass die Patientin gerade mit *dem* Mann, der ihr das Berufsleben ersparen sollte, zugleich in einen intensiven, wenn auch unbewussten Rivalitätskonflikt geriet, der zentral im beruflichen Feld ausgetragen wurde.

Zusammenfassend konnte man sagen, dass die neue Bindung für die Patientin aus mehreren Gründen eine starke *Versuchung* war: Die Patientin konnte sich eine Ehe mit dem Freund ihres Bruders schon deshalb vorstellen, weil diese Ehe ihre noch vorhandene Bindung an die Herkunftsfamilie sehr viel weniger tangiert hätte als die frühere Liebesbeziehung. Unter dieser Voraussetzung hätte sich für die Patientin dann auch die Möglichkeit ergeben, ihre Berufsprobleme mithilfe dieser Ehe zu beseitigen.

Andererseits würde aber die Preisgabe der Berufsentwicklung die Patientin mit ihren eigenen Überich-Forderungen und mit den Wünschen des Vaters in Konflikt bringen. Zugleich musste die Patientin spüren, dass sich ihre Dauerrivalität dem Bruder gegenüber auch in ihrer Beziehung zu dem Freund meldete. Da der Patientin aber das Gemisch widerstreitender Wünsche, Ängste, Fantasien und Hoffnungen nicht bewusst war, die Konflikte also auch nicht innerlich abgewogen und entschieden werden konnten, setzte sich der dauerhafte innere Erregungssturm in die aufgetretene Körpersymptomatik um, die zugleich die nahe sexuelle Beziehung zum Freund verhinderte.

Wie schon gesagt, wollte ich es in diesem Abschnitt mit der Darstellung einer einzigen Krankengeschichte bewenden lassen. Es würde den Rahmen dieses Buches weit überschreiten, wenn ich für die große Vielzahl neurotischer Probleme, die bei der Aufnahme einer neuen Beziehung aktiv werden können, noch weitere Beispiele hinzufügen würde. Insbesondere wird es nicht möglich sein, die zahlreichen sehnsüchtigen und oft auch illusionären Erwartungen zu beschreiben, die einen Menschen erfüllen können, wenn er sich eine neue Partnerschaft sucht, jene Erwartungen, die immer dann, wenn sie einer bewussten Verarbeitung nicht zugänglich sind, nach der ersten intensiven Gemeinsamkeit zu bitteren Enttäuschungen führen.

In Ergänzung zu der mehr oder weniger akuten Problematik, die sich schon beim Beginn einer Beziehung abzeichnet, will ich nun in den beiden folgenden Kapiteln zwei Problembereiche erörtern, die (im Gegensatz zu einem *neuen* lebensverändernden Ereignis) die Quelle für nicht endende neurotische *Dauerkonflikte* zwischen zwei Partnern abgeben können. Eines dieser Themen ist die erschwerte oder auch gänzlich ausbleibende sexuelle Befriedigung zwischen den Partnern.

3. Besondere sexuelle Probleme in der Partnerschaft

Seit Freud das Problem der zielgehemmten, verdrängten oder auf prägenitalen Stufen fixierten Sexualität in den Mittelpunkt der psychoanalytischen Beobachtungen gerückt hat, ergab sich im Verlauf der Jahrzehnte fast unmerklich eine neue normative Orientierung, die der sexuellen Harmonie zwischen zwei Partnern bzw. der sexuellen Erlebnisfähigkeit einer Frau oder eines Mannes einen sehr hohen Stellenwert beimaß. Als diese Gedankengänge in die Populärliteratur eindrangen, entwickelte sich in diesem Feld eine undifferenzierte und verflachte Betrachtungsweise, die nach meiner Erfahrung in den vergangenen Jahrzehnten einer Unzahl von jungen Paaren oder länger verheirateten Eheleuten Kummer bereitet haben.

Einige dieser Normvorstellungen will ich hier zunächst einmal benennen und zugleich korrigieren:

- Die gute sexuelle Übereinstimmung zwischen zwei Partnern soll ein Indikator für die allgemeine menschliche Übereinstimmung sein und gewissermaßen eine Garantie dafür abgeben, dass der Alltag – gegebenenfalls die Ehe – harmonisch verläuft.

Ich will gewiss nicht behaupten, dass das Gegenteil der Fall ist. Aber die rein sexuelle Faszination kann ein junges Paar sehr darüber täuschen, dass der Alltag keineswegs von dieser sexuellen Harmonie bestimmt wird, und dass zudem das längere Beisammensein eine Abflachung des Erlebens mit sich bringen kann.

- Das Fehlen einer guten sexuellen Übereinstimmung soll anzeigen, dass allgemein menschlich zwischen den Partnern „etwas nicht stimmt". Die These lautet dann: „Wenn wir uns wirklich liebten und wenn wir zusammenpassten, dann müsste es auch in sexueller Hinsicht eine gute Übereinstimmung geben."

Die Erfahrung zeigt, dass eine solche These nicht den wirklichen Gegebenheiten entspricht: Die Liebesbedingungen eines Menschen, die den sexuellen Bereich umfassen, können sehr individuell sein und unter Umständen sogar mit dem kontrastieren, was für das Zusammenleben im Alltag der Partnerin oder dem Partner erwartet wird (Beispiel hierzu S. 61).

Es hat sich eine einseitige normative Vorstellung herausgebildet, die speziell das sexuelle Erleben der *Frau* betrifft: Es ist zwar unter allgemeinen normalpsychologischen Aspekten akzeptiert, dass nicht jeder Mann auf jede Frau mit sexueller Erregung antwortet oder den sexuellen Akt mit ihr vollziehen könnte, gleichgültig, ob sie ihm gefällt oder nicht, ob sie jung oder alt ist, dick oder dünn, „attraktiv" oder körperlich wenig anziehend. Für das Erleben der Frau gilt es aber fast schon als normativer Grundsatz, dass sie – sofern sie sich einmal sexuell eingelassen hat – auch orgasmusfähig sein müsste. Darüber hinaus habe ich in den vergangenen Jahren viele junge Frauen fast beschämt mitteilen hören, dass sie leider „nur" einen klitoridalen Orgasmus hätten und keinen vaginalen. Unter den genannten neuen normativen Grundsätzen gilt vaginaler Orgasmus gewissermaßen als der „bessere" oder der „reifere".

Nun ist es gewiss kein Zweifel, dass der vaginale Orgasmus für die Frau ein sehr anderes Erleben bedeutet als der klitoridale Orgasmus. Man könnte sagen, dass der vaginale Orgasmus in Bezug auf die allgemeine innere Verfassung der Frau etwas mit Nachgeben zu tun hat, mit Entspannung und mit Vertrauen. Er stellt sich vielleicht eher ein, wenn die Frau dem Mann, den sie liebt oder allen Männern überhaupt, ausreichendes Vertrauen entgegenbringt.

Wenn man die Norm aufstellt, dass alle Frauen allen Männern gegenüber, mit denen sie sexuell zu tun haben, vertrauend-nachgebend eingestellt sein müssten, dann könnte man natürlich von jeder Frau, die sich in eine sexuelle Beziehung eingelassen hat, auch den vaginalen Orgasmus „verlangen". Wenn man aber unter psychologisch-anthropologischen Aspekten keinen Anhalt für eine solche normative Ausrichtung sieht, dann wird man diese Norm kaum aufrechterhalten wollen. Sicher ist es jedenfalls, dass der vaginale Orgasmus mit „Reife" oder besonders entwickelter „Fraulichkeit" nur sehr begrenzt in Verbindung gebracht werden darf.

Alles in allem sollten wir festhalten, dass sich mit Hinblick auf die soeben genannten vielfältigen normativen Vorstellungen zwischen jungen und älteren Paaren seit langem sehr viele Schwierigkeiten ergeben haben, die überflüssig wären, wenn die individuelle Zufriedenheit nicht an solchen Normen gemessen würde. Ganz gewiss fehlt in einer Partnerschaft sehr viel, wenn die sexuelle Gemeinschaft unbefriedigend bleibt. Andererseits ergibt sich aber aus der Vorstellung, dass eine Partnerschaft unbedingt gelöst werden müsste, wenn sich die sexuelle Zufriedenheit nicht einstellt oder verloren geht, eine Konsequenz, die meist auf nichts anderes hinausläuft, als dass die betreffenden Menschen in neuen Bindungen sehr ähnliche Schwierigkeiten erleben.

Im Folgenden gilt es nun, für einige der häufigsten sexuellen Konflikte und Krisenpunkte zwischen zwei Partnern die sogenannten „normalen" von den „neurotischen" Konstellationen abzuheben und zu trennen.

- Die sexuelle Bedürftigkeit der Partner ist *unterschiedlich*.

  - *Konfliktarme Situation:* Die sexuelle Bedürftigkeit des Mannes ist gering. Die Partnerin würde sich zwar eine stärkere sexuelle Aktivität ihres Mannes wünschen, gibt sich aber grundsätzlich mit der Situation zufrieden.
  Neurotische Konstellation: Die Bedürftigkeit des Mannes ist gering. Die Ehefrau empfindet seine Reaktionsform als eine Zurückweisung und einen Mangel, obgleich sie selbst frigide ist und ohne sexuelle Reaktionen. Die Frau nimmt die Haltung ein, dass der Mann ihr gewissermaßen „ihr Recht" vorenthält. In diesen Fällen sind sehr häufig sado-masochistische Verwicklungen im interaktionellen Muster der beteiligten Partner im Spiel. Sie können sich nicht damit zufrieden geben, dass der Alltag viele positive, gemeinsame Elemente enthält und faktisch keiner der Beteiligten in sexueller Hinsicht wirklich etwas entbehrt. Die Frau wertet den Mann ab, obgleich sie keine wirkliche Einbuße an Befriedigung erleidet. Der Mann reagiert mit Schuldbewusstsein.
  - *Konfliktarme Situation:* Die sexuelle Bedürftigkeit des Ehemannes ist intensiver als die der Frau. Die Frau passt sich seinen Bedürfnissen so gut es geht an.
  Neurotische Konstellation: Die Frau kann die Sexualität nicht einfach zulassen, sondern sie empfindet Ekel, Abwehr, reagiert gegebenenfalls mit Vaginismus. Sie beharrt darauf, dass der Mann sich ihrem Rhythmus anpassen müsse,

empört sich aber heftig, wenn der Mann zwischenzeitlich (um sie nicht zu bedrängen) onaniert.
- *Konfliktarme Situation:* Die sexuelle Bedürftigkeit der Frau ist geringer als die des Mannes. Sie lässt die Sexualität aber zu und empfindet in der Intimität und Zärtlichkeit ein Gefühl von Nähe und Zusammengehörigkeit, das sie sucht und braucht. Der Ehemann empfindet die geringe sexuelle Erlebnisfähigkeit seiner Frau zwar als Mangel, gibt sich aber mit Hinblick auf die sonstige gute Übereinstimmung zufrieden,
Neurotische Konstellation: Der Ehemann empfindet den fehlenden Orgasmus bei der Frau nicht einfach als eine Beeinträchtigung seines eigenen sexuellen Erlebnisablaufs, sondern er fühlt sich persönlich abgewertet. Er geht mit der Vermutung um, dass die Frau mit anderen Männern erlebnisfähiger wäre, oder er fantasiert, dass er selbst nicht die richtigen „Techniken" zur Verfügung hätte, um die Frau zufrieden zu stellen. Um die eigenen Insuffizienzgefühle abzuwehren, tendiert der Mann dazu, die Frau abzuwerten und spricht (mit Hinblick auf normative Wertvorstellungen) davon, dass die Frau wegen des fehlenden Orgasmus „keine richtige Frau sei". Andere neurotische Konstellation: Die Frau hält den Orgasmus tatsächlich zurück, um sich dem Mann „nicht auszuliefern". Subtile Tendenzen zur Demütigung des Mannes veranlassen sie zugleich, ihm von ihrer besseren Erlebnisfähigkeit mit anderen Männern zu erzählen. Zu ihrer eigenen Liebesbedingung gehört es allerdings, dass sie nur mit „ausgeflippten Typen" oder sehr unterlegenen Männern orgasmusfähig ist.

■ In der sexuellen Beziehung zwischen den Partnern hat sich ein *Wandel* eingestellt.

- *Konfliktarme Situation:* Beide wissen, dass dieser Wandel zu den sogenannten „normalen" Veränderungen hinsichtlich der wechselseitigen sexuellen Attraktivität und Zufriedenheit gehört und halten an der Partnerschaft fest.
Neurotische Konstellation: Die gestörte sexuelle Gemeinschaft ist tatsächlich ein Indikator für den Wandel einer ursprünglich neurotisch determinierten Partnerkonstellation, die jetzt aus tieferen (aber nicht primär sexuellen) Gründen in eine Krise gerät.

Beispiele:
Eine Partnerschaft oder eine Ehe wurde unter der Voraussetzung eingegangen, dass die Frau in vieler Hinsicht das Übergewicht hat: Sei es, dass sie die Verdienende war und der Mann noch studierte, sei es, dass sie genauso wie der Ehemann Geld verdiente, aber das Geld einteilte. Sei es auch, dass der sehr schüchterne Mann zu Beginn der Beziehung glücklich war, überhaupt eine Sexualpartnerin gefunden zu haben. Solche Konstellationen können sich ändern: Der Mann hat seine Ausbildung fertig, ist Verdienender, und die Frau gerät in eine ihr unerträgliche abhängige Position. Oder der

> Ehemann zieht mit der Frau gleich, verdient eventuell sogar mehr und beansprucht nun eine dominierende Rolle. Oder der anfänglich schüchterne Mann ohne andere sexuelle Vorerfahrungen verliert seine Schüchternheit, findet im Freundes- und Bekanntenkreis andere Frauen, die ihm gefallen, und merkt, dass er bei Frauen Anklang findet. Er verliert seine unterwürfig getönte Anhänglichkeit an die Frau und diese findet sich mit dem neuen Reaktionsmuster ihres Mannes nicht mehr zurecht.
>
> *Anderes Beispiel:* Eine junge Frau hat einen deutlich älteren, ihr überlegen erscheinenden Mann geheiratet und war in der neurotischen Rolle der abhängigen „Kind-Frau". Nach längerer Ehe ist sie selbstständig geworden, sieht den Mann mit anderen Augen und empfindet nun die sexuelle Hingabe als „Unterwerfung", gegen die sie rebelliert.

■ Die partnerschaftliche Beziehung wird von beiden Beteiligten hinsichtlich der wechselseitigen Ergänzung und Harmonie als sehr positiv geschildert. „Nur" in *sexueller Hinsicht* klagen beide Partner über die größten *Schwierigkeiten* miteinander. Es ergibt sich, dass die Persönlichkeitsstruktur der Beteiligten für den Alltag tatsächlich gute Voraussetzungen für das Zusammenleben mit sich bringt, zugleich aber gerade diese spezifische Struktur im Bereich der Sexualität eine Behinderung darstellt.

> **Beispiel:**
> Ein Ehepaar hatte sich im gleichen beruflichen Bereich gefunden (Fabrikarbeit), war längere Zeit befreundet, fand große Übereinstimmung in vielen Lebensbereichen und heiratete. Die Übereinstimmung bestand in der Freude am Wandern, am Sport und in dem Bedürfnis nach einem behaglichen Heim. Übereinstimmung bestand auch in der Tendenz zu betonter Ordentlichkeit und im Umgang mit Geld. Es wurde vorsichtig und sparsam eingeteilt, dafür aber mit dem gesparten Geld gemeinsam größere Anschaffungen geplant (Auto, Segelboot).
> Entsprechend ihrer zwanghaften Struktur war die Ehefrau nach Angaben des Mannes in sexueller Hinsicht etwas unbeweglich, wenig entgegenkommend, sogar abweisend bis prüde. Seine eigenen sexuellen Bedürfnisse waren nicht allzu intensiv. Da die Frau seine erste Partnerin gewesen war, hatte er den Sexualverkehr mit ihr anfangs als große Entlastung empfunden, und Unzufriedenheit oder Mangelgefühle waren nicht aufgetaucht.
> Als der Ehemann in der Fabrik einmal mit einer anderen Frau eine sexuelle Beziehung aufnahm, eröffneten sich ihm gänzlich neue Erlebnisse. Er kam zu der Vorstellung, dass seine Ehefrau sich in jedem Fall auch in sexueller Hinsicht anders (bzw. ähnlich wie seine Freundin) entwickeln müsste, damit sie zusammenleben könnten.
> Es wurde aber deutlich, dass sich die Ehefrau in Anbetracht ihrer zwangsneurotischen Struktur (bei sonstiger Gesundheit) nicht ohne Weiteres verändern konnte. Insbesondere konnte und sollte sie jene Eigenschaften nicht aufgeben, die der Mann im Alltag

> an ihr schätzte (Sportlichkeit, Fleiß, Sparsamkeit, Ordnung). Bei aller Gutwilligkeit und Bereitschaft, dem Ehemann entgegenzukommen, war sie nicht in der Lage, ihr sexuelles Verhalten gewissermaßen künstlich zu verändern. Die Entwicklung, die sich dann zwischen den beiden Menschen abspielte, war verhältnismäßig typisch: Der Ehemann zog im Verlauf einer sehr tief gehenden Ehekrise für eine Weile zu seiner Freundin. Er erlebte bald, dass die sexuelle Zufriedenheit, die ihn so fasziniert hatte, nach den ersten Wochen des Zusammenlebens nicht mehr so recht tut. Stattdessen war er von anderen Eigenschaften der Frau bald abgestoßen: angebliche Unpünktlichkeit, geringeres Ordnungsbedürfnis, häufig geäußerte Wünsche, in ein Lokal zu gehen und Abneigung gegen Wandern oder andere sportliche Betätigung.
>
> Für den Ehemann wurde nun eine wichtige alternative Entscheidung aktuell: Sollte er das sehr befriedigende alltägliche Zusammensein mit seiner Ehefrau wieder aufnehmen und auf die intensivere sexuelle Zufriedenheit bei seiner Freundin verzichten? Oder sollte er das Unbehagen im Tagesablauf mit der Freundin hinnehmen und dafür eine intensivere sexuelle Harmonie eintauschen? Da der Ehemann selbst eine Reihe von zwangsneurotischen Charakterzügen trug, schien es ihm im Endeffekt befriedigender zu sein, mit seiner Ehefrau zusammenzubleiben und der alltäglichen wechselseitigen Übereinstimmung den Vorzug vor der leidenschaftlichen sexuellen Befriedigung zu geben.

Dieses eine Beispiel soll für sehr viele andere stehen: Die Übereinstimmung im täglichen Miteinander, die auf der Übereinstimmung von gewissen neurotischen (wenn auch nicht schon pathogenen) Persönlichkeitsmustern beruht, ist häufig wichtiger und trägt eine Gemeinschaft besser und dauerhafter als intensiver, sexueller Erlebnisreichtum, der nicht gleichzeitig mit einer guten Übereinstimmung im Alltagsleben verbunden ist.

- Einer der Partner (oder beide) sind auf *sehr spezielle Praktiken* festgelegt.

Eine relativ konfliktarme Situation ergibt sich in solchen Fällen jedenfalls dann, wenn beide Partner hinsichtlich der sexuellen Praktiken übereinstimmen. Tatsächlich kann das Vorliegen einer korrespondierenden sexuellen Perversion für zwei Menschen zum festen Bindungskitt werden, wenngleich es sich hier um die Übereinstimmung in Bezug auf ein spezielles neurotisches Reaktionsmuster handelt. Beide Partner sind dann mit ihren fixierten sexuellen Bedürfnissen einander ähnlich und deshalb auch meist aufeinander angewiesen.

> Umgekehrt können aber die sehr festgelegten und speziellen sexuellen Wünsche des einen Partners *nicht* den sexuellen Reaktionsweisen des anderen entsprechen: Wenn die spezifischen sexuellen Praktiken sehr festgelegt sind (etwa bei Männern das Tragen von Frauenkleidern oder Frauenwäsche, Schlagepraktiken, Wunsch, geschlagen zu werden etc.) und die Partnerin oder der

Partner mit diesen Bedürfnissen nicht korrespondieren, dann ist auf Dauer in aller Regel mit einer Trennung der Beteiligten zu rechnen.

Die Variationsbreite der individuellen Konstellationen in diesem Bereich ist allerdings außerordentlich groß. Für manche Patienten wird es subjektiv zu einem sehr belastenden Problem, wenn sie beim Sexualverkehr oder auch beim Onanieren nur dann zum Orgasmus kommen, wenn sie sich bestimmte Fantasien herbeirufen (Vergewaltigungsfantasien, Schlagesituationen, Verkehr mit anderen Partnern etc.). Wegen der großen Vielzahl individueller Erlebnisweisen verbietet sich eine ausführliche Darlegung in dem jetzt abgehandelten Kapitel von selbst. Die Literatur zu diesem Thema ist schier unübersehbar. Ähnlich unübersehbar wie bei der folgenden Problematik:

- Einer der beiden Partner hat eine *neurotische Symptomatik* im *sexuellen Bereich* (Vaginismus, Potenzschwäche, Ejaculatio präcox etc.).

Bei solchen Krankheitssituationen stellt sich für den Therapeuten zunächst einmal die Frage, ob ein Patient diese Symptomatik immer und mit jedem Partner erlebt oder ob es sich um eine Symptomatik handelt, die tatsächlich nur den Hinweis auf eine besondere, den Einzelfall betreffende, neurotische Partnerkonstellation abgibt.

Sicherlich kann man für die Vielzahl der hier vorzufindenden Konstellationen keine generellen Hinweise für „Typisches" geben. Man würde die äußerst vielschichtige und komplexe Problematik so vereinfachen und verkürzen müssen, dass die Darstellung für den Leser eher hinderlich als informativ ist. Immerhin gibt es auch für diese Krankheitsbilder ein sehr reichhaltiges Schrifttum, das übrigens im Grunde in den Themenbereich einer aus vielen Gründen chronisch belasteten neurotischen Partnerproblematik gehört.

So erscheint es mir jetzt richtiger zu sein, wenn ich im Folgenden unmittelbar zu einem anderen Thema übergehe, das ebenfalls zu einem neurotischen Dauerproblem werden kann (das vielleicht auch die sexuelle Zufriedenheit der Partner empfindlich stört), das allerdings auch oft genug zu einer akuten Zuspitzung und damit zu einem lebensverändernden Ereignis bei einem Patienten führt: zur Rivalität in der Familie.

4. Die Rivalität in der Familie

Zu diesem Thema wäre allerdings erst einmal zu sagen, dass die Ausbildung von Rangordnungen und die zugehörigen Rivalitätskämpfe schon bei vielen sozial lebenden Tieren ein sogenanntes „artspezifisches" Verhalten darstellen. Auch für den Menschen dürfen wir wohl annehmen, dass die Gruppen bildende Motivationslage der einzelnen Individuen zu *seinen arterhaltenden Reaktionsmustern* gehört hat und dass die Ausbildung von Rangordnungen dazu führte, dass das stärkste, erfahrenste oder klügste Gruppenmitglied auch die wichtigen arterhaltenden Gruppenentscheidungen traf.

Rivalitätskämpfe um *Macht* und *Einfluss* heben sich in ihrer Psychodynamik allerdings von jenen Rivalitätsgefühlen ab, die sich auf *Lob* und *Anerkennung* beziehen. Der älteste *Brudermord* in der Geschichte – das Drama zwischen Kain und Abel – hatte die Rivalität der Brüder um die Gunst und die Anerkennung des Gott-Vaters zum Hintergrund. Dieses uralte Thema findet sich in vielen Varianten in allen nur denkbaren Geschwisterkonstellationen unserer Patienten wieder.

Der wichtigste und bekannteste *Vatermord* aus Mythos oder Legende ist das Drama des Königs Ödipus, der (unwissentlich) im Zorn seinen eigenen Vater erschlug. Die psychoanalytische Vorstellung rückt dabei die Rivalität des Sohnes mit dem Vater um die Gunst der Mutter in den Mittelpunkt dieser Tragödie. Wir sollten aber bedenken, dass dieser Vatermord (psychodynamisch gesehen) jedenfalls unmittelbare Reaktion auf einen versuchten *Sohnesmord* gewesen ist. Als König Laios seinen Sohn im Einverständnis mit der Mutter aussetzen ließ, wollte er einen jener zahlreichen Sohnesmorde begehen, von denen uns die Antike berichtet: Der Mythos vom „gefährlichen Sohn" war in jenen Jahrhunderten weit verbreitet und hatte wohl auch seine historische Berechtigung. Schon Kronos fraß seine Kinder, um der Gefahr des jungen Sohnes zu entgehen, der – jünger und stärker – zum Rivalen zu werden drohte.

Wir dürfen also sicherlich davon ausgehen, dass die Rivalitätskonflikte unter Geschwistern ebenso normal sind wie Rivalitätskonflikte zwischen Vätern und Söhnen oder Söhnen und Vätern. Wenn wir den Ursprung *neurotischer* Rivalitätskonflikte herausfinden wollen, können wir ihre Wurzeln in aller Regel bis in die Kinderzeit zurückverfolgen: Viele Kinder müssen sich wehrlos mit erheblichen Ungleichheiten auseinander setzen, die sowohl die Zuneigung und Liebe der Eltern betreffen können, wie auch die mitgegebene Ausrüstung an liebenswertem Aussehen, Kraft, Gesundheit und Verstand. Wenn der Vergleich mit einem geliebteren Bruder oder einer bevorzugten Schwester eine ganze Kindheit hindurch negativ ausfällt und keine angemessenen Ausgleichserlebnisse auftauchen, dann wird sich bei den aktiveren Menschen im Erwachsenenleben immer wieder eine Strebung durchsetzen, den Geltungs- und Rivalitätskampf mit altersnahen Menschen aufzunehmen. Sie werden neurotisch „geltungssüchtig" oder verstricken sich habituell in rivalisierende Auseinandersetzungen, bei denen sie dann aber – im Falle des Erfolges – *keine ausreichende Befriedigung* empfinden.

Kinder können allerdings auch bei etwa ähnlicher psycho-physischer Ausstattung von ihren Eltern sehr unterschiedlich aufgenommen und geliebt werden: Sei es, dass eine Mutter sich in ihrer Tochter wiederfindet und den Sohn ablehnt, sei es, dass der Vater den Sohn als Nachkommen begrüßt und von Mädchen nichts hält. Es gibt auch die bevorzugte Liebe zu einem Kind, das der eigenen Mutter, dem geliebten Bruder oder einer geliebten Schwester ähnlich zu werden verspricht. Und es gibt (umgekehrt) die Abneigung gegen ein Kind, das Ähnlichkeiten mit einem sehr gehassten Familienmitglied aufweist. Daneben gibt es den vergötterten Nachkömmling ebensogut wie das abgeschobene und unerwünschte letzte Kind, das die Kräfte der Mutter überfordert. Es gibt das geliebte „Sorgenkind" ebenso, wie die abgelehnte „Missgeburt", deren Existenz eine dauernde narzisstische Kränkung für die Eltern ist.

Aus solchen und ähnlichen Konstellationen, in denen sich ein Kind dauerhaft und vergeblich um die gleiche Liebe bemühen muss, wie sie der Bruder oder die Schwester erhalten, und vielleicht sogar im direkten Kampf mit den Geschwistern immer der Unterlegene bleibt, ergeben sich die zugehörigen neurotischen Persönlichkeitsmuster: Der später erwachsene Mensch erlebt rasch aufwallende Rivalitätsgefühle und stürzt sich auch dann unvermutet in Rivalitätskämpfe, wenn dafür kein realer äußerer Anlass gegeben ist. Wir werden den Rivalitätsproblemen eines Menschen sicherlich noch in mancherlei Varianten begegnen, wenn wir den Bereich der Berufs- und Arbeitswelt der Patienten ins Auge fassen. Wenn wir die familiären Lebensbereiche beschreiben wollen, in denen sich Rivalitätskonflikte zu einer pathogenen Situation verdichten, dann trennen wir am besten auf folgende Weise:

1. Die Rivalität in der eigenen neuen Familie
   - Häufigster Typ: Rivalität einer Frau mit dem eigenen Ehemann
   - Seltener: Rivalität eines Mannes mit seiner Ehefrau
   - Gelegentlich: Rivalität mit den eigenen Kindern
2. Rivalitätskonflikte (meist verborgen und nicht sofort auffindbar), die sich auf die *Herkunftsfamilie* beziehen.

Für die Rivalitätskonflikte, die eine Frau ihrem Freund oder Ehepartner gegenüber empfindet, hatte ich bereits auf Seite 56 ein Beispiel gebracht. Wenn eine Tochter dauernd im Schatten ihres Bruders stand, der zum Star der Familie wurde, dann ist es möglich, dass die später heranwachsende junge Frau auch mit ihrem eigenen Mann in einen dauerhaften Rivalitätskonflikt um Geltung und Leistung gerät.

Oder ein Sohn war neben der talentierteren älteren Schwester immer der Dummerjan der Familie. Er wählt einen sozial wenig geachteten gewerblichen Beruf und heiratet schließlich in „Schwesternübertragung" eine 2 Jahre ältere Frau, die eine angesehene Buchhalterin ist. Die verleugnete, aber dennoch in Haltungen sich durchsetzende Rivalität des Mannes seiner überlegenen Frau gegenüber gibt ständigen Anlass zu verdrießlichen Reibereien und wird zum krankheitsauslösenden Faktor, als die Ehefrau ihre günstigere Position in einer neuen Firma sogar noch ausbauen kann.

Das „Aschenputtel" in der Familie, das sich eine ganze Kindheit hindurch nicht neben der schönen Schwester und „Glanztochter" der Familie behaupten konnte, ist prädestiniert, langjährig immer dann den alten schmerzhaften Rivalitätsstachel zu erleben, wenn sie sich mit anderen Frauen vergleicht. Sie unterliegt dem Einfluss ihrer neurotischen Dynamismen auch dann, wenn die vermeintlichen Rivalinnen objektiv keineswegs anziehender oder schöner sind als sie selbst. Und wir beobachten bei diesen Frauen nicht selten, dass sie in ihrer unsicheren Identität als Frau kein Geschick erlangten, sich ein ansprechendes Äußeres zu geben, sondern dass sie sich entweder betont schmucklos oder gar betont nachlässig bis entstellend kleiden.

Rivalitätskonflikte, die sich zwischen zwei Ehepartnern abspielen, sind für den Beobachter meist relativ leicht zu erfassen und zu verstehen. Leichter jedenfalls als jene Probleme, die sich immer dann ergeben, wenn die überdauernden Rivalitätskonflikte mit den Geschwistern im *weiteren Lebensraum* der Patienten zum pathogenen Faktor werden:

Ein benachteiligter Bruder kann sich mit viel kompensatorischer Mühe zu einem bestimmten Niveau empor entwickelt haben, das ihn mit dem begünstigteren Bruder beruflich etwa auf eine Ebene stellt. Dann erlebt er, dass es dem langjährigen Rivalen gelingt, eine Frau für sich zu gewinnen, die durch ihr liebenswertes Äußeres in der gesamten Verwandtschaft Entzücken erregt und die zugleich noch wohlhabend ist. Die Freundin des Patienten selbst ist hingegen nach seiner eigenen Aussage „zweite Wahl", eine Frau, mit der er sich begnügte, weil das Mädchen, um das er eigentlich geworben hatte, ihm einen Korb gegeben hat.

Oder eine langjährig zurückgesetzte Tochter hat zwar eine eigene Familie gegründet und hat auch eigene Kinder, aber die dauerhafte Werbung um die Liebe der Mutter hat sie nicht aufgegeben. Durch zahlreiche Hilfs- und Dienstleistungen konnte sie sich schließlich eine gewisse Position erwerben. Die Patientin erkrankt, als sie erlebt, wie sie diese Position umgehend wieder verliert, als der „Liebling" auftaucht und all ihre Bereitschaft zur Übernahme von Pflichten und Verantwortung der Mutter gegenüber in deren Augen nun nichts mehr bedeutet. Die neurotische Symptomatik der Patientin bricht auch schon deshalb aus, weil diese einen Teil ihrer Rivalitätskonflikte mit der Schwester um die Liebe der Mutter auch in die eigene neue Familie hineingetragen hat: Ohne es zu bemerken, erträgt sie es nicht, wenn der Ehemann die zweitgeborene kleine Tochter vor dem Sohn bevorzugt und dieser Tochter (vermeintlich) mehr Liebe und Zuneigung widmet als der eigenen Frau.

Mit dieser soeben angedeuteten konflikthaften Problematik leite ich nun über zu dem nächsten Kapitel, das dem dauerhaften neurotischen Besitzkonflikt in einer Familie gewidmet sein soll. Allerdings will ich nicht versäumen, noch einmal darauf hinzuweisen, dass wir bei dem Thema „Rivalitätskonflikt" den Wunsch nach *Macht* und Einfluss von der Sehnsucht nach *Bewunderung* und Anerkennung abheben sollten. Und dass wir außerdem in Rechnung stellen, dass eine sogenannte neurotische „Geltungssucht" fast immer die Folge eines sehr frühen und schmerzlichen Verzichts ist: Das Kind musste in jungen Jahren die Hoffnung aufgeben, von den Eltern wirklich geliebt zu werden. Neurotisches *Geltungsstreben anstelle von Liebeswerbung* ist eine häufige neurotische Kompensationsform.

5. Besitzkonflikte in Partnerschaft und Familie („orale" Problematik)

Freud hatte bekanntlich zunächst die verdrängte und zielgehemmte Sexualität in den Mittelpunkt seiner Neurosenlehre gestellt und nach eigener Aussage erst später verstanden, dass auch der „Aggressionstrieb" zum Kernpunkt neurotischer Reaktionsweisen und Krankheitsbilder werden kann. Das „orale" Thema wurde dann in Berlin von Karl Abraham sehr deutlich herausgearbeitet und später von seiner Schülerin Melanie Klein in vielfältigen Varianten beschrieben. Unter anderem hat sie das Thema des neurotischen Neides behandelt. Auch Schultz-Hencke und seine Arbeitsgruppe haben die Eigenständigkeit „oraler" Erlebnisweisen für wichtig gehalten und diesem Erlebnisbereich eine mindestens ebenso große Eigenständigkeit zugewiesen wie dem des „Aggressionstriebes".

In der „orthodoxen" Gruppe der Psychoanalytiker nahmen und nehmen allerdings die oralen Themen sowohl bei Falldarstellungen wie in der Theorie einen eher begrenzten Raum ein. Sexualität und Aggressivität, Hass und Liebe waren und sind jene vorrangigen Triebregungen, die wir als Themen in den Darstellungen von Krankengeschichten dieser Arbeitsgruppe finden, während die „Oralität" nach wie vor – wie bei Freud – als ein „libidinöser Partialtrieb" angesehen und behandelt wird. Dabei hat das soziale Tabu, das auf der Erörterung der Geldprobleme gelegen hat oder zeitgeschichtlich noch liegt, gewiss auch viele Psychoanalytiker beeinflusst. Dies ist insofern nachteilig, als neurotische Geld- und Besitzprobleme in einer Familie mindestens ebenso häufig, wenn nicht häufiger, zum Krisen- und Konflikthed werden, wie aggressive Auseinandersetzungen, Rivalität oder Unzufriedenheiten im Bereich der Sexualität. Zudem können finanzielle Verwicklungen zwischen zwei Menschen häufig nur sehr schwer gelöst werden: Selbst wenn sich schon längst herausgestellt hat, dass Zuneigung, Sympathie und sexuelle Übereinstimmung bei einem Paar verloren gegangen sind und dass täglicher Streit den Alltag beherrscht, können doch die wechselseitigen ökonomischen Abhängigkeiten noch so verflochten sein, dass das finanzielle Element (zum Nachteil für alle Beteiligten) zur entscheidenden Klammer der Gemeinsamkeit geworden ist.

Genauere Einzelheiten über neurotische Reaktionsweisen im Bereich von Eigentum, Geld und Besitz will ich erst in einem späteren Kapitel darstellen. In diesem Abschnitt will ich nur einige Anhaltspunkte dafür geben, wo man die Quellen für konflikthafte finanzielle Auseinandersetzungen zwischen Partnern und Familien suchen kann, und zugleich an drei Fallbeispielen die hierhergehörige neurotische Reaktionsweise illustrieren. Bei der Beurteilung ökonomischer Probleme in einer Partnerbeziehung ist es ratsam, zunächst einen Überblick über folgende Fragen zu gewinnen:

1. Vermögenslage beider Partner zum Zeitpunkt, in dem die Bindung eingegangen wurde
   - Sehr ungleiche Lage (ein Partner vermögend, ein Partner besitzlos; oder: ein Partner hohe Schulden, ein Partner per „altruistische Abtretung" bereit, diese Schulden zu übernehmen).
   - Einigermaßen ähnliche Besitzlage.

2. Besitzverhältnisse in den Herkunftsfamilien.
   - Etwa ähnliche Besitzverhältnisse.
   - Sehr ungleiche Besitzverhältnisse.
   - Erbschaftskonflikte mit Geschwistern zu erwarten.
3. Gegenwärtige Einkommensverhältnisse der Partner.
   - Ein Partner verdient, ein Partner versorgt den Haushalt.
   - Beide Partner verdienen in etwa gleicher Höhe.
   - Beide Partner verdienen, aber in sehr unterschiedlicher Höhe.
   - Keiner der Partner verdient (der Haushalt wird durch Angehörige oder Ämter finanziert).
4. Umgang mit Geld und Besitz.
   - Etwa ähnliche Tendenzen, Geld einzuteilen und zu verwalten: z. B. ähnliche Neigung, gewisse Rücklagen anzusammeln, Vorsicht beim Ausgeben größerer Summen, Einteilen auch von kleinen Summen.
   - Erhebliche Unterschiede im Umgang mit Geld und Eigentum: z. B. ein Partner neigt zum Schuldenmachen und planloser Geldwirtschaft, der andere spart, sammelt und reagiert mit Verlustängsten, wenn kein hohes Sparkonto vorhanden ist.

Die Variabilität der Gewohnheiten im Umgang mit Geld ist bei den Menschen groß. Ebenso zahlreich sind die verschiedenen Arrangements, die zwei Partner in Bezug auf ihre Vermögenslage miteinander treffen. Gewiss sind Unstimmigkeiten und Ärgernisse, die zwei Menschen bei der Klärung finanzieller Probleme miteinander erleben, zahlreich. Aber ebenso gewiss sind sie auch nicht immer neurotisch. Ich gebe im Folgenden drei einprägsame Beispiele von Krankengeschichten, in denen die finanziellen Verwicklungen einer Ehesituation aus *neurotischen Gründen* den Stellenwert einer auslösenden Konfliktsituation gehabt haben.

Fall 1: Verdrängte Geldproblematik

Eine 26-jährige, adrett und in gewisser Weise „drahtig" wirkende junge Fabrikarbeiterin kommt wegen Ohnmachtsanwandlungen und Schwindelzuständen. Sie ist krankgeschrieben und kann weder wie früher an einer Maschine arbeiten noch an Betriebsratssitzungen teilnehmen, da sie niemals sicher ist, ob sie nicht von den Schwindelzuständen überfallen wird. Die Symptomatik besteht seit etwa 3 Monaten.

> Die Patientin hat aus erster geschiedener Ehe bereits einen 8-jährigen Jungen, der aber bei seinem Vater lebt. Die Ehe wurde übereilt des Kindes wegen geschlossen. Der Vater sei Alkoholiker gewesen. Die Trennung erfolgte früh, und das Kind blieb beim Vater. Die Patientin ist jetzt mit einem 33-jährigen Mann verheiratet, der noch in der Umschulung ist und einmal Sozialarbeiter werden will.

> Dieser Ehemann hat ebenfalls eine gescheiterte Ehe hinter sich. Er fand seine Frau mit einem anderen Mann im Bett und ließ sich umgehend scheiden. Auch er hat ein Kind aus dieser Ehe, das bei der Mutter blieb und für das er regelmäßig zahlt (wie auch die Patientin), ohne dass er engeren Kontakt zu diesem Kind hätte.
>
> Die Patientin trägt als *Problem* ihrer *Ehesituation* vor, dass ihr Mann sie sehr bedränge, weil er mit ihr jetzt bald ein Kind haben wolle. Er hätte seine Tochter der Frau überlassen müssen, sie – die Patientin – hätte ebenfalls ihren Sohn dem ersten Mann übergeben. Es wäre wichtig, wenn ihre Ehe jetzt durch ein gemeinsames Kind Erfüllung und Halt fände. Die Patientin ist voll von Schuldgefühlen, weil sie diesem Wunsch ihres Mannes nach einem Kind nicht begeistert folgt. Zurzeit kann sie ihre Krankheit als Begründung dafür heranziehen, dass sie nicht in der Lage ist, ein Kind zur Welt zu bringen und zu versorgen.

Die *Verdrängungsdecke* bei der Patientin, die den finanziellen-oralen Bereich betrifft, ist so erheblich, dass ich erst im dritten Gespräch mit ihr die sogenannte „orale" Problematik ergründe, die einen wesentlichen Anteil an dem Widerstand der Patientin gegen ein weiteres Kind hat. Zugleich wirft diese Problematik ein besonderes Licht auf das Beziehungsmuster, das die beiden Eheleute miteinander verbindet:

> Die Patientin berichtet mir, als ich mich nach ihren finanziellen Verpflichtungen und Möglichkeiten erkundige, dass sie bei der Heirat mit ihrem jetzigen Mann von dem Ehemann DM 20 000 an *Schulden* übernommen und auf ihr eigenes Konto als Verpflichtung eingesetzt hätte (!). Dies sei deshalb geschehen, weil ihr Mann seine Schulden auf sehr vielen verschiedenen Konten gehabt hätte. Er habe auch sein eigenes Konto bei der Bank nicht mehr überziehen dürfen. Sie selbst habe daher mit ihrer Bank das Arrangement getroffen, dass die Gesamtschulden auf diese ihre eigene Bank übertragen würden und dass sie das Geld mit entsprechendem Zins- und Tilgungssatz innerhalb der nächsten 5 Jahre zurückzahlen würde.
>
> Die Patientin hat eine verhältnismäßig hohe Summe für diese Tilgungs- und Zinszahlung angesetzt. Sie kann sie aber erfüllen, da sie eine tüchtige Arbeiterin ist, die einen hohen Stundenlohn hat. Die Patientin kann aber mit Hinblick auf diese Schuldensituation selbst ihr Konto nicht mehr überziehen. Hingegen hat der Ehemann, der zurzeit BAföG bezieht, gelegentlich die Möglichkeit, „in die roten Zahlen" zu gehen. Der Ehemann hat zwar eine Arbeitsstelle in Aussicht, diese ist aber noch ungesichert, und es ist auch schon vorherzusehen, dass er auf keinen Fall so viel verdienen würde, wie die Patientin zurzeit in den gemeinsamen Haushalt einbringt.

Diskussion: Für den Außenstehenden liegt nach der Schilderung der Patientin folgende *Realsituation* auf der Hand: Wenn die Patientin ein Kind haben würde, hätte sie zwar für eine Weile Anspruch auf Mutterschutz und Mutterschaftsurlaub. Dann aber müsste sie das Kind entweder in die Krippe geben (was sie auf keinen Fall will), um weiter hoch zu verdienen, oder sie würde das Kind selbst versorgen, dann aber nicht mehr arbeiten und damit auch nicht in der Lage sein, die Schulden des Mannes abzuzahlen. Noch weniger könnte dann eine 3-köpfige Familie von dem Verdienst des Mannes allein einigermaßen auskömmlich leben. Immerhin fuhr das Ehepaar zur Zeit der Konsultation einen BMW, hatte eine komfortabel eingerichtete 3-Zimmer-Wohnung und machte Reisen. Überdies wurden auch die Summen für die beiden Kinder aus den ersten Ehen von der Patientin beglichen.

Das *neurotische Problem* in dieser Konstellation lag im Wesentlichen in der Unfähigkeit der Patientin, diese real gegebene Situation als faktisches Hindernis für eine zweite Schwangerschaft zu erkennen und mit dem Ehemann zu besprechen. Aus vielfältig determinierten Gründen ließ sie sich einreden, dass tatsächlich die Mutterschaft zum gegebenen Zeitpunkt das Richtige und „Normale" wäre.

Auf der Seite des Ehemannes (den ich kurz kennen lernte) war dabei ganz deutlich zu spüren, dass sein Wunsch nach einem Kind sehr stark davon beherrscht war, dass er seine Frau mit diesem Kind festhalten wollte. Er verleugnete seinerseits die drohenden Geldschwierigkeiten und sprach in neurotischem Pseudooptimismus davon, dass sich „alles schon regeln würde".

Im Hintergrund spürten wohl beide Eheleute, dass sie sich in illusionärer Verkennung der gegebenen Lage von der zweiten Ehe die Kompensation aller Kümmernisse aus den missglückten ersten Ehen erwarteten. Dabei war das Kind von Seiten des Mannes nicht nur aus Kinderliebe geplant, sondern gewissermaßen als Kitt für die Ehe und aus Angst vor dem Verlust der jetzigen für ihn sehr wichtigen Bindung.

Die Patientin selbst hatte ein Leben hindurch in „altruistischer Abtretung" Sorgen, Probleme und Schwierigkeiten anderer auf die eigenen Schultern genommen und ihre eigenen Bedürfnisse zurückgestellt. Zur Zeit der Untersuchung war sie dann schließlich mit einer neurotischen Symptomatik erkrankt, weil sie auf den Mechanismus der neurotischen Hilfsbereitschaft festgelegt war und das selbstschädigende Arrangement, um das ihr Mann sie bat, weder erkennen noch abwehren konnte.

Fall 2: Sehr ungleiche Vermögensverhältnisse

Ein 36-jähriger Jurist kam mit einer Magensymptomatik und depressiven Verstimmungen. Auch seine Frau kränkelte mit zahlreichen „nervösen" Beschwerden. An „lebensverändernden Ereignissen" war vorausgegangen, dass die Ehefrau einen erheblichen Teil ihres eigenen Vermögens verloren hatte. Der Patient selbst hatte sich finanziell sehr deutlich verbessert. Die finanziellen Möglichkeiten des Paares waren (in der Summe gesehen) fast unverändert geblieben, es hatte sich aber eine nicht unerhebliche Verschiebung des Gleichgewichtes zu Gunsten des Mannes vollzogen.

Die Wurzeln für den sich jetzt abspielenden neurotischen Konflikt waren in folgender Vorgeschichte zu finden:

> Der Patient hatte kurz nach Beendigung des Studiums in eine sehr wohlhabende Kaufmannsfamilie „eingeheiratet". Seine Frau war eine hübsche und lebendige, aber sehr verwöhnte junge Person, die mit großem Vermögen rechnen konnte. Der juristisch gebildete Schwiegersohn war in der Familie der Frau willkommen, weil er als späterer Wirtschaftsjurist gut in der Lage war, das große Vermögen der Familie zu verwalten.
> Es gab eine Sprachregelung in der Familie, das die unterschiedlichen Vermögensverhältnisse der Eheleute belanglos wären. Der Ehemann habe durch seine Umsicht und seinen Verstand zur Mehrung und Wahrung des Vermögens in großem Umfang beigetragen. Diese „Sprachregelung" war vermutlich objektiv richtig. Trotzdem blieben bestimmte Hintergrundsprobleme weiterhin aktiv: Keiner der beiden Partner konnte die Erinnerungen seiner eigenen Kinderzeit ganz abschütteln. Der Ehemann – er stammte aus sehr kleinen bäuerlichen Verhältnissen – war als talentierter Junge in die Stadt auf's Gymnasium gegeben worden. Dort hatte er seinen Weg gemacht. Seine Kindheit war von Armut und Sparsamkeit bestimmt gewesen. Die Tendenz, durch Fleiß und Tüchtigkeit aufzusteigen, hatte sich durchgesetzt und auch zum Erfolg geführt.
> Die Ehefrau hatte nie etwas anderes kennengelernt als Wohlstand, Überfluss und sehr großzügigen Lebensstil, wenngleich geistige Interessen in der Familie wenig gepflegt wurden. Zu Beginn der Ehe waren beide Eheleute nicht nur sehr ineinander verliebt, sondern auch wechselseitig aufeinander stolz. Die junge Frau, dass sie einen intelligenten und gut aussehenden Akademiker heiratete. Der Ehemann, dass er eine hübsche, ansehnliche und wohlhabende Frau für sich gewonnen hatte, mit der er sich sehen lassen konnte.
> Der Lebensstil des Ehepaares wurde von den Gewohnheiten der Ehefrau bestimmt. Dies bot zunächst auch keine Probleme, da der spätere Patient sich ganz gern in den neuen Lebensstil hineinfand. Eine erhebliche Krise ergab sich dann erstmals, als der Patient spürte, dass es für ihn abträglich sei, im Wirtschaftsunternehmen der Schwiegereltern den „Hausjuristen" abzugeben. Er wollte sich verselbstständigen oder Mitarbeiter eines anderen Konzerns werden. Mit der Verwirklichung dieser Pläne trat eine erste Verschiebung in dem verborgenen Gleichgewicht der Familie ein. Die Schwierigkeiten spitzten sich zu, als das Wirtschaftsunternehmen des Schwiegervaters des Patienten in eine große Krise geriet und schließlich Konkurs anmelden musste. Die Ehefrau verlor zwar nicht vollständig ihren Vermögenshintergrund, aber doch einen beträchtlichen Teil, und so hatte sich die oben erwähnte Verschiebung im Gleichgewicht zwischen den Eheleuten zu Gunsten des Ehemannes ergeben.

In dieser veränderten Situation wäre es auf Seiten der Ehefrau nötig gewesen, dass sie ihre früheren Lebensgewohnheiten und ihre Neigung zu luxuriösen Extravaganzen aufgegeben hätte. Sie hatte nicht mehr so viel persönliches Vermögen, um das aus eigener Kraft zu bestreiten. Der Verdienst des Ehemannes war zwar immer noch hoch, aber der griff jetzt auf die Lebensgewohnheiten seiner eigenen Kinderjahre zurück: Er neigte eher dazu zu sparen, einzuteilen und zu verwalten und wollte bestimmte Luxuswünsche seiner Frau nicht mehr erfüllen.

Für den Freundeskreis oder den naiven Betrachter hatte sich in der finanziellen Situation der Eheleute gar nicht so sehr viel verändert. Verändert hatte sich hingegen das sublime Kräftespiel zwischen den Eheleuten: Auf beiden Seiten kam eine neurotische Unfähigkeit zutage, die neu gegebene Situation zu reflektieren, die Schwierigkeiten zu besprechen und einen Ausgleich zu suchen. Der *Dauerstreit* in dieser Ehe ging nun um Geld. Obgleich durchaus noch genügend Geld vorhanden war, um auch verhältnismäßig hohen Ansprüchen zu genügen, wurden Einzelprobleme immer wieder zum Auslöser von hasserfüllten Auseinandersetzungen. Die hier vorliegende finanzielle Dauerproblematik konnte ohne therapeutische Hilfe nicht geklärt und gelöst werden.

Fall 3: Geldverwaltung und Macht

Eine 42-jährige Patientin erkrankt mit einer Straßenangst, die sie hindert, die kleinsten Einkäufe zu machen. Sie muss regelmäßig von einer befreundeten Nachbarin im Hause begleitet werden, sofern nicht der Ehemann nach Arbeitsschluss diese Schutzfunktion übernimmt.

> Die finanzielle Problematik, die im Hintergrund der Ehekrise stand, war durch folgende Eigentümlichkeiten gekennzeichnet: Der Ehemann war Alleinverdienender, er hatte aber keinen Überblick über das Geld, sondern gab seiner Frau alles und vertraute ihr, dass sie das Geld gut einteilen würde.
>
> Die Frau hatte früh gelernt, mit kleinen Beträgen sehr genau zu rechnen. Sie gehörte zu jenen Frauen, die „aus nichts etwas machen". Ohne dass die Familie es sehr zu spüren bekam, verstand sie es, durch geschicktes Einkaufen den Etat für das Essen, für die Kleidung, für die Reinhaltung der Wohnung u. ä. so niedrig zu halten, dass sie immer noch etwas Geld zurückbehielt und einen sogenannten Notgroschen beiseite legte. Der Ehemann „prahlte" mit seiner Frau, die nicht nur sehr ansehnlich aussah, sondern die auch den Haushalt so geschickt zu führen wusste. Er brachte gerne seine Freunde mit nach Hause in die Wohnung, die besonders anheimelnd eingerichtet war.
>
> Die Patientin lebte in der Vorstellung, dass das von ihr gut verwaltete Geld und die erwirtschaftete finanzielle Rücklage auch in ihren Zuständigkeitsbereich gehörte. Zu dieser Vorstellung hatte sie gewiss auch in den Augen ihrer Umwelt ein Anrecht.
>
> Unvermutet setzte sich aber bei dem Ehemann gerade in dieser Hinsicht ein *Machtanspruch* durch. Aus zahlreichen – hier nicht näher zu beschreibenden – Gründen hatte er sich seiner Ehefrau doch immer in vielerlei Hinsicht unterlegen gefühlt. Eines der Motive für dieses Unterlegenheitsgefühl wurzelte gewiss in der Tatsache, dass er wenig Überblick über Geld hatte, Finanzaktionen gar nicht kannte und die umsichtige Frau nicht nur beneidete, sondern ihr Übergewicht gelegentlich doch als recht störend empfand.

> Als die Ehefrau DM 10 000 angespart hatte, ging er eines Tages hin und kaufte sich – ohne die Ehefrau zu fragen – in einen Bausparvertrag ein, um später mithilfe dieses Bausparvertrages an seinem Heimatort die Schwester auszahlen zu können, wenn die Mutter, die ein Haus besaß, verstorben war. Er wollte dann selbst mit seiner Frau in diesem Haus leben. Die Patientin hatte dagegen nicht den geringsten Impuls, aus der eigenen Stadt wegzuziehen und an den Heimatort des Mannes zu gehen. Zudem war sie empört über den Vertrauensbruch.

Die *neurotische Problematik*, die hinter dieser kurz skizzierten Situation wirksam war, bekundete sich schon im Verhalten der Patientin: Sie gab ihrem Mann zunächst nach, war zwar empört, trauerte auch über das verlorene Geld, fügte sich dann aber in den Wunsch des Mannes, das Geld für die Auszahlung der Schwester zu benutzen. Als die Straßenangst ausbrach, war leicht zu sehen, dass das Krankheitsgeschehen sehr vielfältig determiniert war:

In der Beziehung zu ihrem Mann bekundete sich die neurotische Problematik der Patientin hauptsächlich durch ihre dauerhafte Verleugnung seiner Unterlegenheit. Gleichzeitig verdrängte sie alle eigenen Wünsche, sich vielleicht doch noch einmal von ihm zu lösen. Diese Verdrängung blieb auch mit Hinblick auf die Anhänglichkeitsgefühle der Patientin aktiv. Der Mann war nicht nur immer für ihre gemeinsamen Kinder ein treuer Familienvater gewesen. Er hatte die Patientin auch mit einem unehelichen kleinen Jungen geheiratet und diesen voll als seinen eigenen Sohn akzeptiert. Hier lagen für die Patientin zwei gegensätzliche Impulse im unbewussten Widerstreit: der Wunsch, sich zu lösen einerseits, die Anhänglichkeit an die langjährig gelebte Ehe andererseits. In der Tendenz, sich selbst die Unterlegenheit des Mannes nicht allzu deutlich werden zu lassen, hatte die Patientin ihre eigene Tüchtigkeit in finanziellen Dingen immer heruntergespielt. Zugleich hatte sie aber doch die Macht genossen, die mit der Verwaltung des erarbeiteten Geldes des Ehemannes zusammenhing. Dieses langjährige Interaktionsmuster zwischen den Eheleuten hatte dann bei der Patientin zu einer Unfähigkeit geführt, die gegebene reale Finanzsituation mit ihrem Mann zu besprechen und schließlich – anlässlich der aufgekommenen Eigenmächtigkeiten des Ehemannes – verhindert, dass sie die eigenen Ansprüche geltend machen und durchsetzen konnte. Die Bereitschaft der Patientin, sich in die Wünsche ihres Mannes zu fügen, war deutlich neurotisch determiniert: Die durchaus tatkräftige Frau hätte eine kämpferische Auseinandersetzung mit dem Ehemann jedenfalls doch riskiert, wenn sie nicht gleichzeitig hätte fürchten müssen, dass sie bei einem solchen Kampf die Selbstachtung ihres Mannes erheblich infrage stellen würde und dass damit das (neurotische) Gleichgewicht zwischen ihnen beiden eine harte Probe zu bestehen hätte.

Gewiss kam für die Patientin auch noch hinzu, dass die gemeinsame Betreuung der vier Kinder für beide Eheleute ein stark bindendes Element gewesen war, das die Patientin auch über manche Enttäuschung an ihrem Mann hinweggetröstet hatte. Als alle Kinder von den Eltern in eine gute Berufsausbildung hineingeführt worden waren, hätte die 45-jährige Patientin gut noch einmal ein eigenes neues Berufsleben beginnen können. Sie strebte diese Entwicklung im Grunde auch an und erlebte dann, dass der Ehemann einen Riegel vor eine solche Verselbstständigungstendenz schob, indem er sich heimlich und ohne ihr Wissen den Weg dafür ebnete, in seinen Heimatort und zu den Verwandten seiner Herkunftsfamilie zurückzukehren.

Da alle vier Kinder einen gänzlich anderen Lebensstil lebten als es den Eltern möglich gewesen war, hatte der Ehemann sich schließlich von seinen Kindern zurückgezogen. Die Patientin selbst war in dieser Hinsicht ambivalenter. Sie wünschte sich zwar ein selbstständiges und freieres Leben. Mit Hinblick auf eine Reihe von neurotischen Ängsten und Behinderungen war sie aber doch nicht in der Lage, diesen Weg klar auszufantasieren und auch die Ehesituation ebenso wie die Beziehung zu ihren Kindern noch einmal zu überdenken: Die Symptomatik brach aus.

Die Beziehung der Patientin zu ihren Kindern hatte dabei im Bedingungsgefüge ihrer Krankheit eine recht große – hier nicht genauer erörterte – Rolle gespielt. Im nächsten Kapitel werden wir mehr Einzelheiten darüber hören, wie die Beziehung zu den eigenen Kindern das Leben erwachsener Menschen beeinflussen kann und wie sich unter bestimmten Bedingungen die Lösung der älteren Generation von der jüngeren gestaltet.

6. Die Beziehung zu den eigenen Kindern

In unserem Kulturkreis ist es seit einigen Jahren möglich, eine einigermaßen zuverlässige Familienplanung zu betreiben. Unter den Müttern und Vätern der jetzigen jungen Elterngeneration werden wir also weniger Menschen finden, für die es im bewussten Erleben eine Katastrophe bedeutet, dass eine Schwangerschaft gänzlich gegen ihre Absicht eingetreten ist. Die Zahl der sehr jungen Mütter, die unehelich schwanger werden, geht zurück. Insgesamt heißt es, dass zurzeit etwa 30 Prozent aller Frauen kinderlos bleiben und dass man damit rechnet, dass in Zukunft etwa 40 Prozent aller Frauen keine Kinder haben werden. Man möchte also hoffen, dass die Zahl der Kinder, denen das Schicksal von vornherein ein unglückliches Los zugeteilt hatte, weil die Gesundheit der Mutter, die sozialen Verhältnisse oder die Ehesituation gänzlich zerrüttet waren, inzwischen zurückgegangen ist. Für den kinderpsychiatrisch geschulten Beobachter ist aber deutlich, dass zwar die sehr gravierenden Belastungen in einem Kinderschicksal gemindert sind, dass wir es aber andererseits mit neuen Problemen zu tun haben.

Für junge Frauen, die eine Berufsausbildung absolviert haben, wird es (vor allem, wenn sie einen anspruchsvollen Beruf nach langer Ausbildung erreichen konnten) häufig zu einem echt antinomischen Konflikt, wenn sie vor der Entscheidung stehen, ob sie wirklich ein Kind haben wollen, für das sie dann ihre berufliche Tätigkeit entweder zunächst ganz aufgeben müssten oder doch mindestens sehr einschränken! Fällt bei einer solchen Frau die Entscheidung für das Kind aus, dann darf man gewiss in einer großen Zahl der Fälle damit rechnen, dass der Umgang mit dem Kind – so anstrengend er sein mag – doch so viel neue und vertiefte Gefühlsmöglichkeiten für die Frau mit sich bringt, dass sie ihren Entschluss nicht bereut. Es gibt aber ebenso gewiss auch Situationen, in denen sich die Dauerambivalenz der Frau weiterhin durchsetzt: Sie möchte zwar die Kinder, die sie geboren hat, auf keinen Fall mehr missen. Andererseits leidet sie aber doch sehr darunter, dass sie an jenem expansiven Leben nicht mehr teilnehmen kann, das sie einmal mit ihrer Berufsausbildung geplant hatte. Ein solcher Konflikt braucht nicht neurotisch zu sein. Es handelt sich um eine normale – und oft sehr schwierige – Entscheidung für eine Lebensentwicklung, die die Preisgabe wichtiger Interessen verlangt. Und dies auch dann, wenn es der Frau gelingt, wenigstens in gewissem Umfang weiterhin berufstätig zu bleiben.

Das neurotische Gegenbeispiel zu der soeben geschilderten schwierigen Entscheidungssituation finden wir in folgender Konstellation: Eine Frau hat eine Berufsausbildung. Sie glaubt auch auf der bewussten Ebene, dass ihr an der Ausübung ihres Berufes sehr viel gelegen sei. Andererseits spürt sie halbbewusst, dass sie den Anforderungen und der Härte des Berufslebens doch nicht ganz gewachsen ist. Ihr Kinderwunsch entspringt dann dem (neurotischen) und unbewussten Motiv, der Berufstätigkeit zu entfliehen.

Diese Situation sollte man nicht verwechseln mit der ganz normalen Entscheidung einer Frau, die am Umgang mit Kindern und am Familienleben mehr Freude hat als an irgendeiner Berufstätigkeit.

Neurotische Motive für einen Kinderwunsch gibt es bei Frauen wie bei Männern in großer Zahl. Ich will nur einige davon nennen und gleich hinzufügen, dass es noch nicht gesichert ist, ob ein Kinderwunsch, der aus neurotischen Quellen stammte, später die Eltern-Kind-Beziehung so nachteilig beeinflussen muss, dass das Kind Schaden nimmt. Immerhin ist es nützlich, sich bei der jetzigen jungen Elterngeneration – wenn sie als Patienten zu uns kommen – ein Bild darüber zu machen, wie die Beweggründe ausgesehen haben, die sie veranlassten, ein Kind zu haben.

Es gibt die bewusst und trotzig angelegte Schwangerschaft junger Leute, die auf diesem Weg die Einwilligung ihrer Eltern zur Ehe erzwingen wollen. Diesen jungen Menschen fehlt meist eine konkrete Vorstellung darüber, wie stark ein Kind in den hilflosen Säuglingsjahren seine Eltern beansprucht und wie einschneidend sich das Leben eines Elternpaares mit einem Kind verändert. Es gibt den schon erwähnten Wunsch einer Frau, dem Beruf zu entfliehen. Es gibt auf Seiten des Mannes (nach meiner Erfahrung häufiger als bei einer Frau) den Wunsch, mithilfe eines Kindes die Frau an sich zu binden und die Ehe zu halten. Es gibt auch zwischen einem Ehepaar die Entscheidung, eine vermeintlich abgeschlossene tief greifende Krise in ihrer Beziehung dadurch zu beenden, dass sie gemeinsam ein Kind haben. Es gibt – selten – den Kinderwunsch bei einer Frau Ende dreißig, wenn sie erlebt, dass ihre eigene heranwachsende Tochter mit 18 Jahren heiratet und ein Baby erwartet.

Wie gesagt, braucht ein ursprünglich einmal neurotisch determinierter Kinderwunsch nicht unbedingt dazu zu führen, dass die Eltern-Kind-Beziehung dauerhaft von solchen neurotischen Elementen geprägt ist. Ganz allgemein muss man heutzutage aber davon ausgehen, dass die junge Elterngeneration im Umgang mit ihren Kindern sehr stark *verunsichert* worden ist. Die kulturtypische Zeitströmung hat eine sehr deutlich spürbare *elternfeindliche* Haltung in der Populärliteratur, in Film und Fernsehen mit sich gebracht. Die Zahl der Sendungen in den Massenmedien, die das Schicksal eines vernachlässigten Kindes oder eines tapferen, aufrichtigen Jugendlichen im Kampf mit seinen borniert konsumorientierten Eltern schildern, ist übergroß. Ich gebe den Rat, die Beziehung von Patienten zu ihren Kindern zunächst einmal auch dadurch kennenzulernen, dass man in Erfahrung bringt, welches Maß an Schutz und Fürsorge sie *selbst* in ihrer Kindheit erfahren haben: Sind sie unter der belastenden Bedrückung aufgewachsen, die ein chronisch kranker Elternteil mit sich bringt? Waren sie Kinder in einer Streitehe, in der es nur Konflikte und nie eine Versöhnung gab? Haben sie einen Elternteil früh verloren und hat sich kein rechter Ersatz gefunden? Lebten die Eltern in ständigen wirtschaftlichen Sorgen? War der Umgang mit ihnen teilweise von großer Strenge und Härte geprägt, zum Beispiel pedantisch-regelmäßige Prügel oder willkürlich Schläge? Oder waren jüngere Geschwister da, deren Pflege und Versorgung zur Pflicht gemacht wurde?

Wir dürfen gewiss voraussetzen, dass es unterschiedliche und auch unterschiedlich normale Beweggründe gibt, um sich ein Kind zu wünschen. Zugleich sind Eltern in unterschiedlicher Weise mit Kraft und Selbstvertrauen ausgerüstet. Unabhängig davon bleibt aber immer die Frage offen, wie sich die Beziehung der Eltern zu ihren Kindern wandelt, wenn das Kleinkind zum Schulkind wird, und wenn das junge Schulkind zum pubertierenden und schließlich heranwachsenden Mädchen oder jungen Mann geworden ist.

Wir finden so große und auch so grundsätzliche Unterschiede in der Beziehung von Müttern und Vätern zu Kleinkindern bzw. Schulkindern auf der einen Seite und zu pubertierenden Kindern oder heranwachsenden jungen Männern und Frauen auf der anderen Seite, dass ich in meiner Darstellung eine Unterteilung einschieben möchte. Die nachstehende Tabelle gibt eine kleine Übersicht über sehr spezifische neurotische Reaktionsweisen, die Mütter und Väter ihren Kindern gegenüber entwickeln können.

In dieser Tabelle findet sich allerdings kein Hinweis auf eine allgemeine Ambivalenz oder auf möglicherweise vorhandene feindselige Einstellungen. Ich habe nur vier besondere Gesichtspunkte genannt, die die Beziehung von Eltern zu ihren Kindern aus *neurotischen* Gründen konflikthaft gestalten können. Als fünften Punkt habe ich dann allerdings noch ein Thema eingeführt, das nach meiner Einschätzung bislang unzureichend beobachtet und beschrieben worden ist und dem ich eine zusätzliche Erörterung widmen möchte.

▪ Die Beziehung zu den eigenen Kindern

1. Delegation eigener Wünsche
2. Invertierte Kind-Eltern-Beziehung
3. Partnerersatz
4. „Geschwisterübertragung" (Rivalität, Fürsorge, Neid usw.)
5. Die Ablösung der älteren Generation

Den Inhalt dieser Tabelle brauche ich kaum im Einzelnen ausführlich zu erläutern: Dass Eltern sich in ihren Kindern wiederfinden möchten, ist normal. Dass sie den Kindern Gesundheit und ein gutes Fortkommen wünschen, ebenfalls. Auch, dass die Eltern lieber ansehnliche, hübsche und leistungsfähige Kinder haben als schwerfällige und äußerlich von der Natur nicht begünstigte. Sofern aber bei den Eltern eigene Lebenswünsche abgeschnitten worden sind und nun aus neurotischen Gründen von den Kindern erfüllt werden sollen, gibt es aller Voraussicht nach recht schwere Familienkrisen, wenn das Talent des Kindes und seine Neigungen den Wünschen der Eltern nicht entsprechen.

Es gibt auch dann eine Krise, wenn das Selbstwertgefühl des Vaters oder der Mutter so schwankend ist, dass ein unansehnliches, vielleicht behindertes oder insgesamt nicht besonders leistungsfähiges Kind für sie zu dem wird, was man eine „narzisstische Kränkung" nennt. Allerdings gebrauche ich den Begriff der „narzisstischen Kränkung" hier nur sehr ungern: Er gehört zu jenen zahlreichen Begriffen, die eine negative Einordnung der Eltern mit beinhalten und die in der Gedankenwelt des Therapeuten bereits ein negatives Klima schaffen, das sich auf die Beziehung zu einem Patienten jedenfalls auch ungünstig auswirkt.

Die „invertierte Kind-Eltern-Beziehung" ist ein heute eher seltenes Phänomen: Dass Mütter oder Väter erwarten, dass ihre jungen Kinder für sie Entscheidungen treffen und Fürsorge übernehmen, kommt zwar vor, ist aber nach meinen derzeitigen Beobachtungen nicht mehr so häufig wie in den Jahren, in denen die Zahl der ungewollten Schwangerschaften sehr viel größer war.

Häufiger hingegen ist die Situation, dass ein Kind von einem Elternteil in eine Art Partnerbeziehung gezogen wird bzw. dass ein Patient oder eine Patientin in problematischer Ehe oder nach einer Scheidung die Beziehung zu ihrem Kind „partnerschaftlich" gestaltet. „Partnerschaftlich" hieße in diesem Zusammenhang, dass die Mutter dem Sohn ihre Sorgen und Schwierigkeiten in der Lebensführung mitteilt, ihn um Rat fragt und unter Umständen die Schwierigkeiten mit dem Sohn bespricht. Diesem Sohn würde dann (falls er der Älteste ist) auch eine Art Vaterrolle den jüngeren Geschwistern gegenüber zugeschrieben. Ähnlich partnerschaftlich kann eine Mutter-Tochter-Beziehung gestaltet werden, wobei es vielleicht notwendig ist, nachdrücklich darauf hinzuweisen, dass ein gutes Einvernehmen und ein Sich-verständigen über familiäre Sorgen mit einer heranwachsenden Tochter nicht in dem jetzt hier angesprochenen Sinn eine neurotische „Partnerersatz-Beziehung" zu sein braucht.

Auch Väter können ihre Töchter als quasi-Partnerinnen erleben, ins Vertrauen ziehen, an sich binden und mit äußerster Eifersucht reagieren, wenn sich das junge Mädchen altersnahe Freunde sucht.

Die „Geschwisterübertragung" auf die eigenen Kinder enthält all jene Gefühlselemente, die eine Mutter oder ein Vater in den eigenen Kinderjahren mit ihren Geschwistern erlebt haben: Eine konflikthafte Geschwisterbeziehung kann zu Rivalitäts- und Neidgefühlen den eigenen Kindern gegenüber führen. Ebenso kann aber auch die fürsorgliche Mutterfunktion der ältesten Tochter für die jüngeren Geschwister (mit den zugehörigen Ambivalenzen) eine Rolle spielen.

Im Hinblick darauf, dass wir zurzeit im psychotherapeutischen Feld ein sehr starkes Interesse an der sogenannten „Familientherapie" verzeichnen können und die „Systemiker" ihre Beschreibungen darüber veröffentlichen, wie eine Familie als kommunikatorisches System funktioniert, möchte ich hier noch einigen Irrtümern und Missverständnissen vorbeugen.

Eine Familie ist zwar eine Menschengruppe, die unter einem Dach lebt und in der sich bestimmte Beziehungen ausgebildet haben. Eine Familie ist aber auf keinen Fall ein *statisches* System. Die Beziehungen von Eltern und Kindern, von Kindern zu Eltern, von Kindern untereinander, *verändern* sich *sofort*, wenn sich der Lebensraum eines der Beteiligten außerhalb der Familie verändert: Ein Kleinkind kommt in den Kindergarten, ein etwas älteres Kind wird eingeschult, ein 16-Jähriger nimmt Arbeit auf, ein 18-Jähriger macht Abitur, der Vater übernimmt eine Arbeit mit Schichtdienst oder gibt eine Arbeit mit Schichtdienst auf, die Mutter nimmt eine Halbtagsbeschäftigung auf oder arbeitet überhaupt nicht mehr, eine Hilfsperson kommt ins Haus, sei es eine Angehörige oder eine Angestellte. All diese Elemente tragen zu dem immer neuen Wandel der Familienstruktur bei.

Diese Gesichtspunkte sind insofern wichtig, als sich unter den genannten Aspekten auch die Bedeutung der Familienmitglieder füreinander verändern und damit zugleich auch die vielleicht vorhandenen neurotischen Koalitionen zwischen den Beteiligten.

Wenn wir bei einem Vater oder einer Mutter lebhafte neurotische Konflikte mit den eigenen Kindern feststellen, dann sollten wir für eine richtige Einschätzung der Situation auch immer danach fragen, welche *Wichtigkeit* und welche positiven Seiten die Existenz des Kindes für Mutter oder Vater hat.

Selbst wenn wir feststellen, dass ein Kind seine Mutter daran hindert (mindestens in ihrer eigenen Fantasie), neu zu heiraten oder sich aus einer gegebenen Ehe zu lösen, dann bleibt es doch immer eine bedeutungsvolle, existenziell hilfreiche Tatsache für die Frau, dass sie nicht allein ist, dass sie eine Aufgabe hat und dass sich ihr „Platz in der Gesellschaft", ihre soziale Identität durch das Kind positiv verändert.

Die Bedeutung einer Ehe mit Kindern oder (nach Scheidung) nur von Kindern als „Basis" für die Lebenssituation darf nicht unterschätzt werden. Dies vor allem dann nicht, wenn sich Patientinnen über die Lasten und Schwierigkeiten beklagen, die sie durch die Betreuung der Kinder verarbeiten müssen. Gegenwärtig gibt es ja daneben noch die Situation – freilich nicht so häufig –, dass ein

Mann den beruflichen Anforderungen ausweicht, indem er sich hauptamtlich der Betreuung seiner Kinder widmet, während die Ehefrau arbeitet. Es wird zurzeit viel darüber diskutiert, ob diese veränderte „Rolle" eines Mannes nicht von den Frauen überhaupt verlangt werden könnte und das Ergebnis eines normalen Angleichungsprozesses wäre. Ich möchte hier keine Entscheidung wagen, andererseits bin ich sicher, dass es Männer gibt, bei denen die Entscheidung zu dieser Lebensform neurotische Wurzeln hat.

Insgesamt ändert sich die Beziehung von Patienten zu den eigenen Kindern sehr beträchtlich, wenn die Kinder herangewachsen sind und die Eltern es nun mit pubertierenden Jugendlichen zu tun haben.

Unter zeittypischen Aspekten ist es für die Eltern heutzutage sowieso nicht immer ein Vergnügen, mit pubertierenden Jugendlichen umgehen zu müssen: „Zeitgeist" und Rechtsprechung räumen den Jugendlichen nicht nur ein hohes Maß an Freiheit, sondern auch ein hohes Maß an finanziellen Ansprüchen an die ältere Generation ein. Finanzielle Forderungen der jüngeren Generation an die ältere Generation bis weit in das Mannesalter hinein sind einklagbar und werden auch eingeklagt. Die Beziehung von Eltern zu ihren jugendlichen und schon erwachsenen Kindern wird sehr häufig stark von der Tatsache beeinflusst, dass die zukünftige Beziehung auf sonderbare Weise zwiespältig sein wird: Die ökonomische Unselbstständigkeit der jungen Generation bleibt sehr lange erhalten, gilt auch noch bei 25-jährigen oder 30-jährigen Männern und Frauen fast als etwas Selbstverständliches. Dafür setzt aber trotzdem der normale und natürliche Trennungsprozess ein, der auf Seiten der jüngeren Generation ein unabhängiges Leben mit eigener Haushaltführung anstrebt.

Die Tatsache, dass die Lebensführung junger Menschen von der älteren Generation bezahlt wird, bringt auf Seiten der jüngeren Generation häufig eine deutlich *neurotische Verleugnung* ihrer *faktischen Unselbstständigkeit* mit sich. Auf Seiten der älteren Generation beobachte ich einen Prozess, der noch nicht sehr häufig beschrieben worden ist: Es ist derzeit noch ein Denkklischee, dass die ältere Generation es nicht verträgt, wenn die Jungen flügge werden und damit der Ablösungsprozess einsetzt. Besonders bei jungen Leuten herrscht diese Vorstellung noch sehr vor.

Tatsächlich bahnt sich aber bei der älteren Generation unter den gegebenen Umständen ein Distanzierungs- und Ablösungsprozess an, der oft recht tief geht und der von den jungen Menschen kaum verstanden und noch weniger vertragen wird. Im Einzelnen sieht es dann im Erleben der Eltern etwa so aus, dass sie sich damit abgefunden haben, die vom Gesetzgeber nun einmal juristisch festgelegten Verpflichtungen erbringen zu müssen. Sie tun dies aber um den Preis, dass sie ihre innere Anteilnahme an der Entwicklung und dem Wohlergehen der jungen Leute zurücknehmen. 40- und 50-jährige Mütter und Väter gehen ihre eigenen neuen Bindungen ein, bauen sich ihr eigenes neues Leben auf, zahlen den Scheck für den Unterhalt der Söhne und der Töchter, ziehen sich aber von ihnen zurück, da „die Ablösung ja notwendig ist" und die eigene Lebenserwartung in der gegenwärtigen kulturellen Epoche noch eine weite Zeitspanne bietet.

Wenn also heutzutage sehr viel über den nicht gelungenen oder den nicht zugelassenen Ablösungsprozess der Eltern-Generation von den Kindern gesprochen wird, dann wäre es ratsam, diesem Problem das umgekehrte Gegenstück an die Seite zu stellen: Der Ablösungsprozess der Eltern von den eigenen Kindern geht oft weiter und tiefer, als die jungen Menschen es erwartet haben und auch vertragen. Und dies umso eher, je deutlicher die Eltern die „Pseudounabhängigkeit" ihrer Söhne und Töchter durchschauen, zugleich missbilligen und sich innerlich zurückziehen, weil ihnen das „Pseudoargumentieren" der jungen Leute zu lästig wird.

Wie gesagt, tritt diese Familienkonstellation zwischen Eltern und heranwachsenden Kindern jetzt an die Seite jener (früher und auch heute noch häufig beschriebenen) Konstellation, in der Eltern ihre finanziellen Verpflichtungen ausdrücklich gern übernehmen, weil sie die Kinder dadurch weiterhin binden und die Illusion aufrechterhalten bleibt, dass noch immer eine „Elter-Kind-Beziehung" besteht. Bei solchen Konstellationen ist dann das Ressentiment auf der Seite der jungen Generation, die sich ihre faktische Abhängigkeit und *Unselbstständigkeit verleugnen* muss, um vor sich selbst nicht das Gesicht zu verlieren, und die sich dann durch Überbetonung ihrer rechtlichen Ansprüche zu beruhigen versucht, um den eigenen Mangel an Reife nicht zu deutlich spüren zu müssen.

Diese konflikthaften Elemente im Ablösungsprozess zwischen der jüngeren und älteren Generation betrachten wir im Übrigen als etwas sehr weitgehend Normales, und wir sollten die neurotischen Elemente, die ich soeben hervorgehoben habe, weder überbewerten noch verallgemeinern. In jedem Fall handelt es sich um Trennungsvorgänge, die wir zu den normalen Schwellensituationen des Lebens zählen. Wenn wir annehmen, dass eine Trennungssituation zum belastenden, pathogen wirksamen auslösenden Lebensereignis geworden ist, dann denken wir im Allgemeinen an die Trennung zweier erwachsener Menschen, die nach dem Verlassen ihrer Herkunftsfamilie eine neue Beziehung eingegangen sind.

Das folgende Kapitel soll diesem Thema gewidmet sein.

7. Verlust durch Trennung

In der „Lebensereignisforschung" haben nach den Holmes-Rahe-Skalen der Tod eines Ehepartners, Scheidung oder Trennung die höchsten Belastungswerte erhalten. Diese Rangordnung entspricht sicherlich dem unmittelbaren Empfinden vieler Menschen. Wenn wir aber den besonderen psychodynamischen Stellenwert einer Trennung als *pathogen wirksamem* Ereignis verstehen wollen, dann müssen wir zuvor einige wichtige Fragen klären. Immerhin kann ja die Lösung aus einer konfliktbeladenen, belastenden Beziehung bei aller Trauer und Erschütterung doch ein gewisses Maß an Erleichterung für die Beteiligten mit sich bringen. Die positiven Seiten der vergangenen Beziehung werden dann zwar noch einmal mit Trauer und Verlassenheitsgefühlen zurückgerufen. Andererseits wird die Befreiung von täglichen Belastungen, Kränkungen und Schwierigkeiten doch auch positiv empfunden.

Wir unterscheiden für die Beurteilung von Trennungssituationen am besten zunächst einmal rein formal auf folgende Weise:
* Kam die Trennung für den betroffenen Patienten unvermutet, auf Initiative des Partners, oder hat sich der Konflikt schon lange angekündigt?
* Haben die Patienten, die von einer Trennung überrascht worden sind, möglicherweise aus unbewusster Determination heraus die Trennung selbst herbeigeführt (z. B. durch dauerhaft aggressives Verhalten, das vom Partner nicht mehr ertragen wurde)?
* War der Partner, der sich getrennt hat, für den Patienten schon von Anfang an eigentlich ein „Partner zweiter Wahl", und der Patient glaubte, sich seiner sicher zu sein? Die Trennung ist dann eine tiefe *narzisstische Kränkung*, weil der zweitrangige Partner „etwas Besseres" gefunden hat.
* Bedeutet die Trennung, die vom Partner ausgeht, zwar eine starke Kränkung des Selbstwertgefühls, bietet sie aber zugleich eine sehr tief wirksame *Versuchungssituation*, der sich die Patientin (hier handelt es sich meist um Frauen) aus neurotischen Gründen nicht gewachsen fühlt (Aufnahme einer neuen Partnerbeziehung, Tendenz zu sehr ungebundenen wechselnden Partnerbeziehungen, Prostitution etc.)?
* Enthielt die schon immer konfliktbeladene Partnerbeziehung (die nach langen Kämpfen schließlich gelöst wurde) dennoch ein unbewusst wirksames, stabilisierendes Element, dessen Bedeutung den Beteiligten nur nicht deutlich geworden ist?

Wenn man den derzeitigen demoskopischen Umfragen glauben darf, dann werden zurzeit ca. ein Drittel aller geschlossenen Ehen wieder geschieden. Das bedeutet, dass sehr viele Menschen die Auflösung einer gemeinsamen Lebensordnung verarbeiten müssen und meist auch für Kinder aus ihrer Ehe eine Regelung zu finden haben. Die Krisen, die diese Menschen bei einer solchen Entwicklung durchleben, gehen im Allgemeinen tief. Sie müssen aber nicht naturnotwendig zu einer neurotischen Symptomatik führen. Kummer, Verzweiflung oder Aufregung sind in solchen Fällen nicht neurotisch. Mit neurotischen Krankheitszeichen müssen wir vor allem dann rechnen, wenn der Partner, der sich lösen will (oder von dem sogar die Patienten selbst sich lösen wollten), insofern eine besondere Bedeutung im Leben der Patienten gehabt hat, als durch ihn neurotische Ängste oder neurotische Behinderungen kompensiert wurden.

Ich gebe in diesem Kapitel zwei Fallbeispiele, in denen sich die betroffenen Patientinnen entweder über ihre eigene Lebenstüchtigkeit getäuscht hatten (Fall 1), oder aber ihre Ehe unter dem Einfluss unbewusst wirksamer neurotischer Motive eingegangen sind (Fall 2).

> **Fall 1: Unbemerkte neurotische Arbeitsstörungen wurden durch die Ehe kompensiert.**
>
> Eine 32-jährige Frau kommt mit Angstzuständen und tief gehenden Depressionen, nachdem sie sich nach ihrer eigenen Aussage mit Gewalt aus einer konfliktreichen „Quäl-Ehe" gelöst hat. Die Patientin war der Meinung, dass ihr Mann sie zu Unrecht drangsalierte, zudem zwar fleißig, aber kontaktarm sei und dass er ihre vitalen Bedürfnisse (auch in sexueller Hinsicht) nicht befriedigen konnte.
> Die Patientin war während ihrer Ehe nicht berufstätig gewesen. Sie hatte kurz nach Schulabschluss und nach einer abgebrochenen Ausbildung als Verkäuferin mehrmals ihre berufliche Tätigkeit gewechselt und in unterschiedlichen Fabriken (bei Reinigungsdiensten etc.) gearbeitet. Sie hatte sich nach ihrem eigenen Bericht nirgends wohlgefühlt, hatte auch wiederholt Bemängelungen gehört, dass sie in ihren Arbeitsvollzügen zu langsam und zu ungenau sei, hatte aber gerade diese Bemängelungen immer mit heftiger Empörung zurückgewiesen, da sie ihre eigenen Ordnungs- und Genauigkeitstendenzen sehr wohl kannte. Die Patientin litt eher unter einer perfektionistischen Arbeitsstörung, durch die sich allerdings ihre Arbeitsvollzüge tatsächlich sehr verlangsamten. Zugleich war sie stark von inneren Spannungen erfüllt, die sie schon als Verkäuferin im Umgang mit Kunden unwirsch und gereizt gemacht hatten.
> Als die Patientin heiratete, hatte der Mann ihr zugebilligt, dass sie nicht arbeiten müsste, da er genug verdiente, und dass er zufrieden sei, wenn sie den Haushalt versorgte. Die vitale Frau, die auf Männer sehr anziehend wirkte, fühlte sich bald in ihrer Ehe nicht mehr wohl und auch nicht ausgefüllt. Die ungesellige Lebensführung des Ehemannes störte sie. Sie war auch sexuell nicht zufrieden, machte dies dem Ehemann zum Vorwurf, und die täglichen Streitereien nahmen kein Ende.
> Schließlich nahm die Patientin mit einem Arbeitskollegen ihres Mannes eine Liebesbeziehung auf. Der Freund veranlasste sie, sich von ihrem Mann zu trennen und zu ihm zu ziehen. Die Patientin hatte bei ihm Unterkunft und Ernährung, aber kein eigenes festes Einkommen. Der Freund erwartete mit Selbstverständlichkeit, dass sie sich eine Arbeit suchte. Nun wurde das Problem der Patientin offenbar: Sie nahm eine Arbeit an, erlebte bald ähnliche Schwierigkeiten wie früher auch. Sie verlor die Arbeit und musste sich von ihrem Freund Vorhaltungen machen lassen. Die Patientin war tief empört und zugleich der Überzeugung, dass sie auch selbstständig auf eigenen Füßen stehen könnte. Sie zog von dem Freund weg, suchte sich ein Zimmer und nahm eine andere Arbeit an.

Hier lag die Selbsttäuschung: Tatsächlich war die Patientin nicht in der Lage, einen geregelten Arbeitsvollzug durchzuhalten. Sie übernahm Reinigungsdienste, erst in größeren Firmen, dann in einer Arztpraxis und später in einer Anwaltspraxis. Die Entwicklung lief immer auf das Gleiche hinaus: Man bemängelte ihre Langsamkeit und auch die Unvollständigkeit ihrer Arbeit. Einer der Hauptabwehrmechanismen der Patientin war das „Externalisieren". D. h. sie sah die Hauptproblematik ihrer Lebenslage immer im Verhalten des Partners oder im Verhalten der Arbeitgeber. Da die Patientin durch diesen neurotischen Abwehrmechanismus gehindert war, die in ihr selbst wurzelnde neurotische Problematik zu verstehen, provozierte sie selbst die Trennung vom Ehemann und Freund und erkrankte schließlich mit ihrer Angstsymptomatik, weil sie weder mit noch ohne einen sie schützenden Partner leben konnte.

> **Fall 2: „Nicht der Ehemann, sondern die Familie wurde geheiratet":**
>
> Eine 28-jährige Patientin kommt mit einer heftigen Schlafstörung, mit Depressionen und Selbstmordgedanken, weil ihr Ehemann sich vor zwei Monaten unvermutet von ihr getrennt hat und zu einer Freundin gezogen ist. Die Patientin war auf diese Entwicklung angeblich innerlich nicht im geringsten vorbereitet. Andererseits sagte sie, dass schon früher Schwierigkeiten in der Ehe aufgekommen seien, die von den Eheleuten dadurch überwunden werden sollten, dass sie miteinander ein Kind hatten. Der einjährige kleine Sohn hatte die Patientin veranlasst, ihre Berufstätigkeit aufzugeben. Die Schwierigkeiten der Ehesituation waren allerdings durch das kleine Kind mehr verdeckt als bereinigt.
>
> Bei dem Bericht über ihre Eheentwicklung erzählte die Patientin schließlich, dass die enge Verbindung zu ihrem zwar fleißigen, aber schüchternen und sehr zurückhaltenden Mann eigentlich über ihre Schwiegereltern zustande gekommen war. Die Schwiegereltern hatten sich immer eine Tochter gewünscht, waren nach Angaben der Patientin liebenswürdige und gebildete Menschen und wurden für die Patientin sehr rasch ein Familienersatz.
>
> Die Patientin selbst stammte aus einer geschiedenen Ehe und war vor allem mit Mutter, Tante und Großmutter groß geworden, die das Mädel ebenso verwöhnten wie beengten.
>
> Im Rückblick sagte die Patientin selbst, dass sie ohne die gute Verbindung zu ihren Schwiegereltern wohl kaum an eine Ehe mit ihrem späteren Mann gedacht hätte. Zwischen ihr und dem Mann habe es zu wenig Gemeinsamkeiten gegeben. Er sei ein Techniker und Bastler und sei als Automechaniker voll damit beschäftigt gewesen, sich eine selbstständige Reparaturwerkstatt aufzubauen. Die Patientin selbst war musikalisch, hatte immer im Kirchenchor ihrer Heimat mitgesungen und war durch die ebenfalls musikalischen Schwiegereltern in einen Kreis von Menschen eingeführt worden, die Hausmusik pflegten.

Bei dem Bericht der Patientin wurde deutlich, dass ihr Mann als einziger Sohn ihrer Schwiegereltern für diese eigentlich eine Enttäuschung gewesen war. Der Schwiegervater war Jurist und hatte es nur schwer verwunden, dass sein Sohn nicht ebenfalls das Abitur machte und ein Studium ergriff.

Im Verlauf des anamnestischen Gesprächs stellte sich dann heraus, dass der Schwiegervater – zu dem die Patientin eine besonders gute Beziehung hatte – etwa ein Jahr vor der Geburt des Sohnes gestorben war. Es wurde deutlich, dass die Balance zwischen den Eheleuten mit seinem Tod schwer erschüttert war.

Die Patientin – die eigentlich nach eigener Aussage die Schwiegereltern geheiratet hatte – verlor in dem Schwiegervater ihre wichtigste Stütze. Die Schwiegermutter wandte sich wieder betont ihrem Sohn zu. Sie half ihm in der Buchhaltung seines Geschäftes und entwickelte nach dem Empfinden der Patientin ihr gegenüber eine stark rivalisierende Haltung mit der Tendenz, die Patientin „aus der Ehe auszubooten". Es war offenkundig, dass die Patientin ihrer Schwiegermutter gegenüber jetzt Übertragungsreaktionen erlebte, die aus ihrer eigenen Kindheit stammten: Die Ambivalenz den drei Frauen gegenüber, die die Patientin groß gezogen hatten (Mutter, Tante, Großmutter), übertrug sich jetzt auch auf die Mutter des Ehemannes.

Und da die Patientin zugleich die Wesensart ihres Ehemannes nicht besonders hoch schätzte, ließ sie ihre Verstimmungen an ihm aus. Der Versuch der beiden, ihre Ehe mit einem Kind doch noch einen besseren Inhalt zu geben, war nicht erfolgreich. Im Gegenteil: Die Patientin fühlte sich durch das Kind zu sehr gebunden, noch mehr vereinsamt als zuvor, rivalisierte ihrerseits mit der Schwiegermutter, die dem Mann im Geschäft half, und bemerkte nicht, dass sich ihr Mann innerlich zunehmend von ihr (auch von der eigenen Mutter gestützt) distanzierte.

Bei der Diskussion dieser Krankengeschichte muss in Bezug auf die auslösende Situation natürlich offen bleiben, inwieweit nur die Trennung vom Ehemann der auslösende Faktor für die neurotische Symptomatik war. Insgesamt hatte sich ja die Lebenssituation der Patientin in sehr vielen Gefühlsbereichen grundlegend verändert: Der geliebte Schwiegervater, der der Patientin so lange Halt gegeben hatte, war gestorben. Der neugeborene kleine Sohn beanspruchte die Patientin in unerwartetem Maß. Die früher gute Beziehung zur Schwiegermutter war jetzt von Rivalität und Missstimmung gefärbt. So fand sich die Patientin unvermutet in einer feindseligen Familienatmosphäre wieder, nachdem sie ja ursprünglich gerade in der Sehnsucht nach einer intakten Familie geheiratet hatte.

Die Schilderung dieser komplexen Situation gibt mir Gelegenheit, hier noch einmal nachdrücklich hervorzuheben, dass es im Allgemeinen eher die Ausnahme als die Regel ist, wenn nur ein einziges Lebensereignis (in diesem Fall die Trennung einer Ehe) die neurotische Symptomatik hervorruft. Immerhin hatte die Patientin nicht nur ihren Ehemann durch die Trennung, sondern auch ihren Schwiegervater durch den Tod verloren. Auch dieser Verlust hatte für die neurotische Psychodynamik der Patientin eine tief greifende Bedeutung gehabt. Wenngleich er nicht sofort zu einer psychologischen Symptomatik führte.

Insofern ist es vielleicht etwas künstlich, wenn man einzelne Schicksalsereignisse in ihrem neurosenpsychologischen Stellenwert isoliert behandelt. Andererseits erleichtert diese vereinfachende Darstellungsform doch zunächst einmal den Überblick, und ich will in dem folgenden Kapitel typische neurotische Konstellationen herausarbeiten, denen wir begegnen, wenn ein Patient nach dem Tod eines nahen Angehörigen erkrankt.

8. Verlust durch Tod

Nach allgemeiner und – wenn man so will – „naiver" Vorstellung ist der Verlust eines nahen Angehörigen durch den Tod ein bei weitem einschneidenderes Erlebnis, als es etwa der gleiche Verlust durch eine Trennung wäre. Trotzdem muss man bedenken, dass die schicksalhafte Endgültigkeit des Todes für die betroffenen Angehörigen unter Umständen eine Hilfe sein kann. Es gibt nicht wenige Ehefrauen, die sagen, dass sie lieber verwitwet wären als geschieden. Der Verlust ist formal scheinbar der Gleiche, die soziale Stellung der Frau dann später aber gänzlich anders. Ganz abgesehen davon, dass eine geschiedene Frau das Erlebnis der Kränkung durchmachen muss, wenn sie verlassen worden ist.

Auch scheint die Bedeutung, die Ehepartner im vorgerückten Alter füreinander haben, sehr unterschiedlich zu sein: Epidemiologische Untersuchungen aus der Lebensereignisforschung sprechen davon, dass Männer im Alter gehäuft nach dem Verlust ihrer Ehefrau erkranken oder sogar selber sterben. Gleichsinnige Untersuchungsergebnisse über das baldige Sterben der alt gewordenen Frauen nach dem Verlust ihres Mannes gibt es nicht. Die Gründe hierfür liegen jedenfalls noch sehr im Dunkeln.

Zudem sehe ich mich alles in allem durch meine klinischen Erfahrungen zu der Meinung gedrängt, dass neurotische Symptomatik häufiger nach dem Tod des *Vaters* oder der *Mutter* auftaucht, als nach dem Tod eines Ehepartners oder eines Kindes. Mit zwei zugehörigen Fallbeispielen möchte ich die Gelegenheit ergreifen, um schon jetzt die Überleitung zu dem nächsten Kapitel herzustellen, das von der Bedeutung der Herkunftsfamilie für die Lebenskonstellation eines Patienten handeln soll.

Fall 1: Verlust des Vaters bei ungelöster Hass-Liebesbindung

Ein 29-jähriger Patient, der mit einer gleichaltrigen Frau verheiratet ist, verliert seinen Vater unvermutet an einem Herzinfarkt. Die Mutter reagiert panisch angstvoll und muss von dem jungen Ehepaar in die Wohnung aufgenommen werden. Sie schläft dort im Schlafzimmer des Ehepaares im Ehebett neben dem Patienten.
Die Ehefrau zieht in das Kinderzimmer, wo sie das Bett mit dem kleinen vierjährigen Sohn teilt.
Der Patient erkrankt kurze Zeit später an einer Herz-Angst-Symptomatik mit paroxysmalen Tachykardien, pektanginösen Beschwerden und einer hypochondrisch getönten Dauerangst.

Der zentrale neurotische Konflikt: In der Lebensgeschichte dieses Patienten konstellierte der Tod des Vaters jene Situation, die nach meiner Einschätzung am häufigsten den Anlass zum Ausbruch einer neurotischen Symptomatik nach dem Verlust eines Elternteils gibt: *Unverarbeitete Hassregungen* waren ebenso unbereinigt geblieben, wie die nie gestillte *Sehnsucht* nach der *Anerkennung* durch den Vater. Beide Affekte drängten (wenn auch für den Patienten unbewusst) heftig an und entfalteten eine umso destruktivere Dynamik, als der Tod des Vaters eine Klärung der Konfliktsituation nicht mehr zuließ.

Der *Inhalt* der Konflikte wurzelte darin, dass der Patient in den Augen seines Vaters immer ein *Versager* gewesen und geblieben war. Der Vater war beruflicher Aufsteiger und hatte sich aus der Situation des unehelichen Sohnes einer Fabrikarbeiterin bis in eine leitende Stellung im Aufsichtsrat eines Industriekonzerns hinaufgearbeitet. Der Patient schaffte nicht nur kein Abitur (wie der Vater es gewünscht hatte), sondern ging nach einmaligem Sitzenbleiben knapp mit der Hauptschule ab. Er begann eine Lehre als Dekorateur, heiratete in dieser Zeit mit sehr jungen Jahren (20 Jahre) seine Frau, die in dem gleichen Geschäft arbeitete und schloss sich betont an seine Schwiegereltern an, die einfache Arbeiter waren, den Patienten sehr schätzten und die nach Aussage des Patienten auch eine familiäre, herzliche und gemüthafte Atmosphäre verbreiteten. Insbesondere kümmerten sie sich später um den kleinen Sohn und kamen die junge Familie gern, spontan und zwanglos besuchen. Die Eltern des Patienten legten hingegen kühle Distanzierung an den Tag, dies umso mehr, als das junge Ehepaar später eine Hausmeisterstelle in einem großen Wohnkomplex annahm. Der Patient meinte nicht ganz zu Unrecht, dass seine Eltern aus diesem Grunde nicht zu Besuch kämen. Der Vater schämte sich seines Sohnes. Er selbst sei immerhin bis kurz vor seiner Pensionierung berechtigt gewesen, einen Mercedes als Dienstwagen zu fahren.
Für den Patienten hatte sich die Lebensentwicklung in gewisser Weise dadurch balanciert, dass er schon früh seine eigene Familie und damit auch die Schwiegereltern hatte. Eine fortbestehende starke Bindung an den Vater verfiel der Verdrängung und der Verleugnung und wurde nur im ersten Gespräch schon dadurch spürbar, dass der Patient immer wieder von dem „Hochmut" seines Vaters sprach, mit dem dieser sich selbst das Leben schwer gemacht hätte. Ein scheinbares Randgeschehen aus dem Leben des Patienten, von dem er auffallenderweise schon während der Anamnese berichtete, zeigte an, wie sehr ihm nach wie vor an der Anerkennung des Vaters gelegen war: Sein Bemühen, in den Augen des Vaters doch noch Ansehen zu erlangen, hatte sich auf den Sport konzentriert. Der Vater des Patienten war begeisterter Fußballer gewesen und der Patient wurde ebenfalls in einem Fußballverein aktiv. Der Vater hatte den Sohn wegen seiner schlechten Schulleistungen immer wieder höhnisch und abfällig behandelt. Ebenso soll er häufig höhnische und abfällige Bemerkungen gemacht haben, dass der Patient nicht einmal im Fußball zu irgendeiner Leistung kommen könnte. In den Wochen vor dem Tod des Vaters war es dem Patienten tatsächlich passiert, dass er von seiner Mannschaft als Torwart ausgewechselt wurde, weil er bei einem Spiel sehr schlecht in Form gewesen war und elf Tore durchgelassen hatte. Er war zu einer Seniorenmannschaft versetzt worden, wo ihn aber auch keiner haben wollte. Der Patient hatte seine Niederlage im Fußballclub zunächst verschwiegen und so-

gar in einen Erfolg umgemünzt. Dem Vater war dieser Vorfall aber zugetragen worden und er hatte mit abschätzigen Bemerkungen nicht gespart. Der Patient hat sich dann aber in seiner körperlichen Leistungsfähigkeit doch wieder gefangen. Er hatte trainiert, war von der Mannschaft erneut positiv aufgenommen worden und hatte dann schließlich sogar bei einem Spiel großen und allgemein anerkannten Erfolg. Zwischen seiner sportlichen „Niederlage" und seiner „Rehabilitation" im Verein starb der Vater, ohne dass das Thema bereinigt und besprochen werden konnte.

Selbstverständlich war diese Spezialsituation, die die sportliche Leistungsfähigkeit des Patienten betraf, nur ein einzelnes Element unter den zahlreichen sehr tief in die unbewussten Schichten des Patienten hineinreichenden Konflikten: Der Patient hatte nie den Wunsch und die Sehnsucht verloren, doch noch die Anerkennung des Vaters zu erringen. Gleichzeitig lebte in ihm eine dauerhaft verdrängte Wut, dass der Vater ihn nie so akzeptiert hatte wie er war. Ebenso verdrängt war der Hass auf die Mutter, die ihn vor dem Vater nicht beschützen konnte oder wollte, die ihn ebenfalls in seinen Kinderjahren nicht geachtet und anerkannt hatte und die ihn nun als „Vater-Ersatz" beanspruchte, als ihr Mann verstorben war.

Im Erlebnisgefüge des Patienten mischten sich die andrängenden Wut- und Hassimpulse gegen den Vater mit dem Bewusstsein, dass der Tod nun jede Klärung, Lösung und Versöhnung unmöglich machte.

In seinem eigenen Bewusstsein hatte der Patient zwar die Distanzierung vom Vater schon lange vollzogen. Die unbewusst andrängenden Affekte wurden von ihm aber nicht verstanden und setzten sich mit ihrer inneren Dynamik in die Herz-Angst-Symptomatik um.

Fall 2: Verlust der Mutter bei langjähriger symbiotischer „Partner-Ersatz-Beziehung"

Ein 46-jähriger Patient kommt mit heftigen ungeklärten Schmerzen im Genital- und Lendenbereich. Von Seiten des Urologen sind keine Krankheitszeichen festzustellen. Alle internistischen, neurologischen, orthopädischen Untersuchungen haben ebenfalls keinen fassbaren, pathologischen Befund erbracht. Es stellte sich also das Problem der Psychogenese der Beschwerden.

Nach Angaben des Patienten war die Krankheitssymptomatik nach einer körperlichen Überanstrengung aufgetreten und manifestierte sich nach seinen eigenen Worten vor allem „im Unterleib". Zeitlich fielen diese ersten Schmerzattacken mit einer Erkrankung der Mutter zusammen, bei der ein Unterleibskrebs festgestellt worden war, der sich als inoperabel erwies. Nach Meinung des Patienten war die Mutter „früher von Ärzten verpfuscht worden". Angeblich war vor Jahrzehnten (als der Patient noch ein kleiner Junge war) eine Retroflexio so ungeschickt operiert worden, dass wegen der jetzt vorhandenen zahlreichen Verwachsungen das Karzinom nicht mehr operiert wer-

> den konnte. Die Art, wie der Patient über die Krankheit seiner Mutter berichtete, hatte einen gewissen Symptomwert: Einmal fiel sehr auf, wie genau der Patient noch als sehr kleiner Junge (und obgleich der Vater noch lebte) über die Unterleibserkrankungen der Mutter informiert worden war. Es fiel auch auf, dass er selbst seit dieser Zeit in der Vorstellung lebte, dass er wegen dieser Unterleibserkrankung einmal selbst für Mutter und Schwester werde geradestehen müssen, da der Vater ein untüchtiger Mann sei, eine „Niete", der nicht in der Lage sein würde, die Verantwortung für die Familie zu übernehmen. Zugleich fiel die habituelle Ärzteanklage auf, die sich bei dem Patienten immer wieder meldete. Ein Schuld- und Vorwurfsdenken, bei dem der Eindruck entstand, dass hier eine „Affektverschiebung" vorlag, die vielfältig determiniert sein mochte, aber in ihren Quellen zunächst nicht überschaubar war.

Der Sohn war der Stolz der Mutter und lebte mit ihr in einer symbiotischen Verbundenheit, die auch nicht aufhörte, als der Patient schließlich mit 35 Jahren heiratete. Der Patient war ein „Aufsteiger", der aus dem Arbeitermilieu heraus den Weg in die „leitende Chefetage" fand (Ausdruck des Patienten, von der Mutter übernommen). Dies nach seiner eigenen Aussage allerdings um den Preis, dass er seiner Frau den *Kinderwunsch* versagte. Angeblich habe die Mutter diese Kinderlosigkeit eher begünstigt und die Ehefrau habe sich mit der Situation abgefunden, weil sie Verständnis dafür aufgebracht haben soll, dass der Patient den Anstrengungen seiner beruflichen Situation nur dann gewachsen sein würde, wenn zu Hause kein Kindergeschrei zur störenden Ablenkung würde. Die Ehefrau hatte sich gänzlich dem Patienten und seinen Interessen gewidmet. Sie sorgte für völlige Ruhe und war immer für ihn da (oder nicht da), wenn er sie benötigte oder wenn er seine Ruhe wollte. Sie sah es auch für selbstverständlich an, dass der Patient regelmäßig zwei Abende in der Woche mit der Mutter verbrachte.

Zu dem gleichen Zeitpunkt, in dem die Mutter erkrankte und schließlich starb, war die Schwester des Patienten schwanger und bekam einen kleinen Sohn. Die Ehefrau des Patienten erlebte mit Betrübnis und auch Neid, dass sich jetzt bei ihrer Schwägerin ein Familienleben entwickelte, das ihr selbst versagt geblieben war. Der Patient tröstete sich über die Kinderlosigkeit dadurch hinweg, dass er sagte, er wäre in seinem jetzigen schweren Krankheitszustand sowieso nicht in der Lage, die Vaterfunktion für ein kleines Kind zu übernehmen.

Die neurotische Problematik des Patienten ließ sich etwa auf folgende Kurzformel bringen: In seiner Kindheit hatte sich eine frühe symbiotische Bindung an die Mutter ausgebildet, die seinen Lebensweg entscheidend bestimmt hatte. Im Hinblick auf die Bindung an die Mutter war die Leistungs- und Aufstiegsthematik stark betont und erfolgreich belebt worden. Andere Erlebnismöglichkeiten waren aber (ebenfalls im Hinblick auf die Bindung an die Mutter) eher eingeschränkt: Die Partnerbeziehung blieb der Beziehung zur Mutter untergeordnet. Der Patient blieb mehr Sohn als Ehemann und konnte sich selbst nicht vorstellen, Vater zu sein.

Die neurotischen Erlebnislücken und Verdrängungsleistungen zeigten sich darin, dass dem Patienten die Problematik dieser festgelegten Lebenslinie gar nicht deutlich wurde. Sie erschien ihm beim ersten therapeutischen Gespräch als das Ergebnis einer ausgewogenen und klaren Entscheidung. Es war ihm auch nicht klar, dass die Mutter die stabilisierende Person in seinem Leben gewesen war, und dass sein Lebensweg auf ihre Anerkennung und ihr Lob abgestellt blieb. Die beruflichen Leistungen (Aufstieg) und die familiären Einschränkungen (kein Kind) erhielten ihre wichtigste Bedeutung, weil die Mutter sich freute, lobte, Verständnis zeigte und die Kinderlosigkeit des Patienten in Anbetracht ihrer eigenen Bindung an ihn eher begrüßte.

Mit der tödlichen Erkrankung der Mutter geriet diese Lebensbalance ins Wanken. Es war niemand mehr da, der die beruflichen Erfolge des Patienten mit Freude begrüßte. Die Ehefrau hatte zu viele Opfer bringen müssen, um die berufliche Karriere ihres Mannes zu stützen, als dass sie sich mit ungemischten Gefühlen über seinen Erfolg hätte freuen können. Für den Patienten drängten jetzt aber auch dumpfe Empfindungen an, dass seine Bindung an die sehr geliebte Mutter möglicherweise für ihn doch nachteilig gewesen sein könnte, dass die kritiklose, liebevolle Bindung an die Mutter seine eigene Entfaltung und Entwicklung in wichtigen Lebensbereichen behindert hatte. Bei dem Patienten wallten unbewusste Hass- und Feindseligkeitsgefühle auf, die in Anbetracht der schweren und schließlich zum Tode führenden Erkrankung der Mutter nicht mehr mithilfe einer persönlichen Auseinandersetzung geklärt und gelöst werden konnten. Die Schmerzzustände des Patienten im „Unterleib" ließen sich im Verlauf der Therapie so verstehen, dass hier eine Identifikation mit der Mutter ablief, und dass diese Bindung zugleich auch unter „schmerzlichen Gefühlen" aufrechterhalten bleiben sollte. Diese innere unbewusste Identifikation des Patienten mit seiner Mutter wurde auch in späteren Formulierungen deutlich, als er einmal beiläufig sagte, „Mutter hat immer alle Schmerzen der Familie mitgetragen". Auch für den Patienten war es zur Verpflichtung geworden, die „Schmerzen der Familie" auf sich zu nehmen und die eigenen Wünsche, Gefühle und Bedürfnisse zurückzustellen.

Eine Beseitigung der Symptomatik stellte sich im Verlauf der Therapie erst ein, als der Patient sich mit den für ihn nachteiligen neurotischen Anteilen der Mutterbindung auseinander gesetzt hatte und er es auch ertrug, die zugehörigen Hassregungen der geliebten, verstorbenen Mutter gegenüber zuzulassen. Erst nach dieser Art von „Trauerarbeit" war es dem Patienten dann möglich, zu seiner Frau ein anderes partnerschaftliches Verhältnis zu finden und seine eigene Lebensorientierung neu zu ordnen. Das Krankheitsbild des Patienten war dabei in einer jener typischen Lebensentwicklungen eingebettet, in denen die Bindung an die Herkunftsfamilie – von der im Folgenden die Rede sein soll – überstark das erwachsene Leben der Patienten begleitete.

II. Die Herkunftsfamilie: Die ödipale Konstellation und das Drei-Generationen-Konzept

Es war eine der wichtigsten Erkenntnisse Freuds, als er herausfand, dass die Einflüsse der frühen Kindheit und Jugend ihre bleibenden Spuren im Charakterbild des späteren Erwachsenen hinterlassen. Mit Hinblick auf sein libidotheoretisches Konzept beachtete Freud vor allem die besonderen (libidinösen) Beziehungsmöglichkeiten, die einem Kind in seiner Familie angeboten werden. Unter dem Stichwort der „ödipalen Konstellation" fasste er die vielfältigen Erlebnisvarianten zusammen, die sich bei der Auseinandersetzung eines Kindes mit Vater und Mutter in Liebe und Hass ergeben. Freilich haben wir inzwischen gelernt, dass das antik-feudale Familienbild, das hinter dem Begriff des „Ödipuskomplexes" steht, den sozialen Umständen, in denen unsere Patienten aufwachsen, nicht voll gerecht wird. Im Verlauf der wissenschaftlichen Entwicklung hat es sich ergeben, dass zahlreiche Psychoanalytiker heute eher von der gesamten „Familiendynamik" sprechen, die das Leben eines Patienten in seiner Herkunftsfamilie gekennzeichnet hat, als von der speziellen „ödipalen Konstellation" seiner Kinderjahre. Das komplexe interaktionelle Beziehungsmuster in der Familiengruppe, in der der Patient groß geworden ist, wurde für die Aufmerksamkeit der Psychoanalytiker von vorrangiger Bedeutung. Man lernte, dass Eltern mit kleinen Kindern keine geschichtslosen Wesen sind. Sie hatten es in ihrer Kindheit leicht oder schwer, wuchsen vaterlos auf oder verloren die Mutter früh. Hatten sie Glück, dann waren ihre Eltern gesund, zuversichtlich und in der Lage, ihre Kinder ohne fremde Hilfe groß zu ziehen. Traf die Familie ein Schicksalsschlag, während die Kinder noch klein waren, dann änderte sich das Familienklima und die Familienkonstellation abrupt. Vielleicht musste ein Angehöriger der älteren Generation (häufig die Großmutter) die Versorgung der Kinder übernehmen, weil Mutter oder Vater plötzlich verstarben. Vielleicht wurde damit aus einer zuversichtlich gestimmten Familiengruppe unvermutet ein Trauerhaus, in dem zwar die körperliche Pflege und Versorgung der Kinder gewährleistet blieb, die Stimmung aber geängstigt und niedergedrückt war. Die Vorgeschichte der Eltern eines späteren Patienten beeinflusst den Umgang dieser Menschen mit ihren Kindern in nicht zu unterschätzendem Ausmaß.

Insofern ist es heute gewiss unbestritten, dass das umfassende, lebensgeschichtlich orientierte Verständnis eines Patienten nicht vollständig sein kann, wenn nicht auch die innere Verfassung und die Vergangenheit der *Eltern* dieses Patienten mit erfasst worden ist. Vor allem sollte der Therapeut über jene Zeit Bescheid wissen, in der die Eltern seines Patienten ihre eigene Familie gründeten und ihre Kinder (also die späteren Patienten) zur Welt brachten.

Nach allen Erfahrungen mit psychogen erkrankten Patienten dürfen wir davon ausgehen, dass mehr als ein Viertel dieser Kranken in jungen Jahren noch mit der Großelterngeneration unter einem Dach gelebt hat. Und mit Hinblick auf diese Befunde dürfen wir sicher sein, dass die Familiendynamik der frühen Entwicklungsjahre eines Patienten nicht nur von der ödipalen Konstellation einer „Zwei-Generationen-Familie" geprägt worden ist. Tatsächlich ist diese Familiendynamik in jedem Fall von der Interaktion von wenigstens *drei* Generationen bestimmt: Den Großeltern, den Eltern und den Kindern (den späteren Patienten) dieser Familie.

Je mehr sich die Psychoanalytiker im Laufe der Jahre daran gewöhnt haben, das Mehr-Generationen-Schicksal einer Familie zu verfolgen, umso deutlicher wird ihnen auch die Tatsache, dass sie sehr häufig auf besondere *Risikofamilien* stoßen, in denen *beide Eltern* berichten, dass sie besonders schwierige, belastende oder konfliktreiche Kinderjahre durchlebt haben. Wenn man eine größere Zahl von Krankengeschichten unter dem Aspekt dieser Fragestellung durchmustert, dann ergibt sich ein Trend, dass Eltern, die selbst einen Elternteil verloren hatten, sich mit einem Partner zusammenfinden, der ein ähnliches Verlusterlebnis in seiner Kindheit zu verarbeiten hatte. Es scheint so zu sein, dass sich Menschen mit sehr schwierigem Kindheitsschicksal in ihren ersten Liebesbeziehungen besonders gut verstanden fühlen, wenn auch der Partner ähnliche Schwierigkeiten kennengelernt hat. Da aber beide Menschen natürlich die Spuren ihrer frühen Belastungen weiter mit sich tragen, erhöht sich für sie auch das Risiko einer konfliktgeladenen Atmosphäre in ihrer neuen Familie und damit erhöht sich auch das Risiko eines konflikthaften Umganges mit ihren Kindern.

Mit Hinblick auf diese Beobachtungen weiß jeder Analytiker, der kindertherapeutisch gearbeitet hat, dass die sogenannte „ödipale Konstellation" immer nur ein (wenn auch sehr wichtiger) *Teilaspekt* des gesamten familiären Geschehens ist. Insofern sollte man auch immer versuchen, bei erwachsenen Patienten herauszufinden, wie seine Lebensumstände in den jungen Kinderjahren ausgesehen haben und wie sich die Familiendynamik, die mehrere Generationen umfasste, gestaltet hat. Man wird also vor allem wissen wollen, mit welchen erwachsenen Familienmitgliedern der Patient in seiner Kindheit zusammengelebt hat und wie sich das Beziehungsmuster zwischen seinen Großeltern, seinen Eltern und ihm selbst verstehen lässt.

Die Bedeutung der Großeltern für einen Patienten wird sicher am deutlichsten, wenn man weiß, dass die Großmutter oder der Großvater in seinen Kinderjahren noch mit in der Familie gelebt haben. Freilich darf man sicher sein, dass der Einfluss dieser älteren Generation auch dann von großer Wirksamkeit gewesen ist, wenn die Familien getrennte Haushalte führten.

Immerhin will ich meine nachfolgenden illustrierenden Beispiele doch zunächst einmal auf solche Situationen beziehen, in denen die Drei-Generationen-Familie unter einem Dach und in einem Haushalt gelebt hat:

II. Die Herkunftsfamilie: Die ödipale Konstellation und das Drei-Generationen-Konzept

> **Fall 1: Eine Tochter (spätere Patientin) gerät in eine Geschwisterposition zur eigenen Mutter.**
>
> *Die Familiendynamik zum Zeitpunkt der Geburt der Patientin:* Eine junge Frau ist als frühe Vaterwaise im Isolierkontakt mit ihrer Mutter groß geworden. Sie heiratet in „Vatersuche" einen wesentlich älteren Mann, der sich mit ihrer Mutter gut versteht und der damit einverstanden ist, dass die Mutter dauerhaft im Haushalt wohnen bleibt. Die junge Frau ist recht unselbstständig geblieben, hat aber eine berufliche Tätigkeit als Verwaltungsangestellte gelernt, die sie auch weiter ausübt, als sie ein Jahr später eine kleine Tochter zur Welt bringt.

Das kleine Mädchen aus dieser Ehe (die Patientin) gerät in eine eigentümliche *Geschwisterposition* zur eigenen Mutter. Abgesehen davon, dass die Mutter tagsüber außer Haus ist und das Kind von der Großmutter in allen wichtigen Bedürfnissen versorgt wird, haben Vater und Großmutter die dominante Rolle in der Familie. Die eigene Mutter gilt mehr als das „ältere Kind" in der Familie, für dessen Wohlergehen die beiden „Erwachsenen" zu sorgen haben.

So fehlt für die spätere Patientin die Mutter als eine Identifikationsfigur, die das Bild einer kompetenten und umsichtigen, selbstbewussten Frau vermittelt. Das kleine Mädchen übernimmt die „Nesthäkchenattitüde" ihrer Mutter. Sie weiß, dass sie selbst der bevorzugte Liebling von Großmutter und Vater ist, versucht aber zwischenzeitlich doch, sich mit kämpferischem Protest gegen diese abgelehnte Verwöhnungssituation zur Wehr zu setzen. Im Verlauf ihres späteren Lebens pendelt sie hin und her zwischen dem kämpferischen Protest gegen die Unselbstständigkeit und Abhängigkeit einerseits und der „gelernten" Haltung der Kind-Frau, die von älteren Menschen ebenso geschätzt wie bevormundet wird.

Unter dem Aspekt der „ödipalen Konstellation" gesehen, wurde die Patientin dem Vater gegenüber zur Rivalin der „Schwester-Mutter", die sie aber – was ihre Wichtigkeit für den Vater anging – nach eigenem Empfinden mühelos ausstechen konnte. Die Erwartung, jeder Mann werde ihr im späteren Leben auch vor jeder anderen Frau den Vorrang geben, färbte die Grundeinstellung der Patientin Männern gegenüber. Darüber hinaus ging eine zunächst verborgene, aber sehr nachteilige Wirksamkeit von der Bindung der Patientin an ihre Großmutter aus, die für die Familie immer die wichtigsten Entscheidungen getroffen hatte und die im Empfinden der Patientin sogar für den Vater wichtiger war als die eigene Mutter.

> **Fall 2: Es findet sich eine Großmutter-Enkel-Koalition in feindseliger Abkapselung gegen die Eltern-Koalition.**
>
> Ein Patient wird als Sohn zweier sehr ehrgeiziger Eltern geboren, die beide eine ausgesprochene „Aufsteigerproblematik" verbindet. Der Vater arbeitete sich vom gelernten Handwerker über ein Studium zum Fachschulingenieur empor. Die Mutter entwickelte sich von der Sekretärin in einem Steuerbüro selbst zur Steuerberaterin. Der Junge wurde von der Mutter des Vaters, die mit im Haushalt lebte, betreut. Der Vater selbst war unehelich und hatte eine sehr enge Mutterbindung beibehalten. Seinen eigenen Vater hatte er nie kennengelernt, sondern wusste nur, dass er etwas „Höheres" gewesen sein sollte.

Der Enkel wurde nach seinen eigenen späteren Aussagen, die er als erwachsener Patient machte, von der Großmutter „maßlos verwöhnt". Obgleich diese Großmutter den eigenen unehelichen Sohn außerordentlich streng erzogen hatte, wechselte sie bei der Betreuung des Enkels (wie es die Regel ist) zu großer Nachgiebigkeit über: Der Junge hatte die Möglichkeit, sich immer hinter der Großmutter zu verschanzen, wenn der Vater mit ihm streng sein sollte. Die Beziehung zwischen Vater und Großmutter war nach wie vor so geformt, dass der Vater vor seiner eigenen Mutter Angst hatte und – wie der Patient es ausdrückte – „kuschte". Die Ausweichreaktionen, die die Großmutter dem Patienten etwa bei schlechten Schulleistungen ermöglichte (Entschuldigungszettel für vorgetäuschte Krankheiten) schädigten den Jungen nicht unerheblich. Er pendelte zwischen zwei Erziehungsprinzipien und zwei Zielvorstellungen hin und her: Einerseits hatte er das ehrgeizige Leistungsideal seiner Eltern übernommen, die von ihrem Jungen erhofften, dass er ihre Aufstiegslinie weiterführen sollte. Andererseits erlebte er die verwöhnende und beschwichtigende Haltung der Großmutter, die in der Beziehung zu dem Enkel all die Nachsichtigkeit, Herzlichkeit und Fürsorge leben wollte, die sie dem eigenen Sohn nicht hatte geben können.

Wenn wir für diesen Patienten versuchen, die besondere „ödipale Konstellation" zu verstehen, die seine Kinderjahre beherrscht hat, dann wird offenkundig, dass eine Identifikation des Patienten mit seinem Vater in jedem Fall einen Bruch hinterlassen haben musste: Der aufstiegsbeflissene, tüchtige und in seinem Beruf auch kompetente Vater hatte für den Jungen zwei Gesichter: Zu Hause war er der stille, zurückgezogene Mann, der der Großmutter gegenüber nicht wagte, den Mund aufzumachen und sich ihr in Bezug auf den Sohn gänzlich unterwarf. Dafür galten aber seine beruflichen Erfolge durchaus als ein Vorbild und wurden besonders von der Mutter sehr herausgestellt. In Anbetracht der sehr zwiespältigen Beziehung zwischen der Mutter und der Großmutter des Patienten (mit ihren sehr spürbaren wechselseitigen Feindseligkeiten) wies auch die Bindung des späteren Patienten an seine Mutter einen Bruch auf: Einmal war die Mutter nicht die Frau, die in der Versorgung der Familie die Kompetenzen trug (mindestens nicht im Erleben des kleinen Kindes). Die alltäglichen Verrichtungen an Fürsorge und Schutz ging nicht von ihr, sondern von der Großmutter aus.

Zum anderen neigte sie eher dazu, die schulischen Leistungen des Jungen zu bemängeln, ihn zu überwachen, anzutreiben und auch abzuwerten.

Als in der Anamnese diese Konstellation aus der Kindheitsgeschichte des Patienten besprochen werden konnte, war schon vorherzusehen, dass der Patient in seinen Übertragungsreaktionen im Verlauf einer psychoanalytischen Behandlung ein „Splitting" aufzeigen würde: Das verwöhnende Vertuschen von kleinen Fehlern war von der Großmutter ausgegangen. Die geforderte Leistungskontrolle von der Mutter. Großmutter und Enkel waren dauerhaft durch eine innige Koalition miteinander verbunden. Sie machten durchgängig gemeinsame Front gegen die Forderungen der verärgerten Eltern, die sich nun ihrerseits vor allem im Zorn über die Verwöhnung ihres Jungen zu einem Bündnis zusammenfanden.

Es war kein Wunder, dass das Reaktionsmuster dieses Patienten bei der Erfüllung von Arbeitsverträgen in Anbetracht seiner Kindheitssituation nicht unerheblich geschädigt worden war: Er kannte eine Vielzahl von Ausweichhandlungen, mit deren Hilfe er sich einer Leistungsforderung entziehen konnte. Auf der anderen Seite war er nie mit sich selbst zufrieden. Er orientierte sich schließlich doch unbewusst nachhaltig an dem introjizierten Leistungsideal seiner Eltern und war später weder in der Lage, durch beständige Arbeit etwas zu erreichen, noch konnte er das bequeme Leben genießen, das er sich mit niedrig gestreckten Leistungsanforderungen bereiten wollte.

Fall 3: Zwei Eltern sind in ihren Familien die „abgelehnten Kinder".
Sie entwickeln eine Haltung von wechselseitiger Missachtung.

Zwei Eltern heiraten mit knapp 20 Jahren, um ihrer eigenen unerträglichen Lebens- und Familiensituation zu entfliehen: Die junge Frau war Tochter eines sehr wohlhabenden Geschäftsmannes, der aber grundsätzlich gegen Mädchen und Frauen allgemein (seine eigene Frau eingeschlossen) eingestellt war. Erst als drei Jahre nach dieser Tochter ein Sohn geboren wurde, erlaubte der Vater seiner Frau – wenn auch missbilligend – das drohnenhafte Leben, das sie in seinen Augen führte. Er stellte ein Hausmädchen zur Versorgung des Jungen ein und verheimlichte im Übrigen in seinem Freundeskreis, dass er eine Tochter hatte.

Dieses Mädchen versuchte nun langjährig, die Liebe ihres Vaters zu erringen. Sie identifizierte sich mit einem Hausmädchen, das als fleißig und tüchtig gelobt wurde, und war auch bemüht, in dem Ledergeschäft des Vaters als Verkäuferin tüchtig und hilfreich mitzuarbeiten. Sie ertrug es schließlich nicht mehr, dass der eigene Vater sie vor den Kunden als zum Personal gehörig und nicht als seine Tochter hinstellte. Sie trennte sich eines Tages und heiratete ihren Mann, der seinerseits hinter einer tüchtigeren Schwester immer hatte zurückstehen müssen. Das gebrochene Selbstwertgefühl dieser beiden Menschen bestimmte ihre Verbindung.

Für das kleine Mädchen, das aus dieser Ehe hervorging, waren die Folgen verheerend: Beide Eltern waren mit ihrem geknickten Selbstbewusstsein keine Persönlichkeiten, die ihrem Kind Schutz und Fürsorge vermitteln konnten. Sie waren auch keine Vorbilder, auf die das Kind später hätte stolz sein können. Im Gegenteil! Es zeigte sich bald, dass bei der Heirat der Eltern der kommende Konflikt im Grunde schon vorprogrammiert gewesen war: Der Ehemann (den die Mutter zunächst als unterdrückten Sohn sehr idealisiert hatte) war und blieb untüchtig. Er kam über sehr untergeordnete Arbeitsstellen bei der Straßenreinigung nicht hinaus. Seine Frau sparte nicht mit Vorwürfen und Bemängelungen und schuf zugleich eine Atmosphäre der Heimlichkeit und Vertuschung, weil sie ihren eigenen Eltern gegenüber nicht zugeben wollte, dass sie mit einem so untüchtigen Mann verheiratet war.

Für die spätere Patientin blieb aus ihrer Kindheit zunächst nur die Erinnerung übrig, dass ihre Eltern sich dauernd gestritten hätten und noch stritten, dass der Vater nicht tüchtig war und dass er jede Lebenschance verstreichen ließ, während die Mutter eine „Superverkäuferin" sei, die sich in allen Lebenslagen bewährt hätte.

Erst allmählich stellte sich heraus, dass beide Eltern dieser Patientin lebenslänglich und bis heute mit ihren eigenen Eltern in Hass und Liebe verbunden geblieben waren. Die Mutter der Patientin gab es nicht auf, um ihren inzwischen alt gewordenen Vater zu werben. Dies umso weniger, als ihr jüngerer Bruder durch einen Unfall starb und es sich angeboten hätte, dass sie das Geschäft des Vaters übernehmen würde. In den Augen dieses Großvaters war aber die Familie der Patientin durch die Untüchtigkeit des Vaters negativ abgestempelt. Zudem wollte der Großvater mit seiner nie geliebten Tochter nichts mehr zu tun haben, und die Patientin erlebte noch während ihrer Kinder- und Jugendzeit wie die „supertüchtige" Mutter vom eigenen Vater gering geschätzt wurde, der zudem dem Schwiegersohn (also dem Vater der Patientin) die Sündenbockrolle des totalen Versagers zuschob.

Für das Selbstbewusstsein der Patientin gab es keine Orientierungslinie: Sie hatte kein Vorbild dafür, dass eine tüchtige Frau auch mit einem tüchtigen Mann verheiratet sein kann. Sie kannte nur die supertüchtige Mutter mit dem Versager als Ehemann und die drohnenhafte Großmutter, die Hausmädchen brauchte und vom eigenen Ehemann nicht geachtet war. Schließlich kannte sie in der Familie den dominanten Großvater, der weder von ihr, noch von der Mutter, noch von der Großmutter etwas hielt.

Auch hier hatte die „ödipale Konstellation" der Patientin ihre besondere Qualität durch jene Erziehung erhalten, die ihre Eltern zu den eigenen Eltern hatten: Die Patientin war stark an einen zwar warmherzigen, aber untüchtigen Vater gebunden. Sie verurteilte auch die hochfahrende Art ihrer Mutter dem

Vater gegenüber, konnte es aber natürlich nicht vermeiden, dass sie doch Eigenschaften der Mutter introjizierte und damit das abschätzige Verhalten dem Vater gegenüber in ihre ersten Männerbeziehungen mit hineinnahm. Gleichzeitig wurde von ihr aber auch die sehnsuchtsvolle Werbung der Mutter um den übermächtigen Großvater übernommen, der in die konflikthafte Beziehung aller Familienmitglieder ein besonderes Element von *Missachtung* hineingetragen hatte. Das Thema der Achtung bzw. der Nichtachtung, der Anerkennung oder der Verurteilung anderer Menschen blieb ein vorherrschendes Thema für die Patientin selbst im Verlauf ihrer langwierigen Behandlung. Es war ihr zuvor eine fast unbekannte Vorstellung gewesen, dass Familienmitglieder sich auch wechselseitig Halt und Schutz geben können, dass sie sich respektieren und füreinander eintreten. Ihre eigene Missachtung dem Ehemann gegenüber gehörte zu den destruktiven Elementen in der Familiensituation der Patientin.

Mithilfe dieser drei Fallbeispiele habe ich versucht herauszuarbeiten, wie sich ein Generationen-Schicksal fortpflanzen kann und wie die Familiendynamik der Eltern- und Großeltern-Generation fortwirkend aktiv bleibt. Mir liegt dabei daran, in diesem Zusammenhang noch darauf hinzuweisen, dass nicht sehr viele Patienten spontan von den Lebens- und Familienumständen ihrer Eltern aus jener Zeit erzählen können, in der sie selbst geboren wurden. meist sind diese Jahre bereits weit aus dem bewussten Gedächtnis der Patienten weggerückt. Es ist aber eine alte klinische Erfahrung – und bleibt immer wieder erstaunlich – wie sehr es Menschen dann schließlich doch gelingt, nach einigen einhelfenden Anfragen den Lebenslauf ihrer Eltern zu überdenken, sich zu erinnern und damit einen Gewinn für das Verständnis der eigenen Lebensentwicklung zu erzielen.

Im Einzelnen erfährt man diese Details immer am leichtesten, wenn man nach den Lebensumständen der jungen Kinderjahre fragt. Wenn man sich vor allem zunächst darüber orientiert, ob die Eltern gesund gewesen sind, ob die Mutter mitgearbeitet hat und ob die Großeltern noch mit im Haushalt lebten. Wichtig ist dabei vor allem, wer die Kinder versorgte, wo die Eltern herstammten und ob sie selbst unter einigermaßen zufrieden stellenden Bedingungen groß geworden sind.

Wer selber weiß, wie sehr das Verständnis für einen Patienten durch diese Information gefördert wird, dem gelingt es auch fast immer, dem Patienten selbst das gleiche Gefühl zu vermitteln. Es ergibt sich dann in der Regel zwanglos, dass der Patient beginnt, gemeinsam mit dem Therapeuten über seine Vergangenheit nachzudenken und sich auch neu zu erinnern. Um diesen Vorgang des gemeinsamen Erforschens der frühen Kinderjahre des Patienten zu fördern, empfehle ich allen psychoanalytisch orientierten Untersuchern ein praktisches Hilfsmittel für ihr anamnestisches Gespräch:

Ich schlage vor, dass er sich eine Art „Familientafel" anlegt, in der er die wichtigsten Daten aus der Herkunftsfamilie in optischer Übersichtlichkeit einträgt. In dieser Familientafel können im Verlauf des Gesprächs die notwendigen Hinweise auf die Lebensentwicklung der Eltern des Patienten vermerkt werden. Alle Erfahrungen zeigen, dass der Patient tatsächlich einen besseren Zugang zu sich selbst und seinen Lebensumständen gewinnt, wenn er bemerkt, wie sehr der Therapeut bemüht ist, diese wichtigen Fakten zu erfahren und festzuhalten.

Im angelsächsischen Kulturkreis haben sich in den familientherapeutischen Arbeitsgruppen sehr ähnliche Tendenzen eingebürgert, um das Mehr-Generationen-Geschehen für die Beobachtung der Therapeuten und für die diagnostische Abklärung sinnfällig zu machen: Man legt dort ein „Genogramm" an, in dem mithilfe einiger festgelegter Symbole aufgezeichnet wird, wie Geschwister, Eltern und Großeltern jetzt noch miteinander verknüpft sind. Ob Eltern und Großeltern noch leben, ob die Geschwister geheiratet haben, ob noch Verbindung mit diesen Familienmitgliedern besteht oder ob (wichtig) der Patient sich durch gänzlichen Kontaktabbruch von seiner Herkunftsfamilie gelöst hat. Der individuellen Ausgestaltung einer solchen Familientafel oder eines solchen Genogramms sind gewiss keine Grenzen gesetzt. Zur Illustration führe ich die Abbildung auf S. 99 auf, die aus dem Buch von Guerin über Familientherapie stammt. Dort wird gezeigt, wie einzelne Fakten durch ein Symbol gekennzeichnet werden (männlich, weiblich, ungeborenes Kind, Heirat, Scheidung, Tod etc.) und wie mithilfe dieser Symbolzeichen ein Genogramm für drei Generationen angelegt wird.

Sicherlich finden sich auch bei den amerikanischen Familientherapeuten viele Varianten und Abänderungen, die das abgebildete Genogramm betreffen. Mein eigener Vorschlag für die grafische Beschreibung der Drei-Generationen-Familie sieht noch etwas anders aus: Ich empfehle, die wichtigsten Daten einer Familie so zusammenzustellen, dass in optisch übersichtlicher Form zusätzlich wichtige Fakten mit erfasst werden. So ist es nach meiner Erfahrung wichtig, über den *Gesundheitszustand* und das *Jugendschicksal* der Eltern Auskunft zu erhalten. Insbesondere, ob die Eltern der Patienten ihrerseits frühe *Personenverluste* erlitten haben. Man sollte über Angaben verfügen, die die *soziale Herkunft* der Eltern betreffen und damit zugleich die *soziale Gruppe*, in der die *Großeltern* gelebt haben. Darüber hinaus sollte man das Alter der Eltern bei der Geburt des Patienten kennen und etwa wissen, ob es sich um sehr junge, knapp zwanzigjährige Menschen gehandelt hat oder um eine 40-jährige Mutter, die einen Nachkömmling versorgen musste. Zugleich ist es wichtig, dass man sich auch ein Bild über die soziale Entwicklung der *Geschwister* macht.

Ist ein Patient verheiratet, so kann man – wenn Zeit und Interesse dafür reichen – ähnliche Daten für die Ehefrau des Patienten gewinnen, um mit einem raschen Blick zu erfassen, wie aus der Alterssituation, der sozialen Herkunft, der Gesundheit dieser Menschen und ihrer wechselseitigen Herkunftsfamilien Belastungen und Spannungen zu vermuten sind.

Als Beispiel führe ich eine solche Familientafel (S. 100) auf, die ich sowohl für den Patienten wie auch für seine Ehefrau zusammengestellt habe und die illustrieren soll, wie man mit solchen optischen Hilfskonstruktionen eine Vielzahl von Hinweisen über das abgelaufene Lebensschicksal eines Patienten und seiner Familiengruppe gewinnen kann.

II. Die Herkunftsfamilie: Die ödipale Konstellation und das Drei-Generationen-Konzept

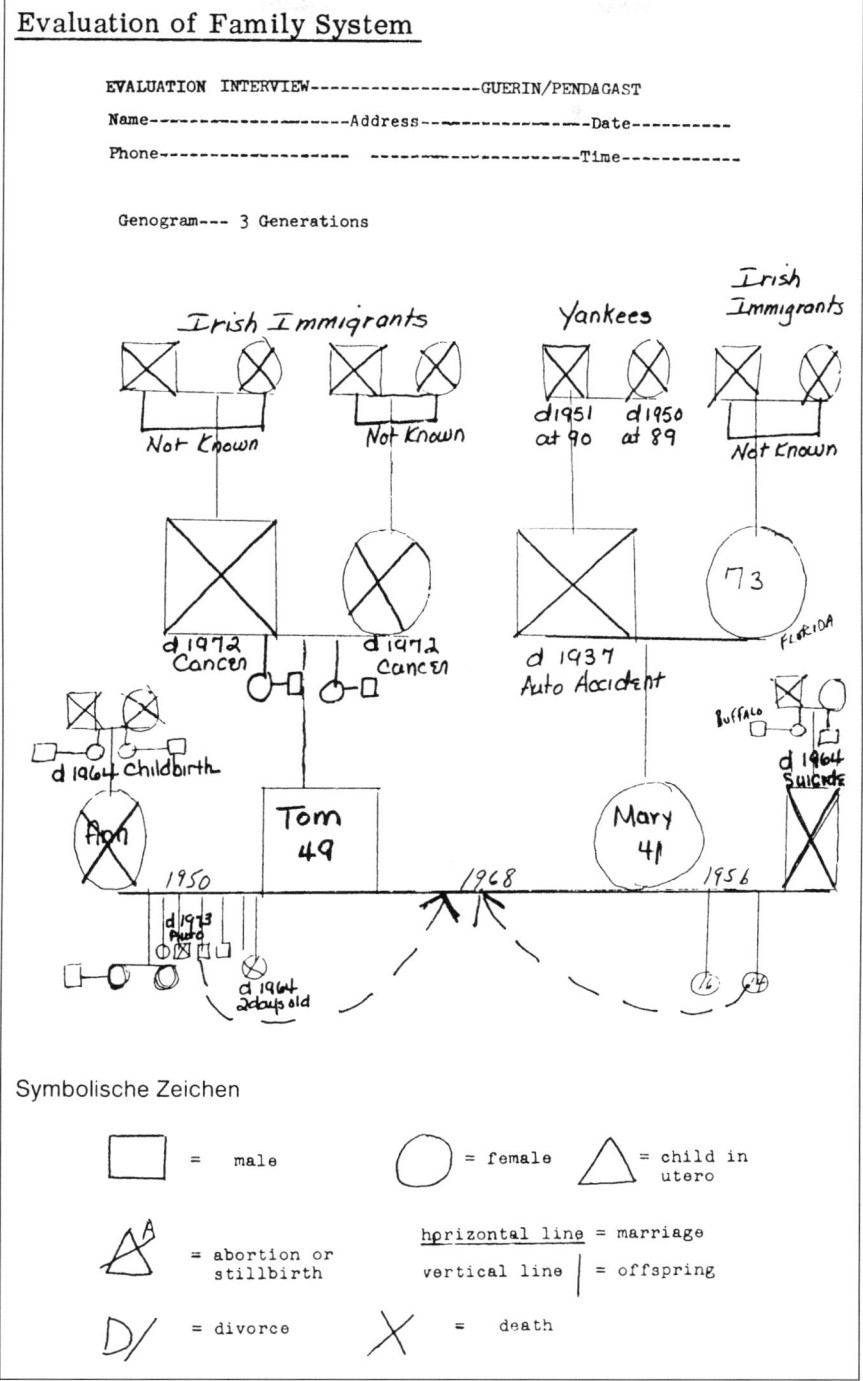

Symbolische Zeichen

Wenn es gelingt, während des Gespräches mit dem Patienten eine Familientafel in dieser oder abgewandelter Form aufzuzeichnen, dann ist der Gewinn groß. Mit einem Blick erfasst man das Familiengefüge, in dem der Patient herangewachsen ist.

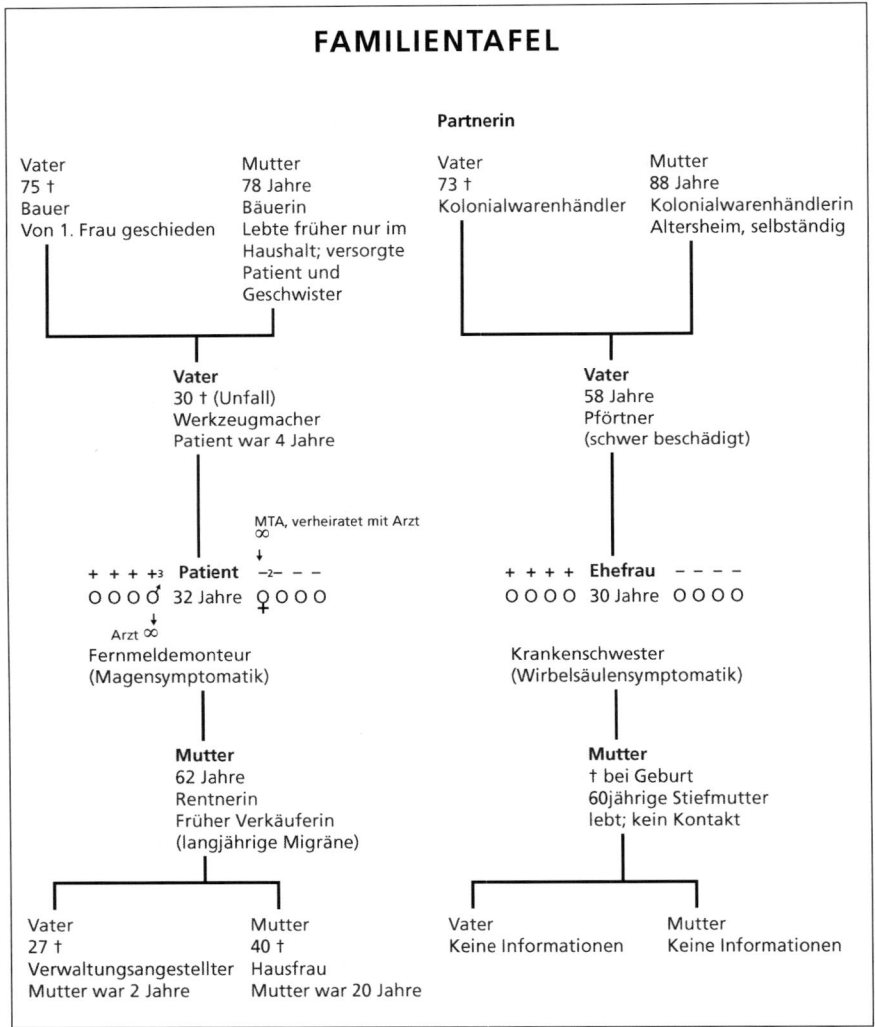

II. Die Herkunftsfamilie: Die ödipale Konstellation und das Drei-Generationen-Konzept

Im Klartext könnte ich die Situation des Patienten in der Abbildung etwa folgendermaßen beschreiben:

> Der jetzt 32-jährige Patient (Fernmeldemonteur) ist mittlerer von drei Geschwistern. Er verlor seinen *Vater* mit 4 Jahren, und die damals 34-jährige Mutter (vier Jahre älter als der Vater) musste die drei kleinen Kinder allein großziehen. Sie wurde dabei von ihrer Schwiegermutter unterstützt, die (jetzt 78-jährig) damals als 50-jährige Frau die Versorgung der Kinder übernahm.
> Die *Mutter* des Patienten ist selbst 2-jährig Vaterwaise geworden und stammt aus dem Milieu mittlerer Angestellter. Mit 20 Jahren verlor sie auch die Mutter. Später hat sie als Verkäuferin für die Ernährung ihrer Kinder gesorgt.
> Beide *Geschwister* des Patienten haben sich beruflich in Arztkreise hineinentwickelt (Bruder selbst Arzt, Schwester MTA und mit einem Arzt verheiratet). Der Patient ist als Fernmeldemonteur Lohnempfänger.
> Bei der Ehewahl des Patienten hat sich die Tendenz jener Menschen durchgesetzt, die nach schwerem Kindheitsschicksal einen Partner suchen, der ähnlich schwierige Lebensbedingungen zu bewältigen hatte: Die 30-jährige Ehefrau des Patienten wurde Mutterwaise bei der Geburt. Zu der Stiefmutter, die sie groß gezogen hat, besteht kein Kontakt mehr. Ihr 58-jähriger Vater ist schwerbeschädigt und übt mit Hinblick auf diese Schwerbeschädigung einen Beruf als Pförtner aus. Die schon 88-jährige Schwiegermutter des Patienten lebt in einem Altersheim, war selbstständige Kolonialwarenhändlerin. Der Schwiegervater lebt nicht mehr.
> Beide Eheleute fühlen sich nicht gesund. Mit aus diesem Grund haben sie keine Kinder.

Man kann also aus der hier vorgelegten Grafik entnehmen, dass beide Eltern den frühen Verlust eines Elternteils zu verarbeiten hatten, dass das soziale Milieu, aus dem sie stammen, keine extremen Diskrepanzen aufzeigt. Gleichzeitig wird deutlich, dass der Patient den beruflichen Aufstieg, den seine beiden Geschwister offensichtlich geschafft haben, selbst nicht erbringen konnte.

Wenn man will, kann man in einer solchen Familientafel noch Zusatzinformationen über vorhandene Konflikte eintragen, insbesondere auf einem gesonderten Schaubild Daten über die Kinder, falls Kinder vorhanden sind. In dieser Hinsicht kann man sich an die Genogramme aus dem angloamerikanischen Raum anlehnen.

Der Vorzug einer solchen optischen Übersicht wird deutlich, wenn wir einmal mit einem weiteren Schaubild eine gänzlich andere Familienkonstellation ins Auge fassen:

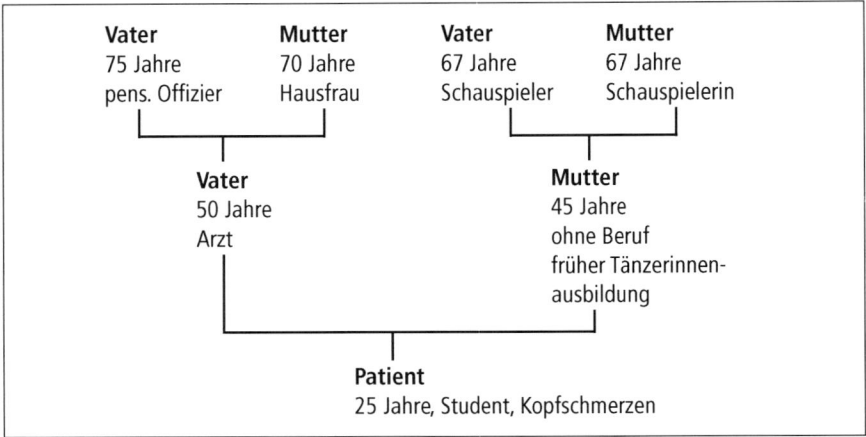

Dieser Patient hatte z. B. eine Mutter, die Balletttänzerin und Sängerin werden wollte, diese Karriere aber nicht schaffte, als hübsche junge Frau einen Arzt heiratete und mit 20 Jahren ihren Sohn bekam. Die Mutter selbst stammt aus Schauspielerkreisen. Der Vater hingegen aus einer preußischen Offiziersfamilie. Beide Großeltern leben noch, aber die Spannungen, die sich aus dem gänzlich unterschiedlichen Lebensstil zwischen den Großelternpaaren ergeben, sind sehr erheblich und haben vor allem schwerwiegende Folgen für die berufliche Entwicklung des Patienten. Der Patient selbst fühlt sich von der „preußischen" Linie seiner Familie sehr abgestoßen und versucht immer wieder, bei der „Schauspielertruppe" (wie die Familienformulierung heißt) Fuß zu fassen. Seine gespaltene innere Identität hindert ihn vor allem, seine fast unlösbaren Schwierigkeiten hinsichtlich einer klaren Berufslinie zu überwinden.

Bei den vom väterlichen Großvater geförderten Tätigkeiten in der Verwaltung fühlt er sich irritiert. Für die Schauspielerei, die ihm die anderen Großeltern anbieten, hat er nicht genügend Talent. Der Bruch in seiner persönlichen, beruflichen und menschlichen Entwicklung wäre in seinen vielschichtigen Determinanten nicht verständlich, wenn nicht über die „ödipale Konstellation" hinaus die gesamte kontroverse Familiendynamik bis in die Großelterngeneration hinein erfasst worden wäre.

Sicherlich ist mit den bisher angeführten Beispielen deutlich geworden, dass jeder Therapeut, der sich daran gewöhnt hat, das Lebensbild eines Patienten im Rahmen der Drei-Generationen-Abfolge zu verstehen, einen unschätzbaren Gewinn davon trägt: Die Herkunft auffälliger Reaktionsweisen wird für ihn deutlicher und die zwiespältigen Wertnormen eines Patienten können besser verstanden werden. Das Bild der Eltern, mit denen der Patient sich auseinander setzen musste, gewinnt ebenso an Vollständigkeit wie die menschlichen und beruflichen Leitlinien, die ihn geprägt haben.

So war es dann auch kein Zufall, dass ich unter den bisher dargestellten Krankengeschichten einige aufgeführt habe, in denen vor allem die Arbeitshaltung, die Tüchtigkeit bzw. das Versagen im beruflichen Leben nur im Hinblick auf den Einfluss familiärer Wirkkräfte verstanden werden konnte. Und damit haben wir die Überleitung zum nächsten Kapitel, das sich mit den neurotischen Elementen im Berufs- und Arbeitsleben unserer Patienten beschäftigen soll.

III. Berufsprobleme, Arbeitsstörungen und Lernschwierigkeiten

Jede Berufstätigkeit fordert in unterschiedlichen Varianten die Erfüllung bestimmter Leistungsanforderungen (gegebenenfalls auch Lernleistungen) und in ebenso großer Vielfalt den berufsspezfischen Umgang mit Menschen. Bevor wir die neurotischen Probleme, die in diesen Bereichen auftauchen können, in ihren Einzelheiten diskutieren, müssen wir uns einen Überblick darüber verschaffen, welchen *Stellenwert* die Berufstätigkeit im Leben eines Menschen hat. Anderenfalls sind wir in Gefahr, die beobachteten Konfliktkonstellationen unzureichend einzuordnen. Ich nenne die für unser Thema wichtigsten Varianten:

- Allein lebender Patient, der nur für sich selbst verdient. Er hat keine Familie zu versorgen.
- Allein verdienender Mann, der den Lebensunterhalt für Frau und Kinder (oder nur für die Ehefrau) bestreitet.
- Allein stehende Frau mit Kindern, die sich und die Kinder ernähren muss.
- Mitverdienende (evtl. teilbeschäftigte) Ehefrau, deren Einkommen dringend benötigt wird.
- Mitverdienende Ehefrau, deren Einkommen Erleichterungen verschafft aber nicht lebensnotwendig ist. Hingegen bringt der Beruf Abwechslung in das Leben der Frau.

Es ist leicht zu sehen, dass das Gewicht von Problemen und Konflikten in der Berufswelt sehr weitgehend davon abhängt, wie wesentlich die Konsequenzen für die Person oder die Familie sind, wenn der Beruf zeitweilig aufgegeben oder der Arbeitsplatz gewechselt werden soll.

Wenn wir im ebengenannten Sinn den Stellenwert kennen, den die Berufstätigkeit im Leben eines Menschen hat, dann brauchen wir weiterhin einen Überblick darüber, welche Befriedigungsmöglichkeiten im Berufsleben ganz allgemein *austauschbar* sind. Wir müssen wissen, wo gewissermaßen der Schuh drücken kann und ob dieser Druck vielleicht durch andere Vorzüge der Arbeitssituation ausgeglichen wird.

Hier ein tabellarischer Überblick:

▪ Austauschbare Befriedigungen im Berufsleben

- Funktion/Tätigkeiten
- Arbeitsklima/Kontaktmöglichkeiten
- Prestige (auch im Erleben der Herkunftsfamilie)
- Geld
- Bequeme Lage des Arbeitsplatzes
- Bequeme Arbeitszeiten (kein Schichtdienst, kein Spätdienst)
- Sicherheit des Arbeitsplatzes

In jedem dieser Bereiche kann ein Mensch Befriedigungen, aber auch Belastungen oder Enttäuschungen empfinden. Vielleicht muss er Ärgernisse ertragen und Verzichte hinnehmen. Manchmal fällt die Wahl schwer, welche Vorzüge aufgegeben werden sollen, damit bestimmte Nachteile in einer anderen Arbeitssituation ausgeglichen werden. Unter nicht neurotischen Bedingungen kann ein Mensch hier in freier Wahl abwägen und eine Rangordnung des Wichtigen aufstellen. Bestimmte Neurotiker sind dadurch gekennzeichnet, dass sie diese Rangordnung des Wichtigen nicht zustande bringen und unaufhörlich darüber grübeln, welche Veränderungen sie vornehmen sollen. In sehr ungünstigen Fällen geben sie sogar aus Ärger über einen kleinen Nachteil einen sehr viel größeren Vorteil preis.

Das Berufs- und Arbeitsleben unseres Kulturkreises ist außerordentlich vielschichtig. Einige globale Klassifikationen helfen uns, die gegebenen Arbeitsbedingungen eines Menschen gleich von Anfang an richtig einzuordnen. Wir unterscheiden:
- Selbstständige berufliche Tätigkeit
- Tätigkeit im öffentlichen Dienstag
- Tätigkeit in Industrie und Wirtschaft

Selbstständige berufliche Tätigkeit

Selbstverständlich gibt es bei den selbstständig Berufstätigen vom Inhaber eines Kioskes über den selbstständigen Malermeister, den selbstständigen Juristen bis zum Inhaber eines großen Industrieunternehmens die ausgedehntesten Unterschiede. Gemeinsam haben sie aber alle, dass sie die Verantwortung für ihren eigenen Betrieb tragen. Sie müssen Angestellte einstellen und entlassen können, d. h. also, dass sie einen besonderen Umgang mit Menschen gelernt haben müssen. Je nachdem, um was für einen Betrieb es sich handelt, müssen sie gegebenenfalls auch mit „Kundschaft" zurechtkommen und müssen einen Überblick darüber haben, wie sie (bezogen auf den Geschmack des Kunden) Einkauf und Verkauf günstig gestalten. Hier werden besondere Fachkenntnisse ebenso verlangt wie ein spezieller Umgang mit Menschen.

Tätigkeit im öffentlichen Dienst

Die Arbeitsverträge, die im öffentlichen Dienst geschlossen werden, können für die unterschiedlichsten Tätigkeiten gelten. In der derzeitigen kulturellen Epoche sind die Arbeitsplätze im öffentlichen Dienst sicherer. Krankheit und Fehlzeiten werden länger toleriert, Entlassungen wegen langer Fehlzeiten und mangelnder Arbeitsleistung sind im Vergleich zur Situation in der Industrie erheblich seltener. Die Anforderungen in Bezug auf Fachkenntnisse und Umgang mit Menschen sind dabei sehr variabel.

Tätigkeit in Industrie und Wirtschaft

In Industrie und Wirtschaft ist nach heutigen allgemeinen Angaben die Arbeitsanforderung höher als im öffentlichen Dienst. Das Entlassungsrisiko ist höher. Krankheiten und Fehlzeiten oder Bummelei werden nicht so lange geduldet. Dafür wird bei guter Leistung unter Umständen sehr erheblich mehr gezahlt. Die Aufstiegsmöglichkeiten hängen mehr an der Leistung als am Lebensalter. Bei großer Tüchtigkeit können auch sehr junge Menschen schon sehr viel verdienen. Dafür kann in der Wirtschaft und in der Industrie das Arbeitsklima sehr viel hektischer sein als in den Verwaltungsbetrieben des öffentlichen Dienstes. Die Varianten in Bezug auf Fachkenntnisse und Menschenbehandlung sind auch hier sehr groß.

Insgesamt empfiehlt es sich, bei der Suche nach Krisenpunkten im Berufsleben eines Menschen, die zu neurotischer Symptomatik geführt haben, folgende Gesichtspunkte auseinander zu halten:
- die geforderte Arbeitsleistung,
- der berufstypische Umgang mit Menschen und spezifischen Kontaktsituationen,
- Geldprobleme.

Ich beginne mit der Beziehung des Patienten zu der von ihm geforderten und vertraglich abgesprochenen Leistung und nenne die hierher gehörigen allgemeinen Gesichtspunkte. Danach soll das Thema der *neurotischen Arbeitsstörung* noch etwas spezifischer abgehandelt werden.

Zunächst sollte man sich darum kümmern, ob folgende Innenbefindlichkeiten bei einem Patienten vorliegen.
- Der Patient ist von seinen Fachkenntnissen her den Leistungen gewachsen, er ist aber von einer neurotischen Dauerangst erfüllt, er könne nicht genügen.
- Der Patient ist den Leistungsanforderungen zwar gewachsen, lebt aber in dauernder Protesthaltung und verdirbt sich den Arbeitserfolg entweder durch Fehlleistungen oder durch halbbewussten bzw. bewussten Protest.
- Der Patient überschätzt sich aus neurotischen Gründen selbst und ist den Anforderungen und Verpflichtungen, die er eingegangen ist, nicht gewachsen. Er

kann seine Mängel aber nicht sehen und schon gar nicht durch vermehrte Anstrengung ausgleichen.
- Der Patient ist den Anforderungen gut gewachsen, füllt sie auch aus, lebt aber in dauerndem Rivalitätskonflikt mit seinen Kollegen bzw. mit sich selbst, weil er (fälschlicherweise) glaubt, Besseres leisten zu können.
- Der Patient wäre den Anforderungen prinzipiell gewachsen, ist aber in Anbetracht seiner depressiven Herabstimmung zu keiner ausreichenden Aktivität in der Lage.

Wenn man sich an diesen Gesichtspunkten orientiert, dann hat man schon eine gute Ausgangsbasis, um Einblick in die innere Beziehung des Patienten zu seiner Arbeitswelt zu gewinnen. Wenn wir den Besonderheiten einer neurotischen Arbeitsstörung auf die Spur kommen wollen, dann müssen wir uns noch etwas umfassender orientieren. Nachstehend gebe ich zunächst einmal eine Übersicht, die eine formale Beschreibung unterschiedlicher Arbeitsabläufe bietet.

■ **Neurotische Arbeitsstörungen** (Formale Beschreibung)

1. Planung
   a) Verspäteter Beginn
   b) Fehleinschätzung der benötigten Zeit
2. Durchführung
   a) Materialsammlung; Bereitstellen von Handwerkzeug etc.
   b) Kontinuierlich; etappenweise; in letzter Minute
   c) Fehlerkorrektur (perfektionistisch, oberflächlich)
   d) Durch Fehlleistungen ständig behindert
3. Abschluss
   a) Rechtzeitig mit der Möglichkeit letztmaliger Korrektur
   b) Verspätet, durch Perfektionismus „überkorrigiert"
   c) „In letzter Minute"; unkorrigiert

Mithilfe dieser Gliederung können die kritischen Punkte für Arbeitsstörungen (wenn auch noch nicht die neurotischen Ursachen) herausgefunden werden.

Wenn wir jetzt einmal davon absehen, dass es Tätigkeiten am Fließband gibt, die sehr mechanisch ablaufen, dann können wir doch wohl davon ausgehen, dass bei den meisten beruflichen Tätigkeiten *Planung*, *Durchführung* und *Abschluss* der Arbeit zu den wichtigsten Elementen eines Arbeitsganges gehören.

Gleichgültig, ob ein Malermeister die Renovierung einer Wohnung übernommen hat, ob eine Autoreparatur durchgeführt werden soll, ein Küchenchef sein Tagesprogramm festlegt oder eine Hausfrau für die Familie plant, immer ist es von Bedeutung, dass in wichtigen Fällen der benötigte Zeitaufwand richtig eingeschätzt und die Arbeit rechtzeitig aufgenommen wird.

Ebenso wichtig ist es, dass das benötigte Material vor Beginn der Arbeit bereitliegt. Diese Regel gilt in gleicher Weise für schriftliche Berichte, die vielleicht in der Verwaltung angefertigt werden müssen (also Dokumente, Vorgutachten etc.), wie für handwerkliche Tätigkeiten, bei denen die Suche nach dem richtigen Handwerkszeug während der Arbeit viel Zeit kostet.

Die Durchführung einer Tätigkeit kann von sehr individuellen Konstanten abhängen. Es gibt Menschen, die sehr viel „Sitzfleisch" haben und ohne Mühe bei einer Arbeit bleiben. Andere brauchen normalerweise gewisse Erholungspausen. Aus neurotischen Gründen kann ein Mensch aber auch zu sogenannten „*Ausweichhandlungen*" übergehen (die übrigens sonst normalerweise in der Phase der Ermüdung eintreten) und es kann ihm (ebenfalls aus neurotischen Gründen) passieren, dass er bei seiner Planung so unter Druck gerät, dass er jede Tätigkeit nur in letzter Minute abschließt.

Bei jeder Zeitplanung gewöhnt sich der Geübte und Erfahrene daran, einen gewissen „Zeitpuffer" einzukalkulieren, der die Behinderung durch unerwartete und nicht vorhersehbare Schwierigkeiten miteinschätzt. Hierher gehört insbesondere auch die Notwendigkeit, die abgeschlossene Arbeit noch einmal zu überprüfen und zu korrigieren. Die Fehlerkorrektur kann aus neurotischen Gründen übergenau werden. Wir nennen sie dann perfektionistisch. Sie kann aber auch aus einem neurotischen Negativismus heraus zu oberflächlich geraten und damit den Wert der Gesamtleistung sehr herabmindern.

Die Behinderung durch ständige Fehlleistungen kann zu einem sehr quälenden Faktor werden, dessen Ursachen aber immer individuell determiniert sind.

Beim Abschluss einer Arbeit gibt es die günstigste Konstellation, die in der Regel darauf hinweist, dass ein Mensch mit seiner Tätigkeit identifiziert ist und dass er sie auch beherrscht: Der erste Abschluss der geplanten Arbeit sollte so rechtzeitig sein, dass bis zu dem geplanten Termin noch Zeit übrig bleibt, um letztmalig Mängel und Fehler zu überprüfen. Dies ist besonders bei schriftlichen Arbeiten wichtig, weil hier eine Korrektur, die das Ganze abrundet, am besten nach einer Ruhepause erfolgt, an die sich dann die letztmalige Korrektur anschließt. Aus neurotischen Gründen können Patienten mit sich selbst und ihren Tätigkeiten so unzufrieden sein, dass sie zu sogenanntem „perfektionistischen" Verhalten tendieren und ihre Arbeit „überkorrigieren", sodass die Korrektur eher Verschlechterungen mit sich bringt als Verbesserungen.

Am meisten Unbehagen verschaffen sich jene Menschen, die schon bei der Planung in Zeitdruck geraten sind und die den Abschluss dann nicht rechtzeitig schaffen. Sie beenden alles ohne eine letztmalige Prüfung und müssen sich dann später mit Beanstandungen auseinander setzen.

Nun möchte ich aber auch in Bezug auf diese formale Beschreibung von Arbeitsabläufen nicht missverstanden werden:

Auch der gesündeste Mensch kann in einer ermüdeten oder lässigen Phase seines Lebens eine Arbeit später beginnen als der Situation guttut. Er kann auch so gelangweilt sein, dass er keine ausreichende Planung vorweg gestaltet, bald unter Druck gerät und dann in der Eile den Überblick verliert. Er kann von andern wichtigeren Themen abgelenkt sein und sich seiner Aufgabe daher nur mit halber Aufmerksamkeit widmen (das wäre etwas anderes als eine neurotische Fehlleistung).

Wenn wir bei einem Patienten wissen wollen, ob seine Arbeitsschwierigkeiten in *neurotischen* Persönlichkeitsmustern wurzeln, dann müssen wir wie immer herauszufinden suchen, ob es sich bei ihm um ein *habituelles Reagieren* handelt, das auch dann nicht abgestellt werden kann, wenn sich der Patient selbst dringend darum bemüht und die äußere Situation es in seinem eigenen Interesse unbedingt erfordern würde.

Weder sogenannte „Faulheit" noch sogenannter „Fleiß" sind von vornherein ein Zeichen von normalem oder neurotischem Reagieren. Es gibt den neurotischen Fleiß ebenso gut wie die neurotische Faulheit, und beide haben jeweils ihren besonderen nachteiligen Stellenwert im Leben eines Menschen. Als neurotisch erkennen wir sie jedenfalls dann, wenn Fleiß eingesetzt wird, obgleich Erholungspausen notwendig wären, und wenn Faulheit und Bummelei den Arbeitsvollzug beherrschen und auch nicht abgestellt werden können, wenn dieses Reaktionsmuster einen selbstschädigenden Konflikt heraufbeschwört.

Leider sind wir nun mit der Feststellung, dass Menschen aus neurotischen Gründen verhindert sind, die ihnen aufgetragenen oder von ihnen selbst geplanten Tätigkeiten oder Arbeiten zufriedenstellend zu erledigen, im verstehenden Umgang mit einem Patienten noch keinen Schritt weiter. Wir müssen uns mit jedem Patienten neu gemeinsam auf die Suche nach den unbewussten Determinanten machen, die störend in seine bewussten Planungen eingreifen, sofern er uns berichtet hat, dass er mit der Erledigung seiner Arbeiten immer hinter seinen eigenen Möglichkeiten zurückbleibt und dass er trotz Bemühung immer wieder an den gleichen Ecken scheitert.

Wenn wir uns anhand der Übersicht auf S. 106 ein Bild davon gemacht haben, wie ein Patient seine Tätigkeiten plant, durchführt und abschließt (und wo hier die Störfaktoren liegen), dann können wir uns auch auf die Suche nach den *unbewussten Determinanten* machen, die die bewusste Planung störend behindern.

Auch hier hilft eine kleine tabellarische Übersicht über jene unbewussten Determinanten in einem Patienten, die sich im Allgemeinen als die häufigsten Störfaktoren für einen Arbeitsablauf offenbaren:

■ **Neurotische Arbeitsstörungen** (unbewusste Determinanten)

- Unbewusster Protest
- Unbewusste Angst, die eigene Unfähigkeit zu offenbaren
- Unbewusste Angst, hinter dem eigenen Ich-Ideal zurückzubleiben
- Unbewusste Angst, den Überforderungen nicht zu genügen
- Unbewusste Angst, die Eltern zu überflügeln
- Überbeansprucht durch unbewusste Konflikte

Vom unbewussten Dauerprotest gegen eine geforderte Tätigkeit hatte ich schon in meiner Einführung gesprochen. Ebenso von der Dauerangst, dass die eigenen Leistungen nicht genügen könnten. Eine solche Dauerangst kann die geforderten Tätigkeiten begleiten, ohne dass das Ergebnis der Arbeit entscheidend gestört wird. Sie kann aber auch solche Ausmaße erreichen, dass der Beginn der Arbeit hinausgeschoben wird und Planung und Überblick verloren gehen.

Ein anderes Thema ist das Problem des sehr hoch angesetzten „Ich-Ideals", das über die real gegebenen Möglichkeiten und Talente des Patienten hinausreicht: Ein Patient kann unbewusst mit der Problematik kämpfen, dass das Ergebnis seiner reibungslos durchgeführten Tätigkeiten doch offenbart, dass diese erbrachten Leistungen nicht mit dem eigenen, sehr viel höher angesetzten Anspruchsniveau korrespondieren.

Ebenso kann das Gegenteil der Fall sein: Kernpunkt der Auseinandersetzung mit den Eltern kann die Rivalität mit Vater oder Mutter gewesen sein und der Wunsch (untergraben von Angst) den Vater oder die Mutter zu überflügeln. Ein solcher Wunsch kann entweder der Verdrängung zum Opfer gefallen sein oder wurde – wie man auch sagt – „in sein Gegenteil verkehrt". So bringt der ungelöste Wunsch, sich an einem Elternteil vorbeizuentwickeln, unaufhörlich Störungen beim Arbeitsablauf mit sich. Die Auseinandersetzung mit den verdrängten ehrgeizigen Zielen ist so konfliktgeladen, dass die eigenen hoch gespannten Leistungsanforderungen nie erfüllt werden.

Freilich wäre es ein Nachteil und auch eine unzulässige Verkürzung der Lebensprobleme, wenn wir uns bei der Beurteilung der Arbeitssituationen eines Patienten allein auf die geforderten Tätigkeiten konzentrieren würden. Zu jeder Berufstätigkeit gehören nicht nur bestimmte Kontaktsituationen, sondern auch bestimmte Anforderungen an den zwischenmenschlichen Umgang, der Teil der beruflichen Aufgaben ist. Im Folgenden fasse ich kurz zusammen, welche zwischenmenschlichen Konstellationen vorkommen und bewältigt werden müssen, damit zugleich die berufliche Aufgabe erfüllt wird. Folgendes gehört in jedem Fall zum Berufsleben:

- Umgang mit gleichberechtigten Kollegen oder Kolleginnen,
- Umgang mit Kundschaft,
- Umgang mit Auftraggebern,
- Koordination unterschiedlicher Arbeitsabläufe von Mitarbeitern,
- Hinnahme von Weisungen,
- Erteilung von Weisungen,
- Einstellung oder Kündigung von Mitarbeitern (in Führungspositionen oder als selbstständiger Leiter eines Betriebs).

Sofern ein Beruf die Beteiligung in Entscheidungsgremien mit sich bringt (Vorstand, Aufsichtsrat, Betriebsrat, Selbstverwaltungsgremien etc.), wird es von Wichtigkeit sein, ob ein Mensch die Fähigkeit hat, in einem Gremium produktiv mitzuwirken, d. h. qualifizierte Sachbeiträge zu bringen. Hier stehen rhetorische Fähigkeiten zur Debatte, insbesondere das Talent, sich im richtigen Zeitpunkt mit dem eigenen Beitrag zu melden. Es gibt den neurotischen „Dauerredner", von dem jeder sagt, dass er nur sich selbst sprechen hören wolle. Oder es setzt sich bei solchen Patienten eine querulatorische Tendenz durch, die die Wirksamkeit des Sachbeitrages wieder neutralisiert.

Im Folgenden gebe ich einige Beispiele für neurotische Schwierigkeiten, die im Beruf durch zwischenmenschliche Konflikte auftauchen können:

- Von der Schnelligkeit einer Akkordarbeiterin hängt auch der Leistungslohn der anderen Akkordarbeiterinnen mit ab.
Neurotische Konstellation: Die Patientin richtet sich aus neurotischen Gründen nicht nach dem eigenen Kräftemaß, sondern nach den Wünschen der anderen. Sie ist durch deren Ungeduld stark beunruhigt, kann die gegebenen Möglichkeiten einer Erleichterung nicht in Anspruch nehmen.
- Eine Verkäuferin ist prozentual am Verkauf beteiligt und gerät dadurch mit ihren Kolleginnen in Rivalität.
Neurotische Konstellation: Die Patientin erträgt den Neid ihrer Kollegin nicht und gibt die „guten Kunden" an die anderen ab, um „ihre Ruhe zu haben".
- Eine Verkäuferin soll ihren Kunden „Ausschussware" anbieten und wird für diesen Verkauf mit Prämien belohnt.
Neurotische Konstellation: Die Patientin kann weder auf die Prämie verzichten noch die Missempfindungen ertragen, wenn sie glaubt, eine Kundin „betrogen" zu haben.
- Der gelernte oder ungelernte Arbeiter hat – wie alle Übrigen im Betrieb – einen Vorarbeiter, der seine Arbeitsabläufe überwacht. Alle übrigen Kollegen kommen mit diesem Vorarbeiter aus.
Neurotische Konstellation: Der Patient ist mit Hinblick auf seinen neurotischen Dauerprotest gegen Vorgesetzte außerstande, Weisungen entgegenzunehmen. Er entwickelt sich zum Querulanten und eckt auch bei den gleichrangigen Kollegen mit dieser querulatorischen Tendenz an.
- Mit einem Arbeitsplatz sind sogenannte „Weisungsbefugnisse" verbunden.
Neurotische Konstellation: Der Patient ist nicht in der Lage, Anweisungen auszusprechen, geschweige denn, durchzusetzen. Umgekehrte Situation: Der Weisungsbefugte missbraucht seine Rechte, gibt unverständliche und sinnlose Anweisungen und tyrannisiert die Mitarbeiter.
- Eine andere Arbeitssituation bringt die in unserem Wirtschaftsleben typische „Mittelposition" mit sich, in der sowohl Weisungsbefugnisse ausgeübt wie auch Weisungen empfangen werden müssen.
Neurotische Konstellation: Manche Patienten solidarisieren sich mit der weisungsbefugten Führungsgruppe und reagieren mit Enttäuschung, wenn sie von dieser Gruppe doch nicht als zugehörig empfunden werden, obgleich die notwendigen Weisungen mit überstarker Härte weitergegeben werden.
Andere Patienten solidarisieren sich mit der weisungsgebundenen Gruppe und sind nicht gewillt, die Weisungen, die sie weiterzugeben haben, zu akzeptieren, zu verstehen und umzusetzen.
- Die sogenannten gehobeneren Positionen, die „Führungsqualitäten" verlangen, erfordern nicht nur die Fähigkeit eines Menschen, mit nachgeordneten Mitarbeitern umzugehen. Sie erfordern vor allem, dass der Betreffende in etwa darüber Bescheid weiß, wie viel Zeit bestimmte Arbeitsabläufe beanspruchen, sodass er seine Mitarbeiter weder über- noch unterfordert. Er muss

auch wissen, wie er auf Fehlzeiten, Krankschreibungen und Minderleistungen zu reagieren hat. Umsicht, Entscheidungsfreudigkeit, Entscheidungsschnellig-keit werden ebenso verlangt wie die Bereitschaft, Verantwortung zu überneh-men, zu Fehlern zu stehen und sich gegebenenfalls auch einmal unbeliebt zu machen, wenn härteres Durchgreifen erforderlich ist.
Neurotische Konstellation: Der Patient ist unsicher über die Eigenart der geforderten Arbeitsabläufe, gibt widersprüchliche Anweisungen und reagiert auf Mängel des Arbeitsablaufes entweder zu schroff oder zu nachsichtig, ohne dass er diese Verhaltensstereotype abändern könnte. Er ist überstark auf die Anerkennung durch seine Mitarbeiter angewiesen.

- Gänzlich andere Probleme im zwischenmenschlichen Bereich gelten für alle Vertreterberufe: Der erfolgreiche Vertreter (sei es in der Großindustrie, sei es im konsumorientierten Einzelhandel) muss in der Lage sein, die Marktlage ebenso wie die Wünsche und Bedürfnisse seines Kunden soweit zu berücksichtigen, dass er selbst (der Vertreter) nicht in schlechten Ruf gerät, weil er seine Kunden schlecht beraten hat. Andererseits muss er doch den eigenen Vorteil bzw. den Vorteil der Firma so weitgehend wahrnehmen, dass die Belange der Kunden dahinter zurücktreten.
Neurotische Konstellation: Der Patient wirkt zu „gerissen", die Kundschaft misstraut ihm rasch; der Patient wechselt über zu großer „Kulanz" und kann aus neurotischen Gründen das notwendige Mittelmaß nicht finden.

Über diese berufsspezifischen Anforderungen hinaus, die einen bestimmten Umgang mit Menschen erfordern, gibt es nun natürlich jede Form von Problematik, die den beruflichen Kontakt mit Mitarbeitern und Vorgesetzten betreffen: So sehr die berufliche Kontaktsituation für viele Menschen einen Ausgleich für familiäre Problematik oder auch für Isolierung bietet, so sehr können hier auch die Wurzeln für habituelle neurotische Konflikte zu finden sein. Neurotische Dauerrivalität mit Kolleginnen oder Kollegen, Übergefügigkeit oder Dauerprotest Vorgesetzten gegenüber, eine intrigante Neigung, Menschen gegeneinander auszuspielen, können zum Thema einer neurotischen Berufsproblematik werden.

Freilich darf über der Beachtung der Arbeitsleistung und der zwischenmenschlichen Kontakte im Arbeitsbereich die Geldproblematik nicht vergessen werden, die mit einer Berufssituation verknüpft sein kann:

- Ein Mangelberuf wird in der Regel gern überbezahlt. Es gibt Menschen, die aus neurotischen Gründen nicht in der Lage sind, hier die angemessenen Forderungen zu stellen.
- Wer seine beruflichen Wünsche (mit der zugehörigen Ausbildung) auf ein Gebiet abgestellt hat, das von der Gesellschaft nicht so sehr gebraucht wird, der muss finanzielle Einschränkungen hinnehmen. Eine neurotische Gesellschaftsanklage kann in diesen Situationen auftauchen. Der Wunsch nach künstlerischer Selbstverwirklichung mündet nicht in Produkte, die auch gern gekauft werden: Daran ist aber „die Gesellschaft" schuld.

- Bei tariflich geregelten Arbeitsverträgen wird es gelegentlich zum Problem, ob und in welchem Ausmaß Überstunden geleistet (aber möglicherweise nicht bezahlt) werden. Umgekehrt, ob und in welchem Ausmaß der Arbeitnehmer eine Minderleistung bringt, die ihn als Bummelanten kennzeichnet. Es wird dann zur Frage, ob sich der Arbeitgeber mit Minderleistungen dadurch auseinander setzen kann, dass er bestimmte Arbeitsstunden nicht bezahlt, und ob sich dann etwa ein Arbeiter auf dem Bau durch Mitnahme von Materialien schadlos hält.

Diese normalen Konflikte im Arbeitsleben haben alle ihre neurotischen Varianten. Aus neurotischen Gründen machen manche Menschen Überstunden, die sie sich nicht bezahlen lassen. Aus ebenso neurotischen Gründen wird gebummelt, die Arbeit nicht erfüllt und dann mit sehr viel Protest erlebt, dass das Arbeitsverhältnis vom Arbeitgeber gelöst wird.

Das Thema der Geld- und Besitzkonflikte hatten wir ja bereits in seinen spezifischen Nuancen als Konfliktquelle für das Familienleben kennengelernt. Bevor ich in einem späteren Kapitel zur Erörterung des Besitzerlebens ganz allgemein übergehe, bringe ich jetzt noch im Zusammenhang mit Berufsproblemen und Arbeitsstörungen einen gesonderten Abschnitt, der sich mit den *Lernschwierigkeiten* eines Menschen befasst. Es hat sich heutzutage eingebürgert, Lern- und Leistungsschwierigkeiten in einem Atemzug zu nennen und damit das Wort „Arbeitsstörungen" auch auf jene neurotischen Behinderungen zu beziehen, die bei Lernleistungen auftauchen können. Diese Vermengung ist allerdings in der Regel ein Fehler. Dies insbesondere dann, wenn *studentische* Lernleistung gemeint ist, die – allen Behauptungen über die Verschulung der Universitäten zum Trotz – auch heute noch ein sehr hohes Maß an *selbstständiger* Lernleistung verlangt.

Bei einer Verwechslung von Arbeitsstörungen mit Lernschwierigkeiten vergisst man ja zunächst einmal, dass junge Patienten, die noch im Studium sind, keinen Arbeitsvertrag zu erfüllen haben. Es fehlt ihnen daher die strukturierende Orientierungshilfe einer festgelegten Arbeitssituation. Stattdessen müssen sich diese Patienten darum bemühen, einen angebotenen Wissensstoff mehr oder weniger selbstständig zu assimilieren. Nun sind aber Lernvorgänge ein sehr komplexes Geschehen, das viele Lebensbereiche des Menschen umgreift. Wir lernen bestimmte Verhaltensweisen in der zwischenmenschlichen Verständigung und im persönlichen Umgangsstil. Wir lernen Wertnormen, Sitten und Gebräuche. Und wir sprechen von Lernleistungen, die im engeren Sinn auf unsere Berufs- und Arbeitswelt bezogen sind, vor allem dann, wenn Fertigkeiten oder Fachkenntnisse erworben werden.

Bei all diesen Lernleistungen sind sehr unterschiedliche Vorgänge im Spiel. Einige von ihnen seien hier benannt:
- Lernen durch Nachahmung,
- Lernen durch Identifikation,
- Lernen unter Anleitung,

- Selbstständiges (autodidaktisches) Erarbeiten von Fähigkeiten und Wissensstoff.

Ich sagte schon, dass vor allem bei der Beurteilung von Lernschwierigkeiten während des Studiums oft vergessen wird, dass jegliches Studium eine besondere Fähigkeit zu selbstständigem Arbeiten erfordert. Das Lernen unter Anleitung (wie es zum Beispiel der Lehrling in der Werkstatt erfährt) nimmt im Verlauf eines Studiums einen sehr viel geringeren Raum ein. Selbstständiges Lernen setzt aber jedenfalls bestimmte Eigenschaften voraus, über die nicht jeder Mensch verfügt und deren Mangel auch gar nicht immer auf eine neurotische Behinderung schließen lässt. Neurotisch ist oft nur die Tatsache, dass jemand ein Studium wählt, obgleich er gerade über diese Fähigkeit zu selbstständigem Arbeiten nicht verfügt. Grundsätzlich ist zu bedenken, dass wohl die Mehrzahl aller Menschen darauf angewiesen ist, für ihre Lernleistungen eine Anleitung zu erhalten. Wäre das nicht so, dann brauchten wir keine Schulen. Zur erfolgreichen Bewältigung eines Studiums muss jedoch darüber hinaus die Fähigkeit zum selbstständigen Lernen entwickelt worden sein, während das Lernen unter Anleitung vergleichsweise zurücktritt.

Wenn wir die speziellen negativen Einflüsse verstehen wollen, die bei Lernvorgängen von neurotischen Behinderungen ausgehen, dann hilft uns vielleicht die folgende Einteilung weiter, die einige unterschiedliche Vorgänge bei Lernleistungen voneinander abhebt. Für das Verständnis neurotischer Lernschwierigkeiten ist es hilfreich, folgendermaßen zu unterscheiden:
- Die Wahrnehmung der angebotenen „Reizkonfigurationen",
- Die Wahrnehmung der Ergebnisse des eigenen Verhaltens,
- Die Motivation und der Bedürfniszustand des lernenden Individuums,
- Die „Belohnung" und die damit zusammenhängende Befriedigung nach erfolgreicher Lernleistung,
- Wiederholung und Übung,
- Das Intervall, in dem die Wiederholung der Lernleistung erfolgt,
- Die Art der Aktivität im Anschluss an die Lernleistung.

Diese einzelnen Elemente, die ein erfolgreiches Lernen beeinflussen, sind leicht zu verstehen: Die Wahrnehmungsfähigkeit für das, was gelernt werden soll (Buchstaben, Zahlen, Texte, handwerkliche Aufgaben) als „Reizkonfiguration", darf nicht durch eine Teilleistungsschwäche geschädigt sein. Ebenso wenig die Wahrnehmung der Ergebnisse, die die eigene Tätigkeit hervorgebracht hat.

Die erforderliche Wahrnehmungsleistung kann aber auch aus *neurotischen Gründen* geschädigt sein: Dann wirken sich sogenannte intentionale Lücken, die die Wahrnehmung der Welt beeinträchtigen, nachteilig aus. Oder ein Patient ist von inneren Konflikten so überstark beherrscht, dass er sich mit der Außenwelt nicht mehr konzentriert befassen kann, sondern „ablenkbar" oder „unaufmerksam" wird.

Dass ein Mensch zu einer Lernleistung motiviert sein muss, ist eine Binsenweisheit. Bei Kindern ergibt sich die stärkste Motivation im Allgemeinen durch die Bindung an die lehrende Persönlichkeit. Im Erwachsenenalter muss die Zielvorstellung, die mit dem Ergebnis der Lernleistung verknüpft ist, stark sein. Dies insbesondere dann, wenn sich die gelernte Fähigkeit nicht mit einer unmittelbaren Befriedigung verknüpft, wie das bei handwerklichen Leistungen häufiger der Fall ist, als bei der Aufnahme von abstraktem Wissensstoff.

Hat ein Schüler oder ein Student zum Beispiel keine Vorstellung, was er mit dem angebotenen Wissensstoff später einmal anfangen soll, und ist ihm das Wissen selbst uninteressant, dann ist die Motivation zu Lernleistungen mit Sicherheit gemindert. Dies wäre im Grunde eine gänzlich normale Reaktionsweise.

Bei einer allgemein depressiv herabgestimmten Gefühlslage hingegen sind Interessehaltung, Neugier und die Motivation zu allen Aktivitäten gelähmt und herabgedrückt. Die Befriedigung von Neugier oder das Erfolgserlebnis bei einer neu gewonnenen Fertigkeit können das Lebensgefühl nicht mehr erhöhen. Insofern ist auch kein Antrieb mehr da, neue Kenntnisse aufzunehmen und durch Wiederholung und Übung fest zu assimilieren.

Das freudige Erlebnis einer *Belohnung* für eine gelungene Lernleistung spielt in unserem Industriezeitalter eine immer geringere Rolle, je älter der Lernende wird. Das Schulkind lernt noch gern für Eltern und Lehrer. Es befriedigt vielleicht auch seine Neugier und hat Spaß an den erworbenen Fähigkeiten, die anerkannt werden (gute schulische Bedingungen vorausgesetzt). Schon für den Studenten fällt die unmittelbare Befriedigung oder affektive „Belohnung" in der Regel weg. Ein gut absolvierter Kurs, ein abgeschlossenes Praktikum, eine gelungene Klausur haben nur noch eine geringe Beziehung zu dem unterrichtenden Dozenten. Auch die Anerkennung der Eltern hat geringeren Wert, da sich diese häufig von den geforderten Lernleistungen keine Vorstellung machen können.

Der Abschluss eines Studiums als sogenannte „Belohnung" ist für das Zeiterleben eines jungen Menschen so weit entfernt, dass sich hier kaum unmittelbare hilfreiche Motivationen für eine Lernleistung ergeben. Eine sehr spezifische *neurotische* Problematik liegt immer dann vor, wenn die Vorstellungen eines Patienten über die Zeit, die *nach* dem Studium kommt, stark *angstbesetzt* sind. Dann wird der Abschluss des Studiums nicht mehr zu einer positiven Zielvorstellung. Stattdessen wirken sich die unbewussten Zukunftsängste, die die Patienten bei allen Fantasien über die späteren Berufsumstände empfinden, hemmend und hindernd auf die geforderten Lernleistungen aus. Wenn Studenten über sogenannte „Arbeitsschwierigkeiten" klagen, dann ist es immer wichtig, sich mit den Zielvorstellungen zu befassen, die der Student mit seinem Studium verknüpft. Insbesondere ist es wichtig zu wissen, ob er wirklich beim Beginn des Studiums jene Berufsumstände angestrebt hat, die ihn einmal erwarten.

Weitere Nachteile für eine erfolgreiche Lernleistung ergeben sich aus einem häufigen (zum Teil auch neurotisch determinierten) Irrtum, in dem sich Patienten befinden, wenn die Notwendigkeit ansteht, das einmal Gelernte auch zu *wiederholen* und zu *üben*. Jeder Mensch, der nicht über eine ganz besonders günstige Ausrüstung hinsichtlich seiner Gedächtnisleistungen verfügt, muss damit rechnen, dass er das einmal Gelernte auch wieder vergisst und dass er die Lernleistung wiederholen muss. In der Regel unterscheiden wir zwei Gedächtnistypen: Den leichten Lerner, der rasch behält, aber auch bald wieder vergisst. Daneben gibt es jenen Lerntypus, der die Lernleistung oft wiederholen muss, dafür aber dann den Vorteil hat, dass das Gelernte auch „sitzt". Die Menschen, die sowohl leicht lernen und gleichzeitig auch lange behalten, sind selten und von der Natur stark begünstigt. Wer schwer lernt und gleichzeitig noch rasch vergisst, ist im Nachteil.

Nun ist die allgemeine Unlust zu wiederholen und zu üben kein neurotisches Phänomen, sondern normal. Auch der Student überwindet diese Unlust meist nur unter Examensdruck. In seltenen Fällen auch dann, wenn ein Student in einem günstigen familiären Klima aufgewachsen ist, in dem eine geistige Orientierung vorherrschte und Bildung und Kenntnisreichtum als ein positiver Wert abgesehen wurden. Unter diesen Umständen kann der Wunsch, sachkundig an den Gesprächen und dem Erfahrungsaustausch der Umwelt teilnehmen zu können, zum Motor für wiederholte Lernleistung werden.

Der *neurotische Konflikt*, den wir am häufigsten vorfinden, wenn die notwendigen Übungs- und Wiederholungsschritte nicht vollzogen werden, liegt im *unbewussten Protest* gegen die (vermeintlich) geforderte Leistung, der kein Sinn und keine Freude abgewonnen werden kann. Wenn zum Beispiel ein Studium – was heutzutage nicht ganz selten ist – mehr aus Ratlosigkeit gewählt wurde, weil kein anderer Beruf „Spaß machte", dann ist im Allgemeinen die Motivation zu der notwendigen (und immer langweilen) Wiederholungs- und Übungsleistung gering. Der Betreffende erlebt die Lernschritte für sein Studium nicht als eine selbst gewählte Aufgabe, für die er auch die Verantwortung trägt, sondern als eine Forderung, gegen die er protestiert. In diesem Selbstmissverständnis bleibt natürlich der Erfolg beim Durchlaufen der Studiengänge aus.

Sofern man Schüler oder Studenten mit Lernschwierigkeiten zu beraten hat, dann ist es nützlich, wenn man ihnen zusätzlich noch eine Information weitergibt, die nicht sehr viel mit neurotischen Problemen zu tun hat, deren Kenntnis aber den Erfolg einer Lernleistung deutlich anheben kann: Es ist nicht sehr bekannt, dass ein Mensch nach einer angespannten Lern- oder Übungsleistung nach Möglichkeit nicht sofort eine andere intensive Aktivität anschließen sollte. Umfangreiche didaktische Erfahrungen haben gelehrt, dass eine Lernleistung umso besser erhalten bleibt, wenn nach dem Lernvorgang eine Ruhe- und Entspannungspause folgt. Warum das so ist, wissen wir nicht. Es ist aber ein Faktum, dass der gelernte Stoff umso eher verloren geht, je rascher sich eine ganz andersgeartete intensive Aktivität an die Lernleistung anschließt.

Im Rückblick auf das eben behandelte Thema möchte ich jetzt noch einmal betonen, dass ein aus neurotischen Gründen gestörter Arbeitsvollzug etwas anderes ist, als eine aus neurotischen Gründen gestörte Lernleistung. Arbeitsleistungen verlangen wir in der Regel erst dann, wenn die geforderten Kenntnisse und Fähigkeiten bereits erworben wurden. Bei guten Lernleistungen gehen wir davon aus, dass der Erwerb von neuen Kenntnissen und Fertigkeiten nach Möglichkeit unter optimalen Bedingungen erfolgt (am besten unter Anleitung). Gleichzeitig sollte die Motivationslage des lernenden Individuums und die Befriedigung, die durch das Lernen erlebt werden, ausreichen, damit die neue Kenntnisse und Fertigkeiten durch die notwendige Wiederholung und Übung gefestigt werden.

Immerhin dürfen wir nicht vergessen, dass der Lernende noch nicht im Erwerbsleben steht und ihm insofern auch das Befriedigungsgefühl verloren geht, dass er seine eigene Existenz selbstständig sichert oder dass er mit dem erworbenen Geld auch Unabhängigkeit erlangt und die Möglichkeit zur Befriedigung vieler Wünsche und Bedürfnisse.

Ein *neurotisches Reaktionsmuster*, das den Wunsch nach selbstständigem Gelderwerb und damit nach Unabhängigkeit lähmt und bei dem stattdessen der Anspruch auf Versorgungsleistung das Bedürfnis nach Selbstständigkeit verdrängt, spielt bei jenen Lebensläufen eine Rolle, in denen verlängertes Studium, Mehrfachstudium oder Studienwechsel den Zeitpunkt immer weiter hinausschieben, in dem der Erwerb von eigenem Geld (und die damit verbundene Selbstständigkeit) die Lebensordnung bestimmt.

Über die neurotischen Störquellen, die das Leben eines Menschen beeinträchtigen können, wenn er sich im Umgang mit Geld und Besitz nicht zurechtfindet, will ich im nächsten Kapitel berichten.

IV. Besitzerleben und -verhalten

In dem früheren Kapitel über Familienprobleme habe ich bereits davon gesprochen, dass die unterschiedlichen Reaktionsweisen zweier Menschen in Bezug auf Geld und Eigentum zum neurotischen Dauerkonflikt zwischen den beteiligten Partnern werden können. Ich möchte hier noch einmal die Gelegenheit ergreifen, um darauf hinzuweisen, dass die Besitzproblematik zwischen zwei Menschen oder in einer Familie bevorzugt zu jenem Konfliktstoff gehört, der es verhindert, dass längst gescheiterte Beziehungen aufgelöst werden. Zugleich handelt es sich um einen Konfliktstoff, der dazu beitragen kann, dass ein neurotisches Krankheitsbild nicht allmählich abklingt, sondern dass es mit Hinblick auf die ständig wirksamen Spannungsfaktoren weiter bestehen bleibt.

In den früheren Kapiteln habe ich auch schon mithilfe einiger Fallbeispiele illustriert, welche neurotischen Reaktionsmuster einen Patienten in seinem Umgang mit Geld charakterisieren können und welche zugehörigen Probleme und Konflikte sich dann einstellen. Es ist aber doch wohl notwendig, dass ich jetzt einmal in einem gesonderten Kapitel die wichtigsten unterschiedlichen Verhaltensweisen beschreibe, die der Mensch im Umgang mit Geld und Besitz kennt. In unserem Zeitalter ist der Mensch ja – um mit Georg Simmel zu sprechen – mehr oder weniger das „indirekte Wesen". Das heißt, seit der größte Teil der Menschheit den Tauschhandel durch Geldgeschäfte ersetzt hat, laufen wichtige Elemente der Triebdurchsetzung und Bedürfnisbefriedigung auf dem Umweg über das Geld ab. Es ist fast erstaunlich, dass Freud diesen speziellen Problemen bei der Entwicklung seiner Neurosenlehre so wenig Aufmerksamkeit gewidmet hat. Immerhin wirkte sich ja seine eigene Vermögenslage entscheidend darauf aus, dass er seine Verlobte (sein „Liebesobjekt") erst so spät heiraten konnte.

Jedenfalls war es auch zu Freuds Zeiten schon eindeutig klar, dass die wirtschaftlichen Verhältnisse eines Menschen seine Liebesverbindungen ebenso beeinflussen, wie seine Möglichkeiten, Macht und Ansehen zu gewinnen. Natürlich wird dieser Umweg der Bedürfnisbefriedigung über das Geld erst in den späteren Jahren des erwachsenen Menschen wichtig. In jeder Kinderentwicklung hat das Erleben um „mein" und „dein" noch einen sehr unmittelbar dinglichen Charakter. Auch die sehr frühen Befriedigungen des Säuglings und Kleinkindes, die Sättigung und Ruhe bringen (oder Hunger, Mangelerlebnisse und Erregung), wirken sich nach psychoanalytischen Erfahrungen auf die spätere Charakterbildung aus. Es war Karl Abraham, der diesem Thema als erster seine Aufmerksamkeit zuwandte. Allerdings blieb Abraham noch bei der älteren psychoanalytischen Begriffsbildung, die von „prägenitalen" Trieben sprach, und mithilfe dieser Sprachregelung vor allem die Beziehung dieser „Partialtriebe" zur libidinösen Entwicklung des Säuglings und Kleinkindes hervorhob.

In späteren Jahren haben sich bestimmte psychoanalytische Arbeitsgruppen dafür entschieden, neben der Anerkennung der aggressiven Impulse (die Freud noch selbst vorgenommen hat) auch die Eigenständigkeit der sogenannten „oralen" Triebregungen zu beachten und ihre Bedeutung für die Entwicklung eines neurotischen Charakterbildes zu würdigen. Insofern ist es mir in diesem Kapitel auch ein besonderes Anliegen, dass ich die unterschiedlichen Reaktionen der Menschen in Bezug auf Besitz und Eigentum so ausreichend beschreibe, dass die zugehörigen neurotischen Reaktionsmuster verständlich werden.

Ich versuchte dies zunächst mithilfe einer Tabelle, die ich anschließend erläutern will. Zuvor sei jedoch noch einmal an die Ausführungen aus dem ersten Kapitel erinnert:

Jedes Verhalten, das ich im Folgenden benenne, kann unter gegebenen Bedingungen eine gänzlich unneurotische Reaktionsweise sein, die der Situation angemessen ist und die dem betreffenden Menschen einerseits zur Verfügung steht, andererseits aber auch aufgegeben werden kann, wenn es erforderlich sein sollte. Wonach wir – wie immer – auch in diesem Kapitel suchen müssen, sind jene Reaktionsweisen, die sich als festgelegtes Verhaltensstereotyp herausgebildet haben und die *nicht* austauschbar sind. Verhaltensweisen, die sich zur Unzeit melden, selbst wenn sie nicht gebraucht werden, oder die nicht einmal dann aufgegeben werden können, wenn sich der Patient mit diesem neurotischen Verhalten selber Schaden zufügt.

Besitzerleben und -verhalten

	Existenz sichern	
	Genießen	
	„Vermögen" (Macht)	
Erwerben	Behalten	Geben
Erobern	Sammeln	Schenken
Rauben	Verteidigen	Verschleudern
Stehlen		
Bitten	Unterstützt werden, Versorgt werden	
Fordern	Schulden machen	
	Einteilen	
	Verwalten	
	Investieren	

Aus dieser Tabelle greife ich zunächst einmal eine menschliche Verhaltensweise heraus, die sich mit Sicherheit (mindestens für die Menschen in nördlichen Gegenden) als arterhaltend erwiesen hat: Die Fähigkeit zur *Vorratshaltung*. Der Mensch, der unterschiedlichen Witterungseinflüssen ausgesetzt war, musste in der Lage sein, Vorräte zu sammeln und ihren Bestand so lange zu erhalten, bis die ungünstigen Witterungsperioden vorüber waren. Sammeln von Lebensmitteln und wärmender Kleidung waren ein arterhaltender Anfang. Das Sammeln von interessierenden und vielleicht auch schönen Gegenständen gehörte – soweit uns die menschliche Geschichte lehrt – ebenfalls bald zu den charakteristischen Eigentümlichkeiten vieler Menschen, die sich durch den Anblick gesammelter schöner Gegenstände erfreuen.

Sammeln wird erst dann zum *neurotischen Problem*, wenn über das notwendige Maß hinaus Besitz angehäuft (und nicht benutzt) wird, oder wenn gar unbrauchbare und sinnlose Gegenstände gesammelt, geordnet und etikettiert werden. So sagt man von Schopenhauer, dass er Kästchen beschriftet haben soll mit dem Etikett *„Bindfadenenden, die nicht mehr zu brauchen sind"*. Dabei darf man unter psychiatrischen oder psychodynamischen Gesichtspunkten gewiss davon ausgehen, dass der Sammler, der Unnützes in der eben beschriebenen Form aufbewahrt, in jedem Fall etwas tut, was ihm selbst Befriedigung verschafft oder vielleicht der Angstabwehr dient. Die Unsinnigkeit und auch Unkorrigierbarkeit des beschriebenen Verhaltensmusters gibt ihm die neurotische Qualität, die bei einigen Absonderlichkeiten im Lebenslauf eines Menschen nur harmlose Auswirkungen zu haben braucht, in gravierenden Fällen aber dazu führt, dass ein Mensch bei hohem Bankkonto in Armut und Elend stirbt.

IV. Besitzerleben und -verhalten

Ich gehe jetzt einmal die oben aufgeführten Stichworte meiner Tabelle durch:
Am Kopf der Tabelle habe ich mit drei Begriffen aufgeführt, wozu der Mensch Besitz und Eigentum *braucht*: Die Sicherung der Existenz mit Nahrungs-, Kälte- und Gesundheitsschutz stehen gewiss an erster Stelle. Die Freuden, die man darüber hinaus aus Wohlstand und Reichtum ziehen kann, sind groß. Macht und Einfluss, die ein „vermögender", „mächtiger" Mensch durch seinen Reichtum erwirbt, spielen im Leben vieler Persönlichkeiten eine große Rolle.

Hier eine kurze Diskussion der zugehörigen neurotischen Reaktionsweisen: Ein Mensch ist nicht in der Lage, das kleine Minimum an Arbeitsleistung zu erbringen, das er zum Gelderwerb benötigt, um seine Existenz zu sichern. (Ich sehe hier von äußerst ungünstigen sozialen Verhältnissen ab und unterstelle, dass die soziale Möglichkeit zum Gelderwerb gegeben ist). Bei diesen Patienten gibt es häufig einen Austausch zwischen den (dann ebenfalls neurotischen) Reaktionsweisen, die auf Versorgung und Unterstützung hin orientiert sind. Unter bestimmten Bedingungen einer äußeren Lebensbelastung wäre es zwar sicherlich neurotisch, wenn ein Mensch nicht in der Lage wäre, um Unterstützung zu bitten, gegebenenfalls einen Kredit aufzunehmen oder sich der freundschaftlichen Versorgung durch andere zu überlassen. Wer aber mit einem festgelegten Verhaltensstereotyp auf Unterstützung, anstatt auf eigenständige Tätigkeit hin, ausgerichtet ist, der trägt aller Wahrscheinlichkeit nach neurotische Einengungen in sich: Selbstständige und konstante Tätigkeit, die zum Gelderwerb führt, ist aus neurotischen Gründen unmöglich. Die Fantasie, dass die eigene Tätigkeit die Existenz sichern müsste, ist ausgelöscht. Stattdessen besteht die Vorstellung, dass andere für die eigene Versorgung verantwortlich seien. Unter Umständen gibt es bei solchen Menschen ein quälendes, masochistisches Bitten um Geld, Schulden machen und die Notwendigkeit, immer wieder demütigende Arrangements zu treffen, wenn die Schulden nicht bezahlt werden können.

Weiter: Nur wer das erworbene Geld auch genießen kann, kennt die zusätzlichen Freuden, die über die Sicherung der Existenz hinausgehen. Die Möglichkeit, jenes Behagen in den Alltag zu tragen, das über die reine Existenzsicherung hinausgeht, Freunden helfen zu können, wenn es erforderlich ist und Spielraum im Aktionsradius zu haben, vermitteln ein Gefühl der Freiheit und Freude, das man jedem Menschen wünschen möchte.

Die Patienten, die sehr spartanisch erzogen wurden und zu deren Wertwelt es gehört, dass Sparsamkeit und bedürfnisarme Lebensführung der höchste Wert ist, können aus der Orientierung an solchen Leitlinien große Befriedigung ziehen und brauchen nicht zu erkranken.

Die Konstellationen, unter denen eine solche neurotische Balance aus dem Gleichgewicht gerät, entspringen häufig dem *Vergleich* mit anderen Menschen, die bei gleicher Aktivität, bei gleichem Erwerbssinn und vielleicht sogar bei ähnlich disziplinierter Lebensführung doch viel mehr Befriedigung aus dem gewinnen, was sie sich erworben haben: Mehr Lebensfreude, mehr Abwechslung und auch mehr Kontaktreichtum. Das Thema der neurotischen Rivalität wird dann mit zum determinierenden Faktor für ein gestörtes seelisches Gleichgewicht.

Auf meiner Tabelle habe ich dann auf der linken Seite einige Verhaltensweisen versammelt, die etwas damit zu tun haben, dass ein Mensch sich aktiv um irgendeinen Besitz bemüht. Ich halte es für wichtig, dass ein Therapeut, der mit Patienten umgeht, die Nuancen dieser Seite des aktiven Umgangs mit Besitz und Geld kennt. „Erwerben" durch Tätigkeit, „Erobern" durch Kampf, „Rauben" durch Gewalttätigkeit, „Stehlen" durch Heimlichkeit, „Bitten" durch freundschaftlichen Umgang mit der Umgebung, „Fordern" im Rahmen verbal-aggressiver Auseinandersetzung müssen auseinander gehalten werden, um ihren neurotischen Stellenwert – falls er vorhanden ist – einzuordnen:

Wenn ein Patient zum Beispiel stiehlt, weil ihm konstante Tätigkeit zum Gelderwerb nicht möglich ist oder er aus allen möglichen Gründen keine Lust dazu hat, dann mag das Stehlen noch nicht unbedingt eine neurotische Reaktionsweise sein. Wenn er sich aber (meist als Jugendlicher) habituell beim Stehlen erwischen lässt, dann muss der Therapeut aufmerksam werden.

Eine andere Variante ist die neurotische Verwechslung von Bitten und Fordern, in denen sie nur darauf zu bestehen haben, dass ihnen ihr Recht zukommt, eine ängstliche Bitte aussprechen, während eine gelassene Forderung angemessen wäre. Umgekehrt gibt es Menschen, die fordern, ohne dass ein Anspruch oder ein Recht auf ihrer Seite wäre und eine freundliche Bitte sehr viel mehr Aussicht auf Erfolg hätte.

In der Mitte meiner Tabelle habe ich dann jene Worte zusammengefasst, die die oben von mir erwähnte „normale" Vorratswirtschaft der Menschheit betrifft: Der Mensch muss in der Lage sein, das Erworbene auch zu erhalten, es anzusammeln und gegen Angriffe zu verteidigen.

Wer als Kind gelernt hat, dass das Abgeben das Richtige sei und er immer nur gibt, anstatt zu behalten, der gerät in Schwierigkeiten.

Wer aber auch dann behält, wenn der zwischenmenschliche Umgang durch ein Geschenk oder eine Gabe nur gewinnen könnte und erfreulich gestaltet würde, den schränkt dieses neurotische Verhaltensmuster in bedauerlicher Weise ein.

Trotzdem müssen wir auch bedenken, dass nicht nur „Behalten" und „Schenken" als Normalreaktionen wichtig und erforderlich sind. Auch „Geben" und „Schenken" können als neurotische Reaktionsweisen festgelegt sein: Das „neurotische Geschenk" als Werbung, um eine existenzielle Lebensunsicherheit zu beschwichtigen, ist ein bekanntes neurosenpsychologisches Phänomen. Geschenke dieser Art können trotz allem dem alltäglichen Umgang mit anderen Menschen liebenswürdiger gestalten als zuvor. Schwierig wird es, wenn das neurotische Geschenk von der Erwartung auf eine habituelle Dankbarkeitshaltung begleitet wird. Wer neurotisch und ungern schenkt und zugleich ebenso dauernde Dankbarkeit erwartet, wird ein sehr unerfreuliches Mitglied in Familie und Freundeskreis. Die Geschenke quälen nur, und die aggressive Verpackung (die Dankbarkeit fordert) setzt einen höchst ungünstigen Kreisprozess negativer wechselseitiger Empfindungen in Gang.

Die drei Begriffe, die ich aufgeführt habe, um die Fähigkeit eines Menschen zu benennen, sich von seiner Umgebung helfen zu lassen, sind schon aufgetaucht, als ich davon sprach, wie ein Individuum seine Existenz sichert. Ganz gewiss gehört es zum „normalen" Reagieren eines Menschen, dass er in der Lage ist, in hilfsbedürftigen Situationen auch Hilfe anzunehmen. Es gibt die neurotische Haltung, die in Lehrbüchern auch als sogenannte „stramme Haltung" beschrieben wird, die es einem Patienten unmöglich macht, in der Phase geschwächter Lebenskraft um die Versorgung durch andere zu bitten oder sich diese gern gegebene Versorgung gefallen zu lassen.

Ebenso gibt es das umgekehrte neurotische Verhaltensmuster: Die neurotische Bewältigungsstrategie in Lebenskrisen hat zu geringe Elemente an Eigenaktivität und zu viele (habituell auftauchende) Erwartungen an die Dienst- und Versorgungsleistungen durch andere. Im psychoanalytischen Sprachgebrauch spricht man bei solchen Menschen auch von „regressiven Verhaltensweisen". Man meint damit, dass die frühen Organisationsstufen der Ich-Entwicklung (in der das Kind auf Versorgung und Schutz angewiesen war) wiederbelebt werden oder dass der Patient auf diesen Entwicklungsstufen fixiert geblieben ist. Man spricht auch von anspruchsvollen „Haltungen", bei denen sich dann meist für den Untersucher ein Gemisch von Forderung und Passivität bemerkbar macht.

Die sechste und letzte Gruppierung von Verhaltensweisen, die ich in meiner Tabelle aufgeführt habe, geht um die Verwaltung und Einteilung von vorhandenem Geld und Eigentum. Seit es eine Geldwirtschaft gibt, und insbesondere im Industriezeitalter, wird vom Menschen eine erhöhte Abstraktionsleistung verlangt: Das vorhandene Geld muss als Zahlungsmittel so eingeteilt werden, dass zunächst die Grund- und Alltagsbedürfnisse des Lebens zu befriedigen sind. Es darf nicht an falscher Stelle vorfristig ausgegeben werden, sodass es dann für einen lebenswichtigen Bedarf oder als Reserve in Krisensituationen nicht vorhanden ist. Diese Form des Umgangs mit Geld muss gelernt werden. Umso mehr, je mehr Geld vorhanden ist. Es gibt aber eine neurotische *Verleugnung* der Wichtigkeit des Geldes bei stark andrängenden unbewussten oralen Wünschen. Die Folge davon ist, dass diese Patienten oder Patientinnen den Überblick über ihre Vermögensverhältnisse verlieren: Plötzlich haben sie Schulden, mit denen sie nicht rechneten oder deren Bedeutung sie dann verleugnen. Sie sind Verpflichtungen eingegangen, deren Tragweite sie nicht abschätzten. In Zeiten, in denen sie dringend Geld benötigen, haben sie dann keine Mittel zur Verfügung.

Neben der neurotischen Verleugnung der Wichtigkeit des Geldes haben wir dann als weiteres neurotisches Verhaltensmuster die *unbedachte sofortige Wunscherfüllung*. Diese Patienten haben keine Möglichkeiten, die Erfüllung ihrer Wünsche etwas aufzuschieben oder zu vertagen. Ihre Tendenz zu sofortiger Wunscherfüllung ist aus neurotischen Gründen nicht mehr steuerbar: Es gibt die Hausfrau, die schon Mitte des Monats das gesamte Wirtschaftsgeld ausgegeben hat, weil sie momentanen Wünschen oder billigen Sonderangeboten nicht widerstehen konnte oder weil sie der Familie etwas besonders Schönes zur Freude bereiten wollte. Eine solche Patientin ist dann oft verzweifelt, weil sie für sich selbst keine großen Gelder ausgibt, aber trotzdem nie mit der verfügbaren Summe auskommt. Es gibt den allein lebenden Junggesellen, der ein relativ hohes Einkommen hat, der aber immer von dem Gefühl erfüllt ist, dass er trotz sparsamer Lebensführung nie aus den Schulden herauskommt. Bei genauer Beobachtung stellt sich heraus, dass die Augenblicksausgaben für Lokalbesuche, Zigaretten, Einladungen, Reisen in der Summe doch relativ hoch sind, während die einzelnen Befriedigungen innerlich eher als gering empfunden werden.

Ein neurotisches Sparen am Pfennig mit der Tendenz, dann den Tausendmarkschein leichtfertig wegzugeben, ist ein anderes neurotisches Verhaltensstereotyp. Hier allerdings möchte ich darauf hinweisen, dass besonders darauf zu achten wäre, ob neurotisch habituell gespart wird, oder ob der Betreffende nach der vernünftigen Erkenntnis handelt, dass das Sparen an kleinen Summen (besonders im Haushalt) von einer großen, wenn auch häufig übersehenen Bedeutung ist. Das gelegentliche Investieren eines großen Betrages in eine Wunscherfüllung bringt die vorhandene Vermögenslage meist nicht so schnell in Unordnung, wie das ständige Überziehen des verfügbaren Geldes durch kleine Summen. Tatsächlich gibt es wohl kaum einen größeren und auch erlösenderen Luxus, als wenn ein Mensch es nicht mehr nötig hat, auf die Geldausgabe bei kleinen Summen zu achten, die sich im Allgemeinen rapide zu einer großen Summe anhäufen.

Das *neurotische Sparen* von *kleinen Summen* wird meistens dann erkennbar, wenn aus dem gesammelten Geld keine Freude mehr bezogen wird. Mehr noch, wenn der Betreffende nicht in der Lage ist, im geeigneten Augenblick in ein Projekt, das er plant, Geld zu *investieren*. Neurotische Verlustängste können hier sehr viel hindern und produktive Entwicklungen abbremsen, die sich zum Nachteil für den Patienten auswirken.

Die neurotische Unfähigkeit, in einem gegebenen Moment Geld in einen Plan zu investieren, ohne dass der sofortige Gewinn gesichert ist, ist ein Mangel, der allerdings nur bei solchen Persönlichkeiten auffällt, denen man insgesamt die Möglichkeit zu einem sehr vorausschauenden, weit greifenden Lebensplan zuschreiben möchte. Denn ganz gewiss kann es normal sein, dass Menschen nur dann etwas tun, wenn sie unmittelbar die erhoffte Befriedigung oder Entlohnung erhalten. Es gibt aber auch Menschen, die aus neurotischen Gründen nichts tun, wofür nicht eine Bedürfnisbefriedigung in unmittelbarer Sicht ist. Wenn es sich hier um einen erstarrten Verhaltensstereotyp bei einem Menschen handelt, dem ein expansiverer Lebensweg möglich wäre, dann ist diese Reaktionsform auch insofern sehr hinderlich, als sie sich im Allgemeinen auf andere Lebensbereiche überträgt: Diese Menschen sind nicht in der Lage, für eine gewisse Zeit in einen Lernprozess, in eine Berufstätigkeit, in ein Projekt Anstrengungen und Kräfte zu investieren, wenn sie nicht unmittelbar durch ein befriedigendes Resultat oder durch Geld belohnt werden. Um einen erklärenden Vergleich zu brauchen, könnte man sagen, dass ein solcher Patient dem passionierten Skifahrer ähnelt, der es aufgibt, Ski zu laufen, weil ein Sessellift fehlt und der Aufstieg bis zum Hang zu langwierig und zu beschwerlich erscheint.

Patienten mit neurotisch verleugnetem Ehrgeiz und verunsicherter Selbsteinschätzung hinsichtlich der eigenen Leistungsfähigkeit machen dann in der Regel aus der neurotischen Not eine ebenso neurotische Tugend: Sie geben vor, dass sie sich dem Leistungsdruck der Gesellschaft nicht beugen wollen, dass ihnen eine Führungsposition sowieso gleichgültig sei und dass sie zudem bescheiden zu leben wüssten. So unterlassen sie die Investition von Kraftanstrengung, Leistung oder auch Geld in ein Projekt, stecken ihren Lebensrahmen enger, als es nötig wäre, und auch enger, als sie es selbst – im psychopathologischen Sinn – vertragen würden: Die neurotische Symptomatik bricht immer dann aus, wenn die Lebenskonstellationen eines Patienten ihm verdeutlicht, dass seine wichtigsten Pläne, Wünsche und Bedürfnisse unerfüllt bleiben, weil er selbst die zugehörigen vorbereitenden Schritte der Kraftinvestition nicht gegangen ist, weil sein Spannungsbogen nicht gereicht hat.

Insgesamt muss man dabei abschließend zum Problem des Besitzerlebens und Besitzverhaltens doch wohl sagen, dass ein Mensch in vieler Hinsicht nicht nur von seinen familiären Vorerfahrungen geprägt wird, sondern dass auch kulturelle, zeittypische Strömungen direkt oder indirekt in schwer abzuschätzendem Ausmaß wirksam werden. Die „preußische Sparsamkeit" versus „Wegwerf- und Konsumgesellschaft" haben sich in den letzten Jahren in Deutschland in einer geschichtlich äußerst kurzen Zeitspanne abgelöst, und der viel zitierte Generationenkonflikt hat sich auf dem Hintergrund dieser ökonomischen Veränderungen und den zugehörigen grundsätzlichen Werthaltungen auf eine schwer zu fassende Weise verschärft.

Von diesen umgebenden kulturellen Einflüssen soll im folgenden Kapitel die Rede sein.

V. Der umgebende sozio-kulturelle Raum

Jede Familie ist mit vielfältigen Fäden mit dem sozialen Raum verbunden, in dem sie lebt. Sowohl in der Kindheit eines Patienten wie in seinem Erwachsenenalter spielen die Einflüsse, die von der umgebenden Gruppe ausgehen, eine große Rolle. Für das Verständnis eines Patienten ist es am günstigsten, wenn man zunächst herauszufinden sucht, wie er sich in seiner *gegenwärtigen Lebenssituation* mit den gegebenen kulturellen Bedingungen und den vorhandenen sozialen Subkulturen zurechtfindet oder aktiv verknüpft. Danach kann man sich um das Verständnis der analogen Probleme bemühen, die die *Herkunftsfamilie* des Patienten und seine Kindheit geprägt haben.

Mit den jetzt folgenden Erörterungen halte ich mich an diese vorgeschlagene Gliederung:

Die Gegenwartssituation

Auf Seite 36 hatte ich bereits jene wichtigsten Lebensbereiche genannt, in denen wir bei einem Patienten die Quelle für neurotische, krankheitsauslösende Konflikte suchen müssen. In Bezug auf die jetzt zur Debatte stehende Problematik hatte ich unter dem Stichwort „Gruppenzugehörigkeiten" ausgeführt, dass religiöse, politische, nationale oder künstlerische Gruppenzugehörigkeiten unsere Aufmerksamkeit auf sich ziehen sollten.

Natürlich ist es normal, wenn ein Mensch neben seiner familiären und seiner beruflichen Lebenswelt auch noch Kontakte und Tätigkeiten in anderen Gruppen sucht. Es ist auch normal, wenn ein Mensch Ärgernisse, die er privat oder im Beruf hat, dadurch ausgleicht, dass er wichtige Befriedigungen in solchen außerfamiliären oder außerberuflichen Tätigkeiten und Kontakten findet.

Auf die neurotischen Persönlichkeitselemente, die zu einer bestimmten Gruppenzugehörigkeit und Gruppenaktivität geführt haben, werden wir am ehesten dann aufmerksam, wenn sektiererisch-fanatisierte und elitäre Gefühle das affektive Klima jener Gruppe beherrscht, zu der der Patient gehört. Dabei kann es sich für einen Patienten, von dem wir hören, dass er einen wichtigen Teil seines Lebens (vielleicht den wichtigsten) in diesen Gruppen verbringt, um unterschiedliche Kompensationsmechanismen handeln: Sehr vereinsamte Menschen, die Schwierigkeiten haben, mit anderen Verbindung aufzunehmen, und die zugleich mit einer Mischung von Selbstentwertung und Größenfantasien leben, können in solchen Gruppen einfach nur ihr Einsamkeitsgefühl verlieren und sich durch die ähnliche Lebensorientierung verbunden fühlen. Sie können ebenso gut durch die Funktionen, die sie in dieser Gruppe übernehmen, ihre Selbsteinschätzung verbessern und das depressive Gefühl der Wert- und Nutzlosigkeit kompensieren. Schließlich können sie in sogenannten „Führungssituationen" in einer solchen sektiererischen Randgruppe das eigene neurotische Geltungsstreben befriedigen. Sofern es sich um eine militante Gruppe handelt, werden die eigenen aggressiv-destruktiven Impulse auf dem Umweg über die Gruppenziele legalisiert.

Neurotische Konflikte ergeben sich aus solchen Gruppenzugehörigkeiten immer dann, wenn die kompensierende Beruhigung oder Befriedigung, die die Gruppe und die Stellung in dieser Gruppe einmal gebracht haben, nicht mehr trägt. Sei es, dass die Gruppe als solche zu isoliert ist und zu sehr mit den Normen der übrigen Gesellschaft in Konflikt steht. Sei es, dass außerhalb der Gruppe heftige Konflikte ausgetragen werden (ein häufiges Phänomen bei allen fanatisierten, sektiererischen Gruppen). Sei es, dass die besondere Position, die der Patient als Funktionsträger oder Führer einer solchen Gruppe hatte, ins Wanken gerät, sodass damit auch die gesamte Lebensbalance des Patienten erschüttert wird.

Die Variabilität möglicher Konstellationen ist hier sehr groß, und es gehört zudem wohl zu den größten Schwierigkeiten für einen Therapeuten, in diesen Bereichen die Grenze zwischen „normal" und „neurotisch" zu unterscheiden.

Ich halte es auch nicht für sinnvoll, hier noch mit kasuistischen Beispielen ins Detail zu gehen. Es würden sehr ausführliche Darlegungen benötigt, um zu schildern, wie neurotische Ängste oder die Folgen von neurotischer Triebverdrängung rationalisiert und in eine neurotische Ideologie umgemünzt werden. Und da die Zuflucht zu einer künstlerischen Gruppe mit elitärem Anspruch bei durchschnittlichem Talent etwas gänzlich anderes ist, als der Eintritt in eine fanatisierte politische Minderheitengruppe, will ich hier die Zahl individueller Varianten nur andeuten, aber nicht versuchen, ausführlicher oder gar erschöpfend zu werden.

Wichtiger ist es, die analogen prägenden Einflüsse kennen zu lernen, die ein Patient in seiner Herkunftsfamilie erlebte:

Der umgebende kulturelle Raum in der Kindheit des Patienten

Aus zeitgeschichtlichen Gründen werden wir bei der jetzigen Patientengeneration, die uns am häufigsten konsultiert (also die Patienten zwischen 20 und 40 Jahren), oft danach fragen müssen, ob die Patienten in einer Flüchtlings- oder Vertriebenenfamilie groß geworden sind. Der soziale Druck, der auf solchen Familien gelastet hat, kann sehr erheblich gewesen sein. Insbesondere in kleinen Orten ist die Einstellung gegen die zugezogenen Flüchtlinge mit ihren Kindern häufig sehr abweisend bis abwertend gewesen, und diese Familien mussten sich ihren Platz in der alteingesessenen Gruppe mühsam erkämpfen. Wie bewusst und reflektiert die Kinder diese Schwierigkeiten ihrer Eltern mitbekommen haben, ist dabei oft gar nicht so wichtig. Ängstigung, Wut, Mühsal und Not im Erleben der Eltern haben in jedem Fall ihre Auswirkungen auch auf die Kinder, die dann ihrerseits vielleicht auch noch Schwierigkeiten mit ihren Mitschülern in der Klasse oder der Freundesgruppe in der Wohngegend hatten.

Das Flüchtlings- und Vertriebenenproblem in der Eltern-Generation sollte abgegrenzt werden von den „Minderheitenproblemen", das sich bei Familien in *Grenzlandbereichen* ganz besonders stellt. In Deutschland mit seinen vielen Grenzen und Jahrhunderte währenden Gebietsverschiebungen an diesen Grenzen gab und gibt es unter den Familien dieser Grenzlandbereiche sehr viele spezifische Schwierigkeiten und Streitigkeiten. Dabei ist es von Bedeutung, ob sich eine ethnische Minderheit im Grenzlandbereich als die Elitegruppe gefühlt hat, oder ob ihr ein zweitklassiger Rang zugeschrieben wurde mit starker sozialer Benachteiligung. Ähnliches gilt von religiösen Minderheiten in jenen Gebieten, in denen verschiedene Konfessionen zu finden sind, deren Mitglieder in gegenseitiger Feindstimmung leben. Die Lebenssituation dieser Herkunftsfamilien führte dann entweder dazu, dass sie von einem kämpferisch-aggressiven Klima beherrscht blieben, oder es entwickelte sich eine Atmosphäre von geduckt-ängstlichem Verhalten. Solche Eigentümlichkeiten des familiären Lebensstils werden von den Kindern natürlich zunächst übernommen. Es bleibt aber offen, ob sie ein Leben hindurch beibehalten werden, oder ob ein Mensch sie doch abstreifen möchte.

Schwieriger und auch bedeutungsvoller wird es schon, wenn diese schicksalsgegebenen, allgemein-nationalen oder religiösen Zugehörigkeiten nicht den alleinigen Hintergrund der Familienatmosphäre ausmachten, sondern wenn sich die Eltern schon aus eigenem Entschluss heraus mit einer sektiererisch orientierten Gruppe verbunden haben. Die Kinder, die in solchen Familien geboren werden, haben in der Regel keine Wahl, als zunächst die Lebensorientierung der Eltern mitzumachen. Ob sie diesen Lebensstil dann beibehalten und das entsprechende neurotische Persönlichkeitsmuster weitertragen, hängt von sehr individuellen Faktoren ab. Sofern sich die Kinder aus einer solchen sektiererischen Lebensorientierung lösen wollen, haben sie fast immer schärfere und härtere innere Kämpfe und Konflikte zu bestehen als andere Menschen, bei denen die elterlichen Familien mit ihrer sozialen Gruppe zwar verbunden waren, aber nicht geeint in einem kämpferisch-fanatischen Affekt.

Wir können also Patienten finden, die gerade mit dieser konflikthaften Auseinandersetzung bei der Ablösung aus ihren Herkunftsfamilien zu tun haben. Diese Patienten brauchen oft eine sehr spezifische Hilfe: Wenn es die Ablösung von der Herkunftsfamilie notwendig macht, dass bestimmte sehr neurotische aggressiv-sektiererische Züge aufgegeben werden, dann liegt dies sicherlich sehr im Interesse des subjektiven Wohlbefindens des Patienten selbst. Andererseits hat er bei einer solchen Auseinandersetzung immer sehr tief gehende *Verlusterlebnisse* zu verarbeiten. Niemand löst sich aus seiner Jugend und Kindheit in Distanzierung und Groll, ohne zugleich alle liebevollen, positiven und bindenden Erinnerungen aufzugeben. Ein solcher Prozess ist schmerzhaft. Schmerzhaft vor allem auch deshalb, weil die im Augenblick vielleicht auf der bewussten Ebene bekämpften Wertnormen und Orientierungen der Eltern-Generation doch in aller Regel so weit assimiliert und „introjiziert" worden sind, dass der betreffende Patient sie nicht ohne Weiteres abstreifen kann. Wenn darüber hinaus noch die Ehe- oder sogar die Berufssituation an die neurotische Subkultur der Familie gebunden ist, dann stellen sich tatsächlich erhebliche Krisen ein, und die Verlusterlebnisse mischen sich mit realer Angst und Trauer.

Es bleibt nun die Frage, wie häufig wir Patienten finden, bei denen der zentrale krankheitsauslösende Konflikt in der derzeitigen Gruppenzugehörigkeit liegt, oder in früheren Gruppenzugehörigkeiten der Herkunftsfamilie wurzelt. Wir haben darüber wenig genaues klinisches Wissen. Wir wissen nicht einmal, ob nicht bestimmte Gruppenzugehörigkeiten sogar die Suche einer psychotherapeutischen Hilfe ausdrücklich behindern. Wenn man im Umgang mit einem Patienten zu verstehen meint, dass seine zentrale Problematik mit einer irgendwie gearteten Gruppenzugehörigkeit verknüpft ist, empfiehlt sich im Gespräch im Allgemeinen die allergrößte Vorsicht. Es ist für jeden Menschen leichter, seine Familienkonflikte oder auch seine beruflichen Schwierigkeiten zu reflektieren und zu erzählen, als ein Gespräch damit zu beginnen, dass die ihm zurzeit so wichtige Gruppe möglicherweise zum kompensatorischen Element für seine neurotischen Schwierigkeiten geworden ist. Zu welchem Zeitpunkt des anamnestischen Gespräches auch immer sich bei dem Therapeuten die Vermutung regt, der Patient könnte seinen wichtigsten Konflikt in der außerfamiliären Gruppe haben, zu der er gehört, es empfiehlt sich hier die größte Vorsicht: Die Gruppenzugehörigkeiten sind ja fast immer auch mit Normen und Werten verknüpft, und die Patienten ziehen sich in aller Regel rasch zurück, wenn diese besonderen Normen und Werte vom Therapeuten infrage gestellt werden.

Allerdings ist das Verständnis eines menschlichen Lebenslaufes auch nie ganz vollständig, wenn man nicht erkundet hat, ob sich ein wichtiger Teil seines Lebens – sei es produktiv oder neurotisch behindert – in Gruppenzugehörigkeiten abspielt, die über den familiären und beruflichen Kreis hinausgehen.

E. Die Anordnung und Interpretation der Befunde

Wir sind nun nach dem Abschluss des letzten Kapitels mit der geplanten Darstellung der verschiedensten menschlichen Lebensbereiche und ihrer neurotischen Krisenpunkte am Ende. Ich habe mit meinen bisherigen Ausführungen versucht, jene neurotischen Problembereiche zu beschreiben, die wir in unterschiedlichen Konfliktkonstellationen bei unseren Patienten vorfinden und die wir zu bearbeiten haben. Ich wollte zugleich mithilfe illustrierender Kasuistiken ein möglichst reichhaltiges Spektrum an neurotischen Reaktionsweisen anbieten, die bei den auslösenden Belastungssituationen sichtbar werden. Es bleibt jetzt noch die Frage übrig, wie wir unsere gesammelten Beobachtungen und Befunde so ordnen können, dass sich die Krankheitszeichen des Patienten mit seiner inneren und äußeren Lebensgeschichte verständlich verknüpfen lassen.

Franz Alexander hat in dem 10-Jahres-Bericht der ersten psychoanalytischen Poliklinik in Berlin gesagt, dass eine psychoanalytische Krankengeschichte, *„die das empirische Substrat der psychoanalytischen Wissenschaft darstellt, noch am ehesten mit einer guten Biographie zu vergleichen sei. Allerdings mit einer Biographie in mikroskopischer Vergrößerung"*. Um eine solche Biographie unter „mikroskopischen" Aspekten haben wir uns ja in den bisherigen Kapiteln bemüht, und eine solche Biographie ist in der Regel ausführlich.

Die eingangs von mir erwähnte Arbeitsrichtung, die unter Balints Leitung versuchte, die sogenannte „herkömmliche Diagnose" von der „Gesamtdiagnose" abzutrennen, hatte ein anderes Ziel: Sie wollte die gesamte Lebensgeschichte eines Patienten und seine zugehörige Krankheitssituation so auf eine Kurzformel bringen, dass die Beschwerden des Kranken, seine Innenbefindlichkeiten und die wichtigsten Daten seiner Lebensgeschichte mit den Merkmalen der Arzt-Patienten-Beziehung in Verbindung gebracht werden.

Allerdings wird wohl niemand daran zweifeln, dass die Fähigkeit eines Arztes, die Krankheitsgeschichte seines Patienten auf eine solche Kurzformel zu bringen, in der Regel erst am *Ende* langjähriger Übung und Erfahrung steht. Sie setzt eine Kunstfertigkeit voraus, die nur durch gründliche Schulung erworben wird. Ein junger Arzt, der seine innere Auseinandersetzung mit den lebensgeschichtlichen Problemen und den neurotischen Konflikten seiner Patienten erst beginnt, wird die größten Schwierigkeiten haben, seine Befunde so zu sichten und zu ordnen, dass sie in einem Fünf-Zeilen-Bericht ihren Niederschlag finden. Für den Anfang ist es sicherlich einfacher, wenn man eine ausführliche Krankengeschichte anlegt, die auch den eigenen Überblick erleichtert. In allen klinischen Einrichtungen, die eine tiefenpsychologisch orientierte Anamnese schon deshalb benötigen, weil sie den Anfangszustand der Kranken mit späteren Veränderungen vergleichen wollen, ist es jedenfalls notwendig, den Bericht umfassend zu gestalten.

Nach meinen Erfahrungen ist es aber keine leichte Aufgabe, die formal wichtigen Daten einerseits und die subjektiv verstandenen Zusammenhänge andererseits so übersichtlich anzuordnen, dass auch der spätere Leser in der Lage ist, die erhobenen Befunde von den zugehörigen Interpretationen abzugrenzen. Zudem ist es für den Anfänger immer recht schwierig, die gesammelten biographischen Fakten in ihrer neurosenpsychologischen Bedeutung zu verstehen und schriftlich in das richtige Licht zu setzen.

Nachstehend gebe ich einige Empfehlungen, die für das Sichten, Ordnen und Niederlegen der lebensgeschichtlich wichtigen Daten hilfreich sind und die es erlauben, den Zusammenhang dieser Fakten mit den primären neurotischen Beeinträchtigungen und ihren sekundären lebensgeschichtlichen Folgen sichtbar zu machen.

Folgende Angaben sollten einigermaßen deutlich voneinander abgehoben werden:
- Angaben über den allgemeinen Eindruck des Patienten,
- Die Symptomatik,
- Die auslösende Situation,
- Die aktuellen Lebensumstände,
- Die Kindheitsgeschichte,
- Die Schul- und Berufsentwicklung,
- Persönliche Bindungen, Liebesbeziehungen, Sexualentwicklung,
- Die gegenwärtigen Familienbeziehungen,
- Zusammenfassung.

Für den Inhalt und die Gestaltung der einzelnen Abschnitte möchte ich folgende Orientierungspunkte angeben:
- Hinsichtlich der einführenden Mitteilungen über Alter, Geschlecht, Beruf und den *allgemeinen Eindruck*, den der Patient macht, sollte man sich darüber im Klaren sein, dass die eigenen persönlichen Reaktionsweisen mit ins Spiel kommen und dass man sich nicht scheuen sollte, diesen persönlichen Reaktionen Ausdruck zu verleihen. Man wird versuchen, das Beziehungsangebot, das der Patient macht, zu verstehen, und man sollte auch die spürbar werdenden bevorzugten Abwehrmechanismen des Patienten beschreiben. Dazu würde etwa die Darstellung gehören, ob nach dem ersten Eindruck bei dem Patienten eher ein „Verleugnen" oder „Rationalisieren" im Vordergrund steht. Ob sich eine Tendenz zum „Externalisieren" beobachten lässt, oder ob „regressive" Bedürfnisse anklingen. Man wird auch vermerken, ob ein Patient vielleicht in der Auseinandersetzung mit Menschen eher auf Distanz geht, ob er dranghaft agiert und reagiert oder ob er innerlich gesteuert abwägen kann.
- Hinsichtlich der *Krankheitssymptomatik* ist es zweckmäßig, dass man die spontan berichteten Symptome von den erfragten trennt. Zugleich sollte man ein Bild über die *Dauer* der Symptomatik und ihre *Verlaufsform* erarbeiten (akut aufgetreten, schleichend, chronisch verschlechtert, intermittierend, sehr deutlicher Symptomwechsel etc.).

E. Die Anordnung und Interpretation der Befunde

- Sofern die Krankheit akut aufgetreten ist oder eine eine zeitlich abgrenzbare Verschlechterung festgestellt werden kann, wäre die *auslösende Situation* darzustellen, falls sie ermittelt werden kann. Hier sollte es nach meiner Ansicht dem Untersucher überlassen bleiben, ob er zunächst nur eine *zeitliche Zuordnung* von Krankheitsgeschehen und Lebensveränderungen oder Konflikten vornehmen will. Manchmal ist es leichter (und auch richtiger), die neurosenpsychologische Bedeutung einer auslösenden Situation erst *nach* der Schilderung der übrigen lebensgeschichtlichen Daten zu versuchen. Die pathogene Bedeutung von Familienkonflikten oder beruflichen Belastungen lässt sich in der Regel am besten verstehen, wenn man schon die Informationen über die zugehörigen biographischen Daten hat.
- Ein kurzer Abschnitt sollte dann in jedem Fall den aktuellen Lebensumständen gewidmet sein: Hier wäre anzuführen, mit wem der Patient zurzeit lebt (noch mit Eltern, mit Partnerin oder Partner, verheiratet, mit Kindern, ohne Kinder etc.), wie seine beruflichen Arbeitsumstände aussehen, wo und wie er wohnt und wie sein Haushalt finanziert wird (Patient selbst, Partner, Eltern, Mitverdienende, schon erwachsene Kinder etc.).

Auch in diesem Abschnitt kann man sich mit einer formalen Beschreibung der vorliegenden Daten begnügen und sollte noch nicht versuchen, die neurosenpsychologische Bedeutung bestimmter Lebensumstände zu beschreiben.

- In Bezug auf die *Kindheitsgeschichte* eines Patienten wird man sich darum bemühen, die Familiendynamik so umfangreich wie möglich darzustellen, die das Leben des Patienten in seinen jungen Jahren gekennzeichnet hat. Insbesondere sollte man festhalten, mit welchen erwachsenen Personen die Patientin oder der Patient groß geworden ist, wie wichtig diese Menschen waren und wie sie zueinander standen. In diesem Zusammenhang ist auch von Bedeutung, wer den Patienten betreut und versorgt hat, wie seine Stellung in der Geschwisterreihe war und wie – so weit erinnerlich – die Wohnverhältnisse und die finanzielle Situation ausgesehen haben.

Sowohl über die *Mutter* wie über den *Vater* sollten die wichtigsten Daten festgehalten werden, die deren eigene Lebensgeschichte betreffen, also ihre Herkunft, Personenverluste, Gesundheit, Beruf und Alter bei der Geburt des Patienten. Es wäre auch aufschlussreich, wenn man die Erinnerungen des Patienten an die Familienatmosphäre erfassen könnte. Also etwa, ob der Patient sie als sehr bedrückend, konflikthaft oder streiterfüllt erlebt hat oder ob seine Erinnerung positiv getönt ist. Besonders bedeutungsvoll sind alle Informationen, die man über die Beziehung der Eltern zu *deren eigenen Eltern* erhalten kann und darüber, wie das Lebensgefühl der Eltern in der Erinnerung des Patienten gefärbt war. Selbstverständlich gehören in diesen Abschnitt auch die besonderen (ödipalen) Beziehungskonstellationen, die die Stellung des Patienten in seiner Familie ausmachten.

- Anschließend an die Informationen über die frühe Kindheitssituation wären die Daten zur *Schul-* und *Berufsentwicklung* des Patienten niederzulegen. In diesen Abschnitt gehören Angaben zum Schulabschluss, zur Berufswahl, zum Berufswechsel und dem schließlich erreichten Berufsziel. Zugleich wird dann auch schon wichtig, die *neurotischen Reaktionsmuster* (Arbeitsschwierigkeiten) und die neurotischen Konflikte in Bezug auf Schul- und Leistungsentwicklung zu verzeichnen. Hier helfen alle Angaben weiter, die die gefühlshaften Erinnerungen des Patienten an seine Schulzeit und Berufsausbildung betreffen (immer guter Schüler, immer Versager, knapp mitgekommen, gern zur Schule gegangen, immer unlustig, klares Berufsziel, keine Zukunftsvorstellungen etc.). Man sollte auch versuchen, den Stellenwert zu verstehen, den die berufliche Leistungsfähigkeit für den Patienten hatte oder hat. Eine besondere Frage wäre in diesem Zusammenhang, ob seine derzeitige berufliche Leistungsfähigkeit mit seinen eigenen Wünschen und Zielen übereinstimmt und gegebenenfalls den Vergleich mit den Geschwistern aushält.

- Im Anschluss an die Schilderung der Schul- und Berufsentwicklung treten dann die *persönlichen Bindungen* des Patienten, seine Liebesbeziehungen und seine sexuelle Entwicklung in den Vordergrund. In diesem Zusammenhang erhalten alle jene Erlebnisweisen ihre Bedeutung, die seine Kontaktfähigkeit charakterisieren und die etwas über die (neurotische) Eigenart seiner Liebesbeziehungen aussagen.

Sofern sich offenkundige Wiederholungsarrangements und deutliche Übertragungskonstellationen im Leben des Patienten beobachten lassen, wäre ihre Beschreibung hier am Platze. Ebenso auch Hinweise auf die Selbsteinschätzung des Patienten hinsichtlich seiner Wirkung und Anziehungskraft auf das andere Geschlecht. Aus diesen Beobachtungen lassen sich dann jedenfalls Zusammenhänge ableiten, die die neurosenpsychologische Bedeutung einer auslösenden Situation beleuchten würden, sofern sie im Liebes- und Bindungsbereich gelegen haben.

- Hinsichtlich der *gegenwärtigen Familienbeziehungen* wäre jetzt die allgemeine Darstellung der aktuellen Lebensumstände in neurosenpsychologischer Hinsicht zu *ergänzen*. Die neurotischen Eigentümlichkeiten in der Beziehung zum Ehemann oder zur Ehefrau wären zu beschreiben, die Gefühlsbeziehungen zu den eigenen Kindern und die – wenn vorhanden – neurotischen Abhängigkeiten und Bindungen zur Herkunftsfamilie, insbesondere zu Eltern und Geschwistern.
- Wenn man sich nach all diesen Informationen, die man in ein oder zwei Gesprächen sammeln konnte, daran machen will, eine *Zusammenfassung* über die vorliegenden Daten abzufassen, dann steht man vor einer Abstraktionsleistung, die nicht jedem leicht fällt. Entweder ist man in Gefahr, den Inhalt der gesamten Anamnese zu wiederholen, oder man hat Schwierigkeiten, sich für eine Rangordnung des Wichtigen zu entscheiden. In gewisser Weise würde eine solche Zusammenfassung jener „Gesamtdiagnose" entsprechen, die Balint an die Stelle der „herkömmlichen Diagnose" gesetzt sehen wollte. Man würde dann die Krankheitsentwicklung des Patienten, seine Innenbefindlich-

keiten und seine lebensgeschichtliche Entwicklung auf eine Kurzformel bringen.
* Es empfiehlt sich aber auch in diesem Zusammenhang – sofern möglich – eine psychodynamische Hypothese zum Hintergrund des Krankheitsgeschehens aufzustellen und Prognose und Therapieplan daraus abzuleiten.

Nun bin ich allerdings davon überzeugt, dass jeder Therapeut seinen eigenen persönlichen Stil finden muss, wenn er seine Befunde für den Eigengebrauch ordnen möchte, oder wenn er im Rahmen einer klinischen Einrichtung die gesammelten Informationen auch für andere Kollegen übersichtlich festhalten will. Eine gültige Anweisung für die beste Form, in der man neurosenpsychologisch orientierte Krankengeschichten abfasst, gibt es nach meiner Ansicht nicht. Ich möchte meinen Lesern aber jetzt zum Abschluss doch noch eine weitere Hilfestellung für die Gestaltung einer Anamnese mit auf den Weg geben, indem ich eine Krankengeschichte zusammenstelle, in der die biographischen Daten nach der von mir soeben empfohlenen Gliederung geordnet sind:

Anamnese

Die 34-jährige Patientin kommt auf Empfehlung ihrer behandelnden Ärztin und des Konsiliararztes aus dem Krankenhaus, in dem sie 14 Tage lang stationär beobachtet und behandelt worden ist.

Sie trägt das schöne blonde Haar gepflegt in Wellen schulterlang. Ohne eigentlich hübsch zu sein, wirkt sie durch die zarte Haut und den aufmerksam-sensiblen Gesichtsausdruck ansprechend. Allerdings vermittelt einem schon der erste Eindruck das Gefühl, als ob die Patientin gewissermaßen zwei Identitäten besitzt: Im Gegensatz zu dem sehr gepflegten Haar ist die Kleidung salopp bis „gammelig" mit abgeschabten Jeans, einer fleckig unsauberen, wattierten Jacke, die ehemals rosa war, dazu derbe leinene Schnürschuh. In ihrer Kontaktaufnahme wirkt die Patientin einerseits entfernt, abwartend-distanziert, andererseits doch zugewandt.

Zur Symptomatik: Die Patientin ist relativ akut mit unklaren Oberbauchbeschwerden, Übelkeit und Erbrechen erkrankt. Kurzfristig hatte sie Durchfälle mit Blutbeimengungen. Im Augenblick ist diese Symptomatik wieder abgeklungen. Man hat der Patientin gesagt, dass es sich bei ihr um ein psychosomatisches Krankheitsbild handele, und hat sie danach an die psychoanalytische Poliklinik überwiesen.

Auf Befragen gibt die Patientin noch an, dass sie seit etwa drei bis vier Jahren intermittierend an sehr lästigen Kopfschmerzen litte, gegen die sie gelegentlich frei verkäufliche Tabletten nähme.

Zur auslösenden Situation: Das Auftreten der Magen-Darm-Beschwerden fällt zeitlich mit einer recht einschneidenden Lebensveränderung zusammen: Die Patientin hat vor einem Jahr unehelich ein kleines Mädchen bekommen, Der Vater des Kindes ist ein unsteter Mann, der zehn Jahre älter als die Patientin ist.

Die Beziehung zu diesem Freund bestand etwa drei Jahre (Beginn der Kopfschmerzen), war sehr konfliktträchtig, und die anfänglich geplante Ehe kam nicht zustande. Obgleich die Patientin mit übergroßer Wahrscheinlichkeit vermutet, dass dieser Freund der Vater ihres Kindes ist, kann sie doch nicht vollständig sicher sein: Sie hatte in der fraglichen Zeit noch mit anderen Männern Verkehr und musste sich entschließen, beim Standesamt anzugeben, dass der Vater unbekannt sei. Die Patientin hat diese Angabe auch mit einer gewissen Haltung von „sozialem Trotz" gemacht, weil sie meinte, sie würde auch alleine in der Lage sein, ihr Kind groß zu ziehen und brauchte die Zahlungen des Vaters nicht. Die Patientin meint auch jetzt noch, dass sie mit ihren finanziellen Mitteln gut zurecht kommen würde. Sie hat DM 5 000,- gespart. Andererseits ist sie offenbar doch in sehr großen verleugneten Schwierigkeiten: Sie hat kurz vor Ausbruch der Symptomatik erfahren, dass die Zahl der Unterrichtsstunden, die sie an verschiedenen Schulen unterrichtet (die Patientin ist Lehrerin) um insgesamt ein Drittel gekürzt worden ist.

Die neurosenpsychologische Bedeutung dieser Lebensfakten soll erst am Ende der Krankengeschichte diskutiert werden.

Aktuelle Lebensumstände: Die Patientin ist Lehrerin mit dem Referendarexamen ohne Staatsexamen. Sie unterrichtet Englisch an zwei Volkshochschulen und an einer privaten Schule und hat noch einzelne Privatschüler. Insgesamt verdient sie DM 1 500,- netto und muss damit rechnen, dass ihre Einkünfte um ca. DM 300,- zurückgehen werden. Sie lebt in einer Zweizimmerwohnung mit DM 400,- Miete. Da sie für das Kind keinen Krippenplatz bekam, hat sie eine Bekannte gefunden, die bereit ist, gegen Entgelt die Versorgung des kleinen Mädchens zu übernehmen, wenn die Patientin unterrichtet. Es handelt sich angeblich um eine dreißigjährige, geschiedene Frau mit kleinem Vermögen, die von den Eltern unterstützt wird. Diese Frau ist für die Patientin im Augenblick die nächste und wichtigste Beziehungsperson. Im Übrigen gehört die Patientin – wenn auch mit innerer Distanz – zu jener Subkultur, in der sich vorwiegend Pädagogen, Psychologen und Sozialarbeiter zusammengefunden haben, die einer ideologisch gefärbten Gesellschaftskritik anhängen.

Zu dem 72-jährigen Vater (Lehrer) hat die Patientin eine konstante, aber innerlich entfernte Beziehung. Der Vater ruft die Patientin regelmäßig an. Sie selbst wendet sich nicht an ihn. Eine ein Jahr ältere Schwester ist in Australien mit einem Arzt verheiratet und hat zwei Kinder. In kritischen Situationen würde die Patientin sich an ihren fünfzehn Jahre älteren geschiedenen Ehemann wenden, der eine feste Anstellung im öffentlichen Dienst hat.

Zur Kindheits- und weiteren Lebensentwicklung der Patientin: Die Patientin ist in einem kleinen Dorf als Tochter des Schul- und Religionslehrers aufgewachsen und lebte mit ihrer ein Jahr älteren Schwester, den Eltern und einer Schwester der Mutter in der dreizimmrigen Dienstwohnung, die zur Schule gehörte (Vater 39, Mutter 19 Jahre, Tante 32 Jahre bei der Eheschließung).

Die Patientin bezeichnet im Rückblick ihre eigene Schwester als den wichtigsten Menschen, den sie in ihrem Leben je gehabt hat. Sie habe sehr an der Schwester gehangen, während die Schwester diese Zuneigung nicht erwidert hätte. Die Beziehung zu beiden Eltern und der Tante bleibt sehr blass. Die Patientin erinnert sich zwar an die formalen Daten und kann auch über die vorhandenen Konflikte berichten. Sie bleibt aber bei dieser Erzählung eigentümlich unbewegt und begründet das damit, dass sie ja schon mit zwölf Jahren zusammen mit der Schwester zu einer befreundeten Pfarrersfamilie in eine nahe gelegene Kleinstadt gegeben wurde, damit sie aufs Gymnasium gehen konnte.

Der *Vater* der Patientin war auch in ihrer Kindheit ein stiller und verschlossener Mann, der erst mit 39 Jahren die 20 Jahre jüngere Mutter der Patientin heiratete. Er hat selbst seinen Vater (Pfarrer) mit drei Jahren verloren und seine Mutter dann mit 16 Jahren. Als Vollwaise kam er in ein evangelisches Internat, studierte und wurde Lehrer (u. a. Religionslehrer) an seinem Geburtsort, in dem die Patientin dann auch zur Welt kam. Die Patientin erzählt, dass der Vater in seinem Dorf als „sittenstrenger Mann sehr verehrt wurde und der Schwarm aller jungen Schülerinnen war. Insofern ist die Ehe der *Mutter* auch unter einem besonderen Vorzeichen zustande gekommen: Die ältere Schwester der Mutter ist vom Vater der Patientin langjährig unterrichtet worden und hatte diesen Mann als ihren „großen Schwarm". Sie soll es nie verwunden haben, dass dieser Mann ihre jüngere Schwester geheiratet hat. Die Patientin meint, dass die Ehe ihrer Eltern nicht glücklich gewesen sei. Der Altersunterschied sei zu groß gewesen. Zudem habe es Konflikte mit der unverheirateten älteren Schwester der Mutter gegeben, die mit im Haushalt lebte und deren Neigung zum Vater der Patientin nie erloschen war. Diese Konflikte seien aber nie offen ausgetragen worden.

Die Mutter habe eine Weile versucht, ihre Wünsche nach Geselligkeit und Abwechslung dadurch zu befriedigen, dass sie einen Kinderchor leitete und sich auch als Kindergärtnerin betätigte. Schwierigkeiten gab es wohl auch wegen der knappen finanziellen Lage der Eltern. Hier hat die Patientin aber eher den Eindruck, dass sich ihre ältere Schwester den Eltern gegenüber sehr fordernd geben konnte. Die Patientin selbst will ihre Eltern in dieser Hinsicht nie bedrängt haben, sondern verständig gewesen sein, sehr sparsam und ohne Forderungen.

Andererseits habe sie sich in ihrer Erinnerung schließlich zu Hause eigentlich auch nie so recht wohlgefühlt. Die Patientin kann sich an ihr Schuldbewusstsein erinnern, das sie spürte, als sie in ihren Gymnasial-Schuljahren feststellte, wie ungern sie zu den Wochenenden oder in den Ferien nach Hause fuhr und wie wenig Verbindung sie zu der Mutter, der Tante und dem Vater hatte.

Es fällt sehr auf, dass die Patientin fast unbewegt davon erzählt, dass die Tante mit 52 Jahren an einem Karzinom gestorben ist und dass die Mutter ein Jahr später 40-jährig Suizid beging (!). Zu diesem Zeitpunkt war die Patientin Studentin in München und konnte sich nicht entschließen, nach dem Tod der Mutter nach Hause zu fahren.

Die Patientin hat auch mit ihrer Schwester niemals über den Selbstmord der Mutter gesprochen und erklärt das damit, dass sie in den kurzen Stunden, die sie sich im Verlauf der Jahre überhaupt sehen konnten, Wichtigeres zu erzählen hatten (!).

Zur Schul- und Berufsentwicklung: Die Patientin besuchte mit ihrer Schwester zunächst die Dorfschule und hat an diese Schulzeit so gut wie keine Erinnerung. Als sie zwölfjährig zu der befreundeten Pfarrersfamilie gegeben wurde, um mit der Schwester gemeinsam auf die höhere Schule zu gehen, will die Patientin sehr unglücklich gewesen sein. Sie betont aber, dass sie nur ungern auf das Gymnasium gegangen sei und dass sie die pädagogischen Grundsätze, die dort das Schulleben beherrscht hatten, sehr abgelehnt habe. Wirklich rebelliert hätte sie jedoch nie. Ihre Schwester sei bereits mit der mittleren Reife abgegangen, weil ihr die Schule ebenfalls so zuwider war, mehr aber wohl doch, weil sie auch mit der Pflegefamilie nicht zurecht kam. Die Patientin machte ein knappes Abitur und studierte danach Englisch und Germanistik. Dies aber im Wesentlichen, weil sie im Grunde keine andere Zielvorstellung hatte. Sie hat nie Lehrerin werden wollen, wusste überhaupt nicht recht, was sie anfangen sollte. Sie war aber fleißig genug, um ihr Referendarexamen abzuschließen.

In der Rückerinnerung meint die Patientin, dass sie in Anbetracht ihrer Ratlosigkeit über den zukünftigen Lebensweg ihren 15 Jahre älteren Ehemann heiratete, der für den Deutschen Entwicklungsdienst tätig war und mit dem sie dann später für mehrere Jahre nach Afrika ging. (Kommentar der Patientin: „Das war furchtbar.")

Die Patientin meint heute, dass sie von der religiös gefärbten, fast sektiererischen Atmosphäre ihres Elternhauses zwar innerlich sehr viel mitbekommen habe und dass sie die damals gelernten Wertmaßstäbe auch heute noch für richtig hielte; andererseits habe sie dann doch schon in der Pubertät und in ihren jungen Studentenjahren rebelliert und versucht, sich in der Studentengruppe, in der sie sich befand, eine expansive Lebensform aufzubauen. Wie so häufig, ist sie offenbar aus einer weltanschaulichen Bindung mit sektiererischen Zügen in eine andere geraten.

Liebesbeziehungen, Partnerschaften, Ehe: Die Patientin weiß, dass ihre Schwester verhältnismäßig früh mit Liebschaften begonnen hat und dass sie dies als einen „Verrat" der Schwester an sich selbst empfand. Mit einem um Verständnis werbenden Ausdruck meint die Patientin dann, dass ihr wohl nichts anderes übrig geblieben sei, als es der Schwester nachzumachen. Sie hatte zunächst mit einem Mitschüler eine erste sexuelle Beziehung, fühlte sich aber abgestoßen und zog sich zunächst von Jungenfreundschaften wieder zurück. Dass sie dann ein Jahr nach der Hochzeit ihrer Schwester heiratete, wird heute von der Patientin selbst ebenfalls als ein Versuch verstanden, es der Schwester gleichzutun. Sie weiß auch von der Vaterübertragung, die sie bewog, den 15 Jahre älteren Mann zu heiraten. Die Identifikation mit der Schwester (bei sehr loser Bindung an die Eltern und die Tante) setzte sich zudem auch insofern durch, als die Schwester, die medizinisch-technische Assistentin geworden war, einen Arzt heiratete, der nach Australien auswanderte. Die Patientin tat es ihrer Schwester gleich, als sie mit ihrem Mann nach Afrika ging. Die Lebensform der Patientin *unterschied* sich von der der Schwester aber insofern sehr tief gehend, als sie selbst ein dienendes und opferbereites Leben führte, während die Schwester (ihren frühen

E. Die Anordnung und Interpretation der Befunde

anspruchsvollen Wünschen analog) in eine wohlhabende gesellschaftliche Schicht einheiratete und in den Augen der Patientin mit dem Ehemann gemeinsam und zwei Kindern ein „großes Haus" führte.

Die sexuelle Beziehung der Patientin zu ihrem geschiedenen Ehemann war immer sehr unbefriedigend. Die Patientin empfand Ekel und Abwehr, und die Ehe mag aus diesen Gründen auseinander gegangen sein. Die Patientin berichtete dabei, dass sie später – zwar immer mit wesentlich jüngeren Männern – durchaus befriedigende sexuelle Beziehungen gehabt hat.

Weitere Lebensentwicklung: Aus Afrika zurückgekehrt und geschieden, konnte die Patientin sich nicht entschließen, ihr Staatsexamen als Lehrerin nachzumachen. Die Patientin begründet diesen vermeintlich bewusst getroffenen Entschluss mit ihrer Abneigung gegen den Schuldienst und mit ihrer Kritik an den pädagogischen Leitlinien, an die sie sich anzupassen hätte, wenn sie in einer Schulklasse unterrichten sollte. Es wird aber deutlich, dass die Patientin doch offenbar schon in ihrer Kindheitsentwicklung gewisse *Schädigungen* im *Lernvollzug* erlitten hat. Konstantes Arbeiten fällt ihr schwer, und sie greift jetzt beruflich im Wesentlichen auf ihre im Ausland erworbenen Englischkenntnisse zurück. Sie sagt aber selbstkritisch, dass sie sich nicht in der Lage sähe, den Wissensstoff zu erarbeiten, den sie brauchte, wenn sie noch in einem weiteren Fach (Deutsch oder Geschichte) an einer höheren Schule unterrichten wollte.

Die Patientin meint, dass sie am liebsten den benachteiligten Ausländern an einem Goethe-Institut Sprachunterricht geben würde, und hofft auch, eine entsprechende Anstellung zu finden.

Die Beziehung zu dem Kind: Bei dem Gespräch über das einjährige Töchterchen der Patientin fällt erneut die eigentümliche Mischung von differenzierter Reaktionsweise und gefühlsmäßiger „Ferne" auf. Die Patientin meint zunächst, dass sie eigentlich recht gut ohne Kind hätte leben können. Sie hat dann aber keine Verhütungsmittel benutzt, und als sie schließlich schwanger war, dachte sie, dass das Kind ebenso gut kommen könnte (eigene, nüchtern wirkende Formulierung der Patientin). Es wird spürbar, dass hinter der nüchternen und unbeteiligten Wortwahl der Patientin doch viel innere Bewegtheit vorhanden ist, wenngleich nicht eigentlich Wärme. Die Patientin meint, dass sie in der Lage wäre, das Kind gemeinsam mit ihrer Freundin großzuziehen, und dass sie hofft, dass das Kind später einmal „nicht so große Ansprüche stellen würde".

Zusammenfassung: Bei der 34-jährigen Patientin (Lehrerin) besteht relativ akut eine Magen-Darm-Symptomatik und seit ca. 3 Jahren sind intermittierend Kopfschmerzen aufgetreten.

Die auslösende Situation ist vermutlich in einer Belastung der sowieso komplizierten Beziehungsstruktur der Patientin zu sehen, die mit einer befreundeten Frau gemeinsam ihre uneheliche kleine Tochter großziehen will. Die Bindung der Patientin an diese Freundin ist (in Schwesterübertragung) eng und entfernt zugleich, ebenso wie die Beziehung zu ihrem Töchterchen gleichzeitig nah und distanziert wirkt. In einem Wiederholungsarrangement zur Lebenssituation der Mutter versucht die Patientin, mit einer schwesterlich verbundenen Frau ihr

Kind großzuziehen. Seit Kurzem ist sie aber nicht mehr in der Lage, der Freundin ihre Dienstleistungen für die Betreuung der kleinen Tochter zu bezahlen. Diese Situation bringt die Patientin mit ihrer inneren Identität und der Vorstellung von sich selbst als helfender, bescheidener und dienender junger Frau (ihre „innere Formel") in Konflikt. Ihre oralen Wünsche an die Freundin setzen sich zwar auf einem Umweg durch, labilisieren die Beziehung aber sehr. Dies umso mehr, als die Bindung der beiden Frauen nicht unbedingt auf Zuneigung, Verlässlichkeit und Gefühlsaustausch aufgebaut ist. Bei den vielen unvermuteten Kontaktabrissen, die die Patientin in ihrer Lebensgeschichte schon zu verarbeiten hatte, ist zu befürchten, dass auch die Beziehung zu dieser Frau, die durch eine nur vage Verbundenheit gekennzeichnet ist, wieder verloren geht.

Die Patientin hat ihre wichtigsten neurotischen Reaktionsweisen als Lehrerstochter in einer sehr religiös gebundenen Atmosphäre erworben und sowohl vom Vater (der früh Vollwaise wurde) wie von den Großeltern mütterlicherseits eine moralische Wertwelt mitbekommen, die auf Ernsthaftigkeit der Lebensführung, Bescheidenheit und Dienst an anderen ausgerichtet war. In der frühen Kindheit der Patientin muss man eine brisant konflikthafte Konstellation vermuten, die mit dem Suizid der Mutter endete. Offenbar ist keiner dieser Familienkonflikte aus der Herkunftsfamilie der Patientin je wirklich angesprochen worden, und das Resultat ist der sehr distante Beziehungsstil, der ja bei der Patientin spürbar wird. In ihrer Herkunftsfamilie war es offenbar charakteristisch, dass man zueinander gehörte, aber kaum miteinander in Verbindung trat.

Der distante Beziehungsstil, der die Patientin jetzt charakterisiert, und ihre im eigenen Selbstverständnis erlebte dienende Bescheidenheitshaltung sind mit dringenden Bindungswünschen gepaart und zugleich den oral-fordernden Tendenzen, die sich nur auf einem Umweg und durch ein bestimmtes Lebensarrangement durchsetzen lassen.

Bei der *therapeutischen Planung* für die Patientin muss offen bleiben, ob ihr Nähe-Distanzverhalten ihr überhaupt erlaubt, eine Therapie zu beginnen. Die Intensität ihrer Motivation wäre in einigen einleitenden Gesprächen zu klären. Sofern die Patientin in der Beziehung zum Therapeuten Wurzeln schlägt, wären die Heilungschancen für sie nicht schlecht.

F. Nachwort

Mit diesem anamnestischen Bericht über eine individuelle Krankengeschichte und den kurzen Erläuterungen über den für diese Patientin denkbaren Therapieplan sind meine Ausführungen in dem hier vorgelegten Buch beendet. Ich möchte zum Abschluss noch einmal hervorheben, dass die Ziele einer biographischen Anamnese, die unter tiefenpsychologischen Aspekten erhoben wird, sehr vielschichtig sind: In jedem Fall will der Therapeut einen Einblick in die innere Verfassung seines Patienten gewinnen und den abgelaufenen Lebensweg verstehen. Natürlich beabsichtigt er auch, die gesammelten Informationen so zu verwerten, dass er die Besserungsaussichten für eine analytisch orientierte Psychotherapie einschätzen und einen vernünftigen Behandlungsplan aufstellen kann. Auf diese spezielle Fragestellung hat sich mein Interesse bei der hier vorliegenden Studie allerdings nicht konzentriert: Einmal habe ich mich zu den Problemen der Prognose, der Indikation und des Therapieplanes schon in anderem Zusammenhang mehrfach geäußert. Zudem gibt es eine Reihe von vorzüglichen Publikationen, die sich der Indikation, der prognostischen Einschätzung einer Krankheitssituation und der Beziehungsstruktur zwischen dem Arzt und dem Patienten widmen.

Der Schwerpunkt, der Sinn und das Ziel des hier vorgelegten Buches liegen in einem anderen Bereich: Ich wollte in leidlich geordneter Übersicht eine möglichst große Zahl differenzierter Angaben über Lebensläufe und neurotische Charakterzüge bei Patienten anbieten und dabei vor allem jene besonderen Prozesse herausarbeiten, die das persönliche innere Schicksal des Kranken mit seinem äußeren Lebensablauf verknüpfen. Es wäre mir eine Befriedigung, wenn es mir zum Nutzen meiner Leser gelungen sein sollte, unter diesem Aspekt den verstehenden Einblick in die inneren Konflikte psychogen erkrankter Patienten zu erleichtern.

Literaturverzeichnis

Alexander, F.: In: 10 Jahre Berliner Psychoanalytisches Institut. Internat. Psych-analyt. Verlag, Wien.
–: Psychosomatische Medizin. Walter de Gruyter, Berlin 1951.
Argelander, H.: Das Erstinterview in der Psychotherapie. Wissenschaftl. Buchgesellschaft, Darmstadt 1970.
Balint, M.: Der Arzt, sein Patient und die Krankheit, Klett-Verlag, Stuttgart 1957.
Balint, E. und J. S. Norell: Fünf Minuten pro Patient. Suhrkamp, Frankfurt a. M. 1975.
Bally, G.: Sigmund Freud, Entdecker des heilenden Gespräches. Neue Zürcher Zeitung, 6. Mai 1956.
Beese, F.: Der Neurotiker und die Gesellschaft. Entstehungsbedingungen und Heilungschancen, Piper, München 1974.
Benedetti, G.: Der psychisch Leidende und seine Welt. Hippokrates, Stuttgart 1964.
Binswanger, L.: Lebensfunktion und innere Lebensgeschichte. Mschr. Psychiat. 68 (1928), 52.
–: Drei Formen mißglückten Daseins, Niemeyer, Tübingen 1956.
Boss, M.: Die verschiedenen Lebensabschnitte in ihrer Auswirkung auf das psychiatrische Krankheitsbild. Arch. Psychiat. Nervenkr. 107 (1937), 155.
Brähler, E.: Der Gießener Beschwerdebogen (GBB) Habilitationsschrift, Gießen 1978.
Bräutigam, W.: Wesen und Formen der psychotherapeutischen Situation. (P. Christian) In: Frankl,-v.Gebsattel-Schultz (Hrsg.): Handbuch der Neurosenlehre und Psychotherapie, Bd. I, S. 402–439. München und Berlin. Urban & Schwarzenberg, München/Berlin 1959.
–: Psychotherapie in anthropologischer Sicht. Enke, Stuttgart 1961.
–: Psychosomatische Medizin (zusammen mit P. Christian) Thieme Stuttgart 1975^2.
Brown, G. W.: Meaning, measurement and stress of life events, In: Dohrenwend, B. S., P. Dohrenwend: Stressful life events. Their nature and affects. Wiley and Sons, New York 1974.
Brown, G. W., Harris, T. O. und J. Peto: Life events and psychiatric disorders. Part 2: Nature of causal link. Psychological Medicine, 1973, 3, 159–176.
Brown, G. W., Sklair, F., Harris, T. O. und J. L. T. Birley: Life-events and psychiatric disorders. Part 1: Some methodological issues. Psychological Medicine, 1973, 3, 74–87.
Braun, E.: Viertelstundengespräche in der Landpraxis. Praxis d. Psychotherapie 9, 1964.
Bühler, Ch.: Der menschliche Lebenslauf als psychologisches Problem. Vandenhoeck & Ruprecht, Göttingen 1959^2.
Castelnuovo-Tedesco, P.: The Twenty-Minute-Hour. J. u. A. Churchill Ltd., London 1965.
Clauser, G.: Lehrbuch der Biographischen Analyse. Thieme, Stuttgart 1963.
Christian, P., Dinkelaker, H. und H. Mayer: Charakteristische Einstellungen des Kreislaufs während des Erstinterviews. Z. Psych. Med. 17, 1971.
Curtius, F. und R. Adam: Über psychogene und funktionelle Erkrankungen in der inneren Medizin. Dtsch. Archiv. f. klein. Med. Bd. 196, S. 70–101 (1949).
Delius, L.: Biographische Medizin als Bindeglied und Bildungsgut der Ärzteschaft. Ärztl. Mitt. (Köln) 40 (1955), 779.
Dilthey, W.: Ideen über eine beschreibende und zergliedernde Psychologie. Ges. Schriften, Bd. 5.1. Teubner/Vandenhoeck & Ruprecht, Stuttgart, Göttingen 1957, 139–240.
Dührssen, A,: Die Überprüfung prognostischer Urteile bei psychogenen Erkrankungen. Ztschr. f. Psychotherapie und med. Psychologie 2. H. 5 (1952).

–: Das Problem der auslösenden Konfliktsituation in der Diagnostik psychogener Erkrankungen. Ztschr. f. psychosom. Med. 1. H. 1 (1954).
–: Zum Problem der sozialen Vererbung, In: Kongreßbericht d. Allg. Ärztl. Ges. f. Psychotherapie Freudenstadt. Kretschmer, Tübingen 1956.
–: Analytische Psychotherap8ie in Theorie, Praxis und Ergebnissen. Vandenhoeck & Ruprecht, Göttingen 1972.
–: Psychogene Erkrankungen bei Kindern und Jugendlichen. Vandenhoeck & Ruprecht, Göttingen 198113.
–: Psychotherapie bei Kindern und Jugendlichen. Vandenhoeck & Ruprecht, Göttingen 19806.
–: Heimkinder und Pflegekinder in ihrer Entwicklung. Vandenhoeck & Ruprecht, Göttingen 61977.
Dunbar, F.: Emotions and Bodily Changes. 4th ed., New York 1954.
Elhardt, S.: Das konfliktzentrierte ärztliche Gespräch (Erfahrungen mit einem didaktischen Gruppenmodell mit Studenten). MMW 117, 32/33 (1975).
Fenichel, O.: The Psychoanalytik Theory of Neurosis. W. W. Nortin Inc., New York 1945.
Freud, S.: Gesammelte Werke, Bd. 1–17, London 1940–1952.
Griesinger, W.: Pathologie und Therapie der psychischen Krankheiten. E. J. Bonset, Amsterdam 1867.
Guerin, Ph.: Family Therapy. Gardner Press. Inc., New York/Toronto 1976.
Hahn, P.: Symptom und Erlebnisgeschichte. Prax. Psychoth. 14, 10–17, (1969).
Hafter, C.: Kinder aus geschiedenen Ehen. Huber, Bern 1960.
Heigl, F.: Prognostische Kriterien in der Psychotherapie. Ztschr. f. Psychosom. Med. 12, 1966.
–: Indikation und Prognose in Psychoanalyse und Psychotherapie. Vandenhoeck & Ruprecht, Göttingen 1972.
Hollmann, W.: Biographische Psychologie und Innere Medizin. Med. Ztschr. 9, 1955.
–: Krankheit, Lebenskrise, soziales Schicksal. Thieme, Leipzig 1940.
Holmes, T. H. und R. H. Rahe: The Social Readjustment Rating Scale. Journal of Psychosomatic Research. Vol. II, pp 213–218. 1967.
Jaspers, K.: Allgemeine Psychopathologie. Springer, Berlin/Heidelberg 19617.
–: Psychologie der Weltanschauungen. Springer, Basel 1925.
Jores, A.: Der Kranke mit psychovegetativen Störungen. Vandenhoeck & Ruprecht, Göttingen 1973.
Knoepfel, H. K.: Einfache Psychotherapie für den Hausarzt. Huber, Bern/Stuttgart 1961.
Krehl, L. v.: Pathologische Physiologie. Vogel, Leipzig 191811.
Kuenzler, E. und I. Zimmermann: Eröffnung des Erstinterviews. Psyche 19, 68 (1965).
Mauz, F.: Das ärztliche Gespräch. Therapiewoche 10 (1960), 311.
Meerwein, F.: Das ärztliche Gespräch. Grundlagen und Anwendungen. Huber, Bern/Stuttgart/Wien 1974.
Minoru, Masudam M. und T. Holmes: Magnitude estimations of social readjustments. Journal of Psychosomatic Research. Vol. 11 pp 219 to 225, 1967.
Mitscherlich, A.: Krankheit als Konflikt. Studien zur psychosomatischen Medizin I. Suhrkamp, Frankfurt a. M. 1966.
Moser, U.: Gesprächsführung und Interviewtechnik. Psychologische Rundschau 15, 263, 264.
Pflanz, M.: Sozialer Wandel und Krankheit. Enke, Stuttgart 1962.
Poslavski, A.: Das ärztliche Gespräch. Vorträge des 12. Internationalen IMA-Seminars, Mariazell 1968, Kongreßhefte.
Reich, W.: Charakteranalyse. Selbstverlag 1933.

Reik, Th; Das Hören mit dem dritten Ohr. Hoffmann & Campje, Hamburg 1976.
Richter, H. E.: Die narzißtischen Projektionen der Eltern auf das Kind. Jahrbuch der Psychoanalyse, Bd. I, 1960.
Romein, J.: Die Biographie. Einführung in ihre Geschichte und ihre Problematik. Sammlung Dalp. Bd. 59, Bern 1948.
Rudolf,. G.: Der psychische und sozialkommunikative Befund (PSB), ein Instrument zur standardisierten Erfassung neurotischer Befunde. Ztschr. f. Psychosomatische Med. und Psychoanalyse 25, 1–16, 1979.
–: Untersuchung und Befund bei Neurosen und Psychosomatischen Erkrankungen, Beltz, Weinheim u. Basel 1981.
Rüger, U.: Das Kind als Individuum in der Familiengruppe – zur Problematik des Begriffs Familienneurose. In: Bd. VI – Weiterentwicklung der Psychoanalyse (vormals: Fortschritte der Psychoanalyse) A. Heigl-Evers, G. Chrzanowski, V. Brazil (Hrsg.), Mitherausgeber Bd. VI – G. Condrau, A. Hicklin, Vandenhoeck & Ruprecht, Göttingen 1977.
Schepank, H.: Erb- und Umwelteinflüsse bei 50 neurotischen Zwillingspaaren. Z. f. Psychother. u. med. Psychol., 21, Heft 2, 1971.
–: Erb- und Umweltfaktoren bei Neurosen, Ergebnisse der Zwillingsforschung und andere Methoden. Nervenarzt 44, 1973.
–: Diskordanzanalyse eineiiger Zwillingspaare. Z. f. Psychosomat. Med. und Psychoanalyse 21, 1975.
–: Diagnostik und Indikation. In: Psychoanalyse heute (zus. m. L. v. Rodenberg) Hippokrates, Stuttgart 1977.
Schraml, W.: Ebenen des klinischen Interviews. In: Person als Prozeß. Huber, Bern/Stuttgart 1968.
Schultz-Hencke, H.: Einführunbg in die Psychoanalyse. Thieme, Stuttgart 1927.
–: Lehrbuch der analytischen Psychotherapie. Thieme, Stuttgart 1951.
Siebeck, R.: Organisch, funktionell, neurotisch in Diagnose und Therapie. Deutsche med. Wschr. 64, 1938.
–: Medizin in Bewegung,. Thieme, Stuttgart 19532.
–: Neurosenlehre im Rahmen der allgemeinen Heilkunde. Hdb. Neurosenlehre und Psychotherapie, Bd. 1. Urban & Schwarzenberg, München/Berlin 1959.
Simmel, G.: Philosophie des Geldes. Duncker u. Humblot, München/Leipzig 1922.
Sperling, E.: Familientherapie. In: Handbuch der Kinderpsychiatrie, Bd. 3 (Hrsg.: G. Biermann). Reinhardt, München/Basel 1976.
– und Sperling, U.: Die Einbeziehung der Großeltern in die Familientherapie. In: H. E. Richter, H. Stortzka, J. Willi (Hrsg.): Familie und seelische Krankheit. Rowohlt, Reinbek 1976.
– et al.: Die Mehrgenerationen-Familientherapie. Vandenhoeck & Ruprecht, Göttingen 1982.
Studt, H. H.: Zur auslösenden Konfliktsituation bei psychogenen Erkrankungen. In: F.Dittmar: Aktuelle Psychosomatik. Grundlagen und Praxis. Banaschewski, München-Gräfeling 1975.
Thomae, H.: Biographie und Psycholog8ie. Sammlung 6, 1951.
Uexkuell, Th. v.: Der Körper als Problem der psychosomatischen Medizin. Psyche 15, 1961.
Verschuer, O. V.: Wirksame Faktoren im Leben des Menschen. Steiner, Wiesbaden 1954.
Weizsäcker, V. v.: Studien zur Pathogenese. Thieme, Leipzig 1935.
–: Fälle und Probleme. Enke, Stuttgart 1947.
–: Körpergeschehen und Neurose. Klett, Stuttgart 1947.
–: Der kranke Mensch. Köhler, Stuttgart 1951.
–: Pathosophie. Vandenhoeck & Ruprecht, Göttingen 1956.

Wittkower, E.: Einfluß der Gemütsbewegungen auf den Körp0er. Wien/Leipzig 1936.

Zander, W.: Die Verantwortlichkei8t des Analytikers bei der Auswahl der Patienten. In: Praxis d. Psychotherapie, Bd. XX, Heft 5, 1975.

–: Zum Problem der spezifischen Syndrombildung bei psychosomatischen Krankheitsbildern. In: Ztschr. f. Psychosom. Med. u. Psychoanal. 22. Jg. Heft April/Juni 1967. Vandenhoeck & Ruprechtm, Göttingen.

–: Beitrag zur Verifizierung der spezifischen Konfliktverarbeitung bei psychosomatischen Krankheitsbildern. Untersuchungen an Patienten mit Ulcus duodeni. In: Méd. et Hygiène 34, 1976.

Sachverzeichnis

A

Ablösungsprozess 82ff.
Abwehr
   -mechanismen 36, 85, 132
   -reaktion, komplementäre 52
Affekt 19, 89, 128
   -verschiebung 91
affektive Belohnung 116, 124
affektives Klima einer Gruppe 126
aggressiv-destruktive Impulse 126
Agieren 132
Allgemeinarzt 25–27, 30, 33
alltagspsychologisches Wissen 32
American way of life 21
Anamnese / anamnestisches Gespräch
   [→ biographische A.; → tiefenpsychologisch orientierte A.] 99f., 135, 140
Angst
   -abwehr 40f., 120
   -beschwichtigung 53
   Dauerangst, hypochondrisch getönte 88
   Dauerangst, neurotische 107, 110
   Grundangst, neurotische 40f.
   -reflexe 41
   Straßen- 75f.
   -symptomatik / -anfälle / -reaktionen / -zustände 26, 47, 52, 85ff., 126f.
   vor Verlust einer wichtigen Beziehungsperson 73
   Zukunfts- 116
Ängstigung 127
Anpassungsleistung(en) 21f., 57
Arbeitshaltung 97, 105
Arbeitsstörung / -schwierigkeiten 85, 105–110, 114, 116, 134
Arzt-Patienten-Beziehung 22, 29f., 33, 131, 141

Ärztliches Gespräch 29f.
Aufsteiger 89ff., 96
Aufstieg, beruflicher 103
auslösende Erkrankungssituation
   [→ krankheitsauslösende Faktoren] 21f., 25f., 45f., 87, 132ff., 139
Ausweichhandlungen / -reaktionen 97, 109

B

Balance, vitale [→ Lebensbalance] 20
Balints Seminare 31, 33
Bandscheibenläsion 31
Bedürfnis
   aufgeben 39
   -befriedigung 119, 124
   regressives 132
Belastungsscores
belastende Lebensereignisse /
   äußere Belastung / Außenbelastung
   [→ Lebensereignisse] 19, 21f., 25, 27, 45, 79, 121, 131, 139
Beratung von Schülern und Studenten 117
Berechnung, quantifizierende 25
Berliner Psychoanalytische Poliklinik 20f., 143
Beschwerde
   -bild(er) 25f.
   -liste(n) 26
Besitz 38
   -erleben und -verhalten 118–125
   -konflikte / Geldkonflikte [→ orale Problematik] 45, 70–77, 114, 118ff.
Bewältigungsstrategien 35f., 42, 123
Beziehung(en)
   Eltern-Kind- 77–83

Beziehung(en)
  innere Beziehung d. Pat. zur Arbeitswelt 108
  Liebes- 138
  libidinöse Beziehungsmöglichkeiten eines Kindes in seiner Familie 93
  Mutter-Kind- 37f.
  Mutter-Tochter- 31f., 139
  neurotische Partnerersatz- 80, 90–92
  oberflächliche 21
  sexuelle 60–66, 139
  zum Therapeuten 140
Beziehungsangebot 42, 132
Beziehungsmuster / -stil
  homosexueller Triangel 53
  interaktionelles Beziehungsmuster in der Familie [→ Familiengefüge] 93, 133
  Nähe-Distanz-Problematik 47, 51f., 56ff., 140
  narzisstische Bestätigung, wechselseitige 47
  neurotische Anklammerung 47f., 51, 58
  neurotische Dreiecksbeziehung 47, 53
  Rivalität [→ Konflikte: Rivalitäts-] 45, 58, 66–69, 87
  Schutzsuche 47, 55f., 58
Beziehungsperson, nahe [→ Verlust einer wichtigen Beziehungsperson] 73, 136
Bindung(s)
  an die Herkunftsfamilie s. Herkunftsfamilie
  an die Großmutter 95
  an den Vater 98f.
  aus Protest an die Herkunftsfamilie 57
  -bereitschaft 52
  bindende Erinnerungen 128
  Eingehen einer neuen Bindung (neurotische Probleme) 56–60
  Ersatz- 54
  sado-maochistische 47, 54
  -situation / -verhalten / -muster 36, 38, 45ff., 50, 82f., 95f., 99, 132f., 139f.
  symbiotische Bindung an die Mutter s. Mutterbindung
  ungelöste Hass-Liebes- 88ff.
  -verlust 46f.
  weltanschauliche 138
  -wünsche 140

biographische Anamnese, psychoanalytisch orientierte 20, 26, 135ff., 141

C
Charakterbildung s. neurotische Charakterbildung

D
Delegation eigener Wünsche 80f.
Depression, reaktive neurotische 26
depressive
  Schwankung, endogene 26
  Verstimmungen 26, 73, 83f., 86, 108, 116
Diagnose
  Ausschluss- 26
  „Gesamt-" (*M. Balint*) 30–33, 131, 134
  „positive Neurosendiagnose" (*W. Schwidder*) 26
  „traditionelle" / „herkömmliche" (*M. Balint*) 30–33, 131, 134
Diagnostik
  differenzialdiagnostische Abklärung 26, 100
  psychotherapeutisch / psychoanalytische 26, 100
Disposition
  erbgenetische 25
  konstitutionelle 25
  neurotische (erworbene) 25
Drei-Generationen-Konzept [→ Familie: Drei-Generationen-] 38, 93–105
Durchfall 135

E
Ehe 138
  Kompromiss- 48f.
  -krise / -probleme 48, 62f., 64f.
Ejaculatio präcox 66
Eltern
  -generation 127
  -koalition 96ff.
Entwicklungs
  -geschichte 25, 131, 141
  -jahre, frühe [→ Kindheitsgeschichte] 20
epidemiologische Schätzungen 26
Erbrechen 135
Erleben, verzerrtes / verformtes / eingeschränktes 36, 41f., 121

Sachverzeichnis

Erlebnis
- -abläufe, innere [→ „innere Formel"] 26, 141
- belastendes [→ belastende Lebensereignisse] 37, 40
- -muster, vorgeformte 37

Erschöpfung 26
Erstinterview, psychotherapeutisches 29
Erstkontakt mit dem Patienten 29–33
Externalisieren 85, 132

F

familiärer Lebensstil 127
Familie(n)
- Drei-Generationen- [→ Drei-Generationen-Konzept] 38, 94f., 100
- -dynamik 93ff., 99, 105, 132
- -formulierung 104
- -gefüge / -struktur / -beziehungen 37, 81, 101, 132ff.
- -genese 32
- Herkunfts- s. Herkunftsfamilie
- -klima 93, 138
- Risiko- 94
- Rivalität in der [→ Konflikte: Rivalitäts-] 66–69, 81
- -tafel 100–104
- -therapeut / -therapie 81, 100, 104
- Zwei-Generationen- 94

Fantasien, Größen- 126
Fehlleistung 107ff.
Fixierung 40, 42
„Flash-Technik" (nach Balint) 29ff.
Frigidität 25
„Fünf Minuten pro Patient" (Balint) 30ff.

G

Gedächtnistypen 117
Gefühle, feindliche / feindselige 40ff., 92, 96
Gegenwartskonflikt des Patienten 33, 35
Geisteskrankheiten 19
Gemütsbewegungen 19
- krankhafte 19

Generationenkonflikt [→ Drei-Generationen-Konzept; → Mehr-Generationen-Schicksal] 125
Genogramm 100, 103f.
Geschwister
- -konstellationen 67, 133f.

-position zur eigenen Mutter 95f.
Gleichgewichtsstörungen 26
Großeltern
- Bedeutung der Großeltern für den Patienten 94–105
- -Eltern-Kind-Beziehung [→ Mehr-Generationen-Schicksal] 96ff.

Großmutter-Enkel-Koalition 96ff.
Gruppen
- -diskussionen 32
- -zugehörigkeit(en) 38, 126–129, 138

Gynäkologe 25

H

habituelles Reagieren [→ Verhaltensstereotyp] 120, 122ff.
Hals-Nasen-Ohren-Arzt 26
Haltung
- anspruchsvolle / Anspruchs- 123, 139
- dienende 138, 140
- Dominanz-Unterwerfungs- 51, 53
- elternfeindliche 79
- opferbereite 138
- Protest- / rebellierende 107, 138
- rivalisierende 59, 87
- verwöhnende 96f.
- von sozialem Trotz 136
- von wechselseitiger Nichtachtung 97ff.

Hass [→ Gefühle: feindselige] 88ff., 92, 98
Hautarzt 25
Heirat als Flucht aus der Herkunftsfamilie 97
Herkunftsfamilie 33, 37f., 57, 68, 93–106, 125ff., 140
- Ablösung 128
- Auseinandersetzung mit 37
- Bedeutung der Herkunftsfamilie für die Lebenskonstellation eines Patienten 88–105
- Beziehung des Patienten zu seiner 33, 58
- Bindung an [→ Bindung] 58f., 93–105, 134
- Kontaktabbruch zur 100

Herz-Angst-Symptomatik 25, 88, 90
homosexuell 31f.
„Hören mit dem dritten Ohr" (Reik) 37
Hysteriestudien Freuds 26

I

Ich-Ideal 110
Identifikation
  fehlende 95
  Lernen durch 114
  mit der Mutter 92
  mit der Schwester 138
  mit einer Tätigkeit 109
  mit dem Vater 96
Identität
  gespaltene 104, 135f.
  innere [→ „innere Formel"] 37, 140f.
illusionäre
  Erwartungen 60
  Verkennung der Realität 73
Indikation für Psychotherapie 141
individuelle Konstanten 109
Information, statistisch berechenbare 25
„innere Formel" / Innenbefindlichkeit /
  innere Wirklichkeit d. Pat. 27, 40ff.,
  131, 134f., 140
Innere Medizin 26
Insuffizienzgefühle 63
intentionale Lücken 40
Internist 25
Interviewtechnik, Einflüsse der 22

K

Kinderlosigkeit 91f.
Kindheitsgeschichte / -entwick-
  lung 132ff., 136, 139
Kompensationsmechanismus 126, 128
Konflikt(e)
  aktuelle / akute 37, 42
  antinomischer 39, 77
  in der Arbeits- und Berufswelt
  [→ Krisenpunkte im Berufsleben]
  Besitz- s. Besitzkonflikte
  krankheitsauslösende s. krankheits-
    auslösende Konflikte
  -lösung 39, 53
  neurotischer (Lebens-) 35, 38f., 42, 52,
    58, 78f., 81, 88, 117, 126, 131
  normaler 38, 57, 78
  normale im Unterschied zu neuro-
    tischen 50, 52, 62ff., 67, 116, 119ff.
  ödipaler s. ödipale Konstellation
  Rivalitäts- / Rivalitätskampf
  [→ neurotische Dauerrivalität]
    39, 59f., 66ff.,108, 111

Schein- / verschobener / neurotischer 40
  selbstschädigender 110
  -situationen / -konstellationen, quali-
    tative Unterscheidung 38–40, 42
  tragischer 37
  vorprogrammierter 50, 98
Kontakt
  -abbruch 140
  -fähigkeit 134
Konsiliararzt 135
Kopfschmerz(en) 25, 58, 135f., 139
Kräftereservoir des Arztes / Therapeuten
  37
Krankenbefragung, lebensgeschichtlich
  orientierte s. biographische Anamnese
krankheitsauslösende
  Faktoren / Lebensereignisse
  [→ auslösende Erkrankungssituation]
  25, 42, 83, 88, 125
  Konflikte 39, 45, 68, 88, 125, 128
  persönlichkeitsspezifische Situation
  22, 68, 125
Krankheitsgeschehen / -symptomatik
  19f., 30, 133
  beobachtbares 19
  klinisches 26
  leibseelisches [→ psychosomat.
  Störung] 19f., 26, 60, 135
Krise(n)
  Familien- 80
  -punkte im Berufsleben [→ Konflikte
    in der Arbeits- und Berufswelt] 107
  -situationen, vorprogrammierte [→
    Konflikte: vorprogrammierte] 48
„langes Interview" (*Balint*) 29f.

L

Lebens
  -arrangement 140
  -balance 35, 37, 92, 121, 126
  -bedürfnis 50
  -bereiche als Quelle neurotischer
    Konflikte [→ Konflikt: neurot. Lebens-
    konflikt] 38, 126, 131
  -ereignisforschung [→ Life-Event-
    Forschung] 25, 45, 83, 88
  -ereignisse, Gewichtung 21f., 46, 83
  -ereignisse als krankheitsauslösender
    Faktor s. krankheitsauslösende Faktoren

Sachverzeichnis

-ereignisse, lebensverändernde oder lebensbedrohende (im Unterschied zu den neurotischen Dauerkonflikten) [→ belastende Lebensereignisse] 22, 45, 60, 66, 73, 88, 132f., 135
-ereignisse, Liste von (nach *Holmes* und *Rahe*) 21f., 46, 83
-erfahrungen, frühere [→ Kindheitsgeschichte] 38, 51f.
-geschichtliche Entwicklung eines Menschen [→ Entwicklungsgeschichte] 20, 33, 37, 42, 92ff., 100, 134f., 138
-geschichtliche Ereignisse: deren subjektive Bedeutung für den Pat. 27, 132
-konflikt s. Konflikt
-krisen 19, 43, 48, 123
-ordnung / -entwicklung der Eltern 38, 100, 128, 139
-orientierung 92, 138
-rahmen / -raum 35, 37, 57, 69, 81
-situation / -umstände, aktuelle / gegenwärtige 57, 87, 125, 132ff., 136
-weg 35, 57
Life-Change-Units 21
Leistungs
  -fähigkeit im Arbeitsbereich (bzw. berufliche) 32f., 97, 134
  -ideal, introjiziertes 96f.
Lernleistungen / -schwierigkeiten / -verhalten / -vollzug [→ Arbeitsstörung] 38, 114–118, 139
Life-Event [→ belastende Lebensereignisse]
  -Forschung [→ Lebensereignisforschung] 21, 25f., 30, 45
  -Schedule, Londoner 22
  -Skala 22, 45

M

Magensymptomatik 73
Magen-Darm-Symptomatik 25, 135, 139
Mattigkeit 26
Medizin
  -geschichte 19
  -soziologe 22
Mehr-Generationen-Schicksal 94, 100f.
Mord
  Bruder- 67
  Sohnes- 67
  Vater- 67f.
Muskelschmerzen 26
Mutterbindung 90f., 96f.

N

narzisstische Kränkung 68, 80, 84
Neid [→ neurotischer Neid] 91
Neurologe 26
Neurose(n)
  -diagnose, „positive" (*W. Schwidder*) 20, 26
  -lehre *K. Abrahams* 70, 119
  -lehre *Freuds* 70, 119
  -lehre *Schultz-Henckes* 70
  -psychologie 40
  psychologische Bedeutung von Befunden 132ff., 136
neurotisch(e/r/s)
  Ängste [→ Angst] 127
  Arbeitsstörung s. Arbeitsstörung
  Arbeitsweise 35
  Arrangement [→ Lebensarrangement] 32, 43
  Behinderungen bei Lernvorgängen s. Lernschwierigkeiten
  Berufsproblematik [→ Konflikte in der Arbeits- und Berufswelt] 105ff., 113, 132f.
  Beziehungsmuster 47ff., 51ff., 58, 76
  Charakterbild(ung) / -züge 27, 33, 35, 40, 119, 124, 141
  Dauerangst s. Angst
  Dauerkonflikt [→ Konflikt] 42, 46, 60, 66, 118
  Dauerprotest 110, 112ff.
  Dauerrivalität [→ Konflikte: Rivalitäts-] 113, 122
  Determinanten / Dynamismen [→ neurot. Reaktionsmuster] 45ff., 68
  Faulheit 110
  Fleiß 110
  Geltungsstreben 67, 69, 126
  Gesellschaftsanklage 113, 136
  Grundangst 40
  Hilfsbereitschaft 73
  Ideologie(bildung) 41, 127
  Koalition 81
  Krankheitszeichen / -bild 25, 35, 57, 84, 118, 131, 141
  Lebenskonflikt s. Konflikt
  Negativismus 109
  Neid (nach *M. Klein*) 70
  Persönlichkeitsmuster s. Persönlichkeitsmuster

neurotisch(e/r/s)
  Reaktionsmuster / Verhaltensweisen
    36f., 39, 42, 51f., 65, 109f., 121ff.
  Religiosität 41
  Scheinkonflikt 40
  Schwierigkeiten im Beruf 112–118
  Subkultur der Familie 128
  Trennungstendenz 47f., 52
  Wahrnehmungsauslese 26, 39, 115

O
Oberbauchbeschwerden 135
„ödipale Konstellation" 38, 93–98, 104, 133
Ödipus 67
  -komplex 93
orale
  Erlebnisweisen 70
  Problematik / Schädigung [→ Besitz-konflikte] 45, 70–77, 123, 140
Oralität als „libidinöser Partialtrieb" (*Freud*) 70, 119
Orgasmus 61ff., 66
Orthopädie 26

P
Paarbeziehungen, sado-masochistische Verwicklungen 62
Partner
  -konstellationen, neurotisch determinierte 63, 66
  -wahl 38, 45–53, 138
perfektionistisches Verhalten 109
Persönlichkeitsmuster, neurotische(s) 22, 25, 35, 57, 65, 68, 110
Potenzschwäche 66
Probebehandlung 29
Prognose 135, 141
Projektion 36
Protest [→ Haltung: Protest-] 110
Psychiater / Psychiatrie 25f.
psychiatrische Exploration 29
Psychoanalyse 26
  Einführung in die 31
  Kunstsprache der 32
  normative Orientierungen 60ff.
Psychoanalytiker 27ff., 33, 70, 93
psychoanalytische(s)
  Basiswissen (bzw. Grundkenntnisse) 32f.

„Detektivtechnik" (*Balint*) 29
Phasenmodell 40
Poliklinik s. Berliner Psychoanalytische Poliklinik
psychodynamische Hypothese 135
psychogene Erkrankung [→ neurotische Krankheitszeichen] 25, 50, 141
Psychopharmaka 26
psychosomatische
  Forschung 26
  Störung / Erkrankung 20, 135
Psychotherapeut 26, 104, 126, 128
Psychotherapie / Psychosomatik 25, 141

Q
querulatorisches Verhalten 36

R
Rationalisierung 127, 132
Realsituationen des Patienten 32, 72
regressive Verhaltensweisen 123, 132
Reizkonfiguration bei Lernleistungen 115
Rivalität s. Konflikte: Rivalitäts-
Routinepraxis 30

S
Schicksal(s)
  -konstellation, äußere [→ belastende Lebensereignisse] 26
  persönliches, inneres d. Pat. [→ „innere Formel"] 141
Schlafstörungen 26, 86
Schwindelgefühle / -zustände 25, 58, 71
Schul- und Berufsentwicklung 132ff., 138
Schuld
  -bewusstsein 62, 137
  -denken 19
Schwangerschaftsunterbrechung 31
Schwellensituation 83
seelisches Gleichgewicht, gestörtes [→ Lebensbalance] 121
Selbst
  -bewusstsein, geringes 31f., 98, 126f.
  -einschätzung d. Pat. 134
  -entwertung 126
  -regulierung 42
  -überschätzung 107
  -wertgefühl 80, 84, 97
Selbstmordgedanken [→ Suizid] 86
Sexualität 60, 62, 132

Sachverzeichnis

Sexualverkehr 66
sexuelle
   Bedürftigkeit 62f.
   Beziehungen, Wandel in den 63f.
   Harmonie / Übereinstimmung 60f.
   Krisenpunkte 62ff.
   Probleme 60–66, 132, 139
   Zufriedenheit 62ff., 66
Social Readjustment Rating Questionaire 23
Social Readjustment Rating Scale 24
soziale(r)
   Benachteiligung 127
   Druck 127
   Gruppe 100, 128
   Herkunft (Milieu) 100, 103
sozio-kultureller Raum, umgebender 38, 125–129
Spannung, innere 85
Spannungsbogen 125
Splitting in den Übertragungsreaktionen in einer psychoanalytischen Behandlung 97
Stresskrankheit 31
Stressoren, pathogene 25
Sündenbockrolle 98
Suizid 137, 140
Symptomwechsel 132
   „szenische Gestalt" (*H. Argelander*) der Mitteilungen d. Pat. 29

T

Tavistock-Klinik 20
Teilleistungsschwäche 115f.
Therapieplan 135, 140f.
Tiefenpsychologie 26
tiefenpsychologisch orientierte Anamnese 29, 131
Tod, Verlust durch 88–92
Trauerarbeit 92
Trennung
   Trennungsängste 52
   „unbewusstes Trennungsarrangement" 52, 56
   Verlust durch 56, 83–88
Trieb
   -abwehrmechanismen 36, 40
   „Aggression" (aggressive Impulse) 70, 119
   -bereich 32

   -durchsetzung 119
   -konflikte 25
   Partial- 70, 119
   „prägenitaler" 119
   -regungen, orale [→ orale Problematik] 70, 119
   -regungen, sexuelle bzw. libidinöse 20, 40, 70, 119
   -verdrängung [→ Verdrängung] 41, 127
Tüchtigkeit 105
„Twenty-Minutes-Hour" 30

U

Übelkeit 135
Überich-Forderungen 59f., 110
Übertragung(s) [→ Identifikation]
   Bruder- 48, 54ff.
   -erlebnisse 33
   Geschwister- 80f.
   -konstellation(en) / -mechanismen 47ff., 54, 134
   Mutter- 47ff., 92
   -reaktion 32, 41, 59, 87, 97
   Schwester- 47ff., 92
   Vater- 50, 138
unbewusste Dynamismen / Determinanten 25, 110
unbewusster Protest 117
Unterleibsbeschwerden 25
Unterleibsschmerzen eines männl. Pat. 90–92

V

Vaginismus, vaginist. Beschwerden 25, 58, 62, 66
Verdrängung 36, 72, 89, 92, 111
Verhaltens
   -repertoire eines Menschen (bzw. Rep. von Verhaltensmöglichkeiten) 35ff.
   -stereotyp [→ neurotische Reaktionsmuster] 35, 42, 113, 119, 121, 124
Verleugnung 73, 82, 89, 123, 132
Verlust
   -angst 124
   einer wichtigen Beziehungsperson 45, 54, 59, 83–88, 100, 103, 133
   -erlebnis 90ff., 128
Versager 89, 98, 134
Versorgungsauftrag, poliklinischer 20

Verständnis, gefühlsmäßiges 36
Verstehen (zuhörendes) 37, 141
verstehende(r)
    Beziehung des Therapeuten zum Pat.
       [→ Arzt-Patienten-Beziehung] 37
    Einblick in die Konflikte d. Pat. 141
    Einordnung / Verknüpfung der Lebens-
       ereignisse und inneren Entwicklung
       d. Pat. 22, 25f., 141
    Umgang mit einem Pat. 29f., 110
Verstimmungen [→ depressive
    Verstimmungen] 19
Versuchungs- und Versagungssituation 21,
    59f., 84
Verwöhnungssituation 95ff.
„Viertelstunden-Gespräch" (*Braun*) 30
Vitalschwäche 25
Vorbild(er) 36, 98
Vulnerabilität (bzw. Krankheitsanfälligkeit)
    22

W
Wahrnehmungsleistung 115f.
Weltbild, verzerrtes / verformtes 36
Wert-normen / -maßstäbe, introjizierte
    104, 128, 138
Wiederholungsarrangement / -zwang
    43, 134, 139
Wirklichkeit, innere und äußere
    20, 27, 35f.
Wunsch
    Verkehrung eines Wunsches in sein
       Gegenteil 111
    sofortige Wunscherfüllung als neurot.
       Reaktionsweise 123
Wut- und Hassimpulse [→ Hass; → Gefühle,
    feindselige] 90ff., 92, 127

Z
Zukunftsvorstellungen 134, 138
Zwangs
    -neurotische Struktur 64f.
    -symptomatik 26